Important Topics in International Tax

国際税務
重要トピックス 53

Grant Thornton

太陽グラントソントン税理士法人 編著

税務研究会出版局

はじめに

　弊社では、「国際税務ニュースレター」というニュースレターを毎月配信しています。ニュースレターのテーマ選定にあたっては、税制改正情報等のニュース性のあるものより、企業の活動に顕在的または潜在的な影響があると思われるテーマを選ぶように心がけてきました。

　本書は、過去に執筆した「国際税務ニュースレター」のトピックを中心に、BEPS等の新たなトピックを加え、加筆、アップデートして『国際税務重要トピックス53』としてまとめたものです。

　国際的に事業を行う企業は、企業グループとして日本だけではなく、海外の税務の問題も把握し、管理していくことが求められるようになってきました。

　本書は、企業の税務担当者の方や税務専門家の方に国際課税や海外税制のトピックについて少しでも参考となる情報を提供することを目的として執筆されています。

　また、本書が刊行に至ったのは、株式会社税務研究会出版事業部の方々をはじめとする皆様のご協力のお陰であり、この場を借りて御礼を申し上げます。

2016年7月

太陽グラントソントン税理士法人

石塚 洋一

執筆者を代表して

目　次

第1章　移転価格税制

1. 移転価格と為替リスクの調整 … 2
2. 研究開発活動と残余利益分割法 … 7
3. 海外子会社の支援と寄附金課税 … 13
4. 移転価格課税と相互協議――合意に至らない場合の問題点 … 18
5. 関連会社間における金銭消費貸借取引 … 25
6. 価格調整金に対する課税 … 30
7. ライセンス取引と独立企業価格批准法――二つの裁決事例の比較 … 36
8. 海外子会社の税務優遇措置と比較可能性 … 43
9. インドにおけるマーケティング無形資産とブライトラインアプローチ … 49

第2章　組織再編・M&A

10. 外国子会社の組織再編成 … 54
11. 国際的M&Aの落とし穴――インドボーダフォン事件 … 59
12. 海外子会社への増資新株払込みへの課税リスク … 64
13. 国際的事業再編とExit tax … 69
14. 米国法人のスピンオフにより取得した株式に対する課税 … 73
15. 外国法人の株主にみなし配当の課税関係が生ずる場合の問題点 … 78
16. 株式買収と繰越欠損金 … 83
17. 資産買収とパーチェスプライスアロケーション … 88
18. 日米組織再編税制の相違 … 96
19. 外国子会社に対するDES … 108
20. EUにおけるクロスボーダー合併 … 114

第3章　国際課税制度

- 21 海外支店に係る事業税の調整 …………………………………………120
- 22 タックス・ヘイブン対策税制の二重課税の調整（法人と個人）………125
- 23 恒久的施設の認定に関する裁判例 ……………………………………132
- 24 無形資産取引に係るソース・ルールと消費税の内外判定 …………138
- 25 適用除外における管理支配基準の意義 ………………………………143
- 26 外国事業体課税 …………………………………………………………152
- 27 移転価格税制と他の国際課税制度との関係 …………………………159

第4章　海外税制

- 28 新興国におけるPE課税 …………………………………………………166
- 29 研究開発税制のグローバル化 …………………………………………174
- 30 タイのBOI投資優遇制度における損益通算上の留意点 ……………180
- 31 タイ新投資奨励政策とアジア諸国のタックスインセンティブ ………187
- 32 アジア地域統括会社税制比較 …………………………………………192
- 33 フィリピンPEZA …………………………………………………………198
- 34 シンガポールの優遇税制、生産性・技術革新控除スキームの活用と注意点 ………………………………………………………………202
- 35 英国のグループリリーフ制度 …………………………………………209
- 36 欧州投資と海外支店免税制度 …………………………………………213
- 37 業績不振海外子会社からのロイヤリティーの徴収
  ——無形資産に対する考え方の相違 …………………………………218
- 38 新興国におけるロイヤリティー及びサービスフィーの損金算入制度 ……222
- 39 米国税務申告書における国外関連者情報の開示 ……………………227
- 40 委託製造、来料加工、進料加工、マキラドーラ ……………………238
- 41 米国製造業所得特別控除 ………………………………………………242
- 42 多国籍企業のタックスプランニングと無形資産の国外移転 ………247
- 43 メキシコ税制アップデート ……………………………………………253

| 44 | 米国REITの変遷とFIRPTAの改正 | 257 |

第5章　BEPS

45	アップルの節税戦略	272
46	タックス・ヘイブン対策税制の方向性——BEPS Action 3	279
47	PEの人為的回避——BEPS Action 7	287
48	評価困難な無形資産——BEPS Action 8	292
49	ハイブリッドミスマッチの効果の無効化——BEPS Action 2	298
50	タックス・プランニングの開示——BEPS Action 12	303
51	移転価格文書——BEPS Action 13	309
52	平成28年度税制改正——移転価格文書化	316
53	平成28年度税制改正——特定多国籍企業グループ国別報告事項及び事業概況報告事項の提供	320

【凡　例】

本書において使用した法令・通達等の主な略語は下記の通りです。

法法	法人税法
法令	法人税法施行令
法規	法人税法施行規則
法基通	法人税基本通達
所法	所得税法
措法	租税特別措置法
措令	租税特別措置法施行令
措規	租税特別措置法施行規則
措通	租税特別措置法（法人税関係）通達
消法	消費税法
消令	消費税法施行令
通則法	国税通則法
通則令	国税通則法施行令
地法	地方税法
地令	地方税法施行令
実施特例法	租税条約等の実施に伴う所得税法、法人税法及び地方税法の特例等に関する法律
日米租税条約	所得に対する租税に関する二重課税の回避及び脱税の防止のための日本国政府とアメリカ合衆国政府との間の条約
OECDモデル条約	所得と財産に対するモデル租税条約（Model Tax Convention on Income and on Capital）
移転価格事務運営指針	移転価格事務運営要領の制定について（事務運営指針）
事例集	別冊　移転価格税制の適用に当たっての参考事例集
相互協議事務運営指針	相互協議の手続について（事務運営指針）

（省略例）法人税法第13条第2項第1号→法法13②一

（注）　本書は、原則として平成28年4月1日現在の日本の法令・通達等によっています。

第1章

移転価格税制

1 移転価格と為替リスクの調整

Point 移転価格税制において、独立企業間価格の算定の基礎となる取引（以下「比較対象取引」という。）は、国外関連取引との類似性の程度が十分な非関連者取引をいい、国外関連取引と比較対象取引の候補に取引条件等の差異がある場合は、これらの差異が独立価格比準法の対価の額若しくは再販売価格基準法及び原価基準法の通常の利益率又は取引単位営業利益法の各種指標の算定に与える影響について必要な調整を加えるものとされています（措通66の4(3)−1）。この場合の差異は、一般にその差異が取引価格に影響を及ぼすことが明らかであって、これらの差異により生じる対価の額の差異を調整しなければ、比較可能性が損なわれるほどの差異をいうものと解されています（移転価格事務運営指針3−3）。

したがって、比較対象取引の候補が存在する場合で、国外関連取引と比較対象取引の取引通貨が異なり、この差異が価格や利益水準に有意な影響を与えていることが明らかな場合、差異の調整が必要となります。国外関連取引において国外関連者が為替リスクを負い、比較対象取引の当事者が為替リスクを負っていない場合には、リスクに対するリターンの調整として差異調整が必要になります。

経済原則ではリスクに見合ったリターンが得られるため、為替リスクにさらされた取引は為替リスクにさらされていない取引に比べ高いリターンが期待されることが、差異の調整を必要とする理由です。

1．為替リスクとは

為替リスクは次のような理由で生じます。

(1) 取引上の為替リスク

　取引発生と代金授受の間にタイムラグがありますが、その間に為替レートが変動することにより生ずる為替リスクです。

(2) 経済的な為替リスク

　為替変動が企業のコスト構造を変化させ競争的地位に影響を及ぼすリスクです。

　検証対象取引と比較対象取引の候補の取引通貨が異なり、負担するリスクに差がある場合は、比較可能性に関する調整が必要となります。

　(1)の為替リスクは日本の会計基準上、決済時に損益が確定し営業外損益として経常利益に反映されます。ただし、債権債務の決済から生ずる為替差損益は、独立企業間価格には含まれません（措通66の4(4)−3）。つまり営業外損益とされた為替差損益を価格に含めたり、利益水準指標の算定に用いたりすることはできません。

　(2)のリスクは損益計算書で為替差損益として表示されることはありませんが、売上利益率に影響を及ぼします。ただし、為替の変動にかかるリスクを顧客に転嫁する場合があり、顧客に転嫁できる部分は差異調整の対象とはなりません[1]。

2．為替リスクの調整が行われている裁決事例

　請求人が国外関連者に対し販売した製品の価格が独立企業間価格であるかについて争われた裁決[2]を取り上げて解説します。請求人は国外関連者のみならず独立第三者に対しても同様の製品を販売しており、裁決では、独立第三者との取引を比較対象取引（内部コンパラブル）として用い原価基準法により独立企業間価格を算定しました。ただし、比較対象取引は小売取引であり、卸売取引である国外関連取引とはその販売機能に差異があり、この差異は調整する必要があると判断しました。

1　羽床正秀編著『平成27年版 移転価格税制詳解 理論と実践ケース・スタディ』（大蔵財務協会）390頁
2　国税不服審判所　平成14年6月28日裁決　裁決事例集未搭載

販売機能に係る差異の調整はベリー比（営業費用売上総利益率）を用いて行うこととされ、ベリー比の算定は本件比較対象取引と取引の状況が同様のもの又は比較可能性が損なわれない程度に類似する取引から行われることとされ、比較対象取引を行う3社が選定されました。

国外関連取引は円建て取引であるところ、選定された3社との比較対象取引の中には米ドルによる外貨建て取引が含まれていました。当該差異（為替リスクに関する差異）についてベリー比を調整することで独立企業間価格算定の合理性が高められると判断しました。

裁決では、以下のように、調整額は、為替リスクに対応する小売価額を調整することによって稼獲するであろう利益相当額（リスクプレミアム）であるとし、為替予約コストをリスクプレミアムの最大値として算定しています。その上で、当該リスクプレミアムをベリー比算定の基礎となる売上総利益に加算することによって差異調整を行っています。為替予約コストは、円と外国通貨のLIBORの差額として近似計算しています。

「為替リスクは先物外国為替の予約（以下「為替予約」という。）により回避することができ、為替予約時と当該為替予約の実行時との間における円の価格の開差（以下「為替コスト」という。）は理論的には、為替予約時における外国通貨と円との金利の開差として算定することができる。また、この場合における金利は、国際的な貸出金利基準となっているLondon Interbank Offered Rate（LIBOR）によるのが合理的である。

そこで、本件外貨建取引について、本件各事業年度の当初に為替予約を行ったものとして算出される為替コストをリスクプレミアムの最大値として、これを算出する……

そして、この算出したリスクプレミアム分が、甲社が外貨建て取引を行うと仮定した場合その小売価格に上乗せすると考えられる価格である」

3．外部比較対象取引を用いる検証における比較可能性の問題

　為替予約によりヘッジできる為替リスクは、上記1(1)のリスクのみです。一般的には上記1(2)のリスクの方が利益率に与えるインパクトは大きいと考えられます。ただし、上記1(2)のリスクの分析は困難です。

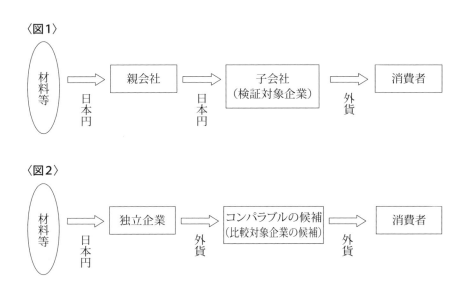

　図1と図2の取引では検証対象企業である子会社とコンパラブル（比較対象企業）の候補では負担する為替リスクが異なるため（子会社は為替リスクを負担し、コンパラブルの候補は1(1)のリスクを除き為替リスクを負担しない）、この差異を調整できない限り比較可能性はないと考えるべきですが、この調整を厳密に行うのは非常に困難です。

　図1の取引において、円で仕入れ外貨で販売する子会社が為替リスクを負っているように思われます。ただし、必ずしも為替差益・為替差損の影響を子会社が全て受けているとも言い切れません。親会社は為替感応度の高い材料を仕入れており、仕入れの段階でリスクが発現しているかもしれません。また差益は消費者に還元されており、親会社も子会社も為替変動の影響を受けておらず、グループを通して差益を享受できていないかもしれません。この点に

関し、信頼性の高い分析を行うのは非常に難しく、外部比較対象取引を用いるTNMM（Transactional net margin method：取引単位営業利益法）を移転価格算定方法とする場合には、情報の入手可能性に限界があるため、なおのこと困難となります。

2 研究開発活動と残余利益分割法

Point 残余利益分割法の適用に関する裁決事例を紹介します。国外関連者の負担した研究開発費を国外関連者に対する残余利益の分割指標に含めることが合理的であるかどうかが争点の1つになりました。

1. 事案の概要

東京国税不服審判所は2010年1月27日、T株式会社（以下「T社」）に対して、原処分の一部である約141億円を取り消す裁決を行いました[1]。

裁決に至る経緯は、次のとおりです。

2005年6月29日、T社は1999年3月期から2003年3月期までの5事業年度において同社とその国外関連者との間で行った下図の電子部品材料の取引について、東京国税局から移転価格税制に基づく約213億円の更正処分を受けました。法人税、事業税、住民税及びこれらの附帯税を含む追徴税額は、合計約120億円とされています。

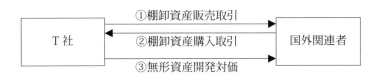

これに対し、T社は東京国税局に当該更正処分を不服とする異議申立てを行い、2007年6月29日付で原処分の一部である約30億円を取り消す異議決定がなされました。

この結果、追徴税額のうち約16億円が還付されることとなりました。

---
1 裁決事例集未登載

しかしながら、T社は当該異議決定をなおも不服とし、東京国税不服審判所に対し、残額の取消しを求める審査請求を行ったところ、2010年1月27日付で原処分の一部である約141億円を取り消す裁決が下され、約94億円が還付されることとなりました。

2．主　な　争　点

論点となったのは、T社の日本国内の本社と、製造組立などを手掛けるアジアに所在する国外関連者との「利益創出の貢献度の割合」です。原処分庁は、本社が研究開発で重要な役割を果たしており、本来であれば本社が得るべき利益はより多くあるべきで、海外の子会社に対し、不当に利益を移転していると認定しました。これに対し、T社は、海外子会社にも相当の収益貢献はあると主張しました[2]。

主な争点は、以下のとおりです。

(1)　残余利益分割法を適用したことの適否

T社は前頁の図①～③について、それぞれ個別の取引として独立価格比準法、再販売価格基準法、独立価格比準法と同等の方法（一般的に基本三法という。**8**参照）を適用すべきと主張しました。更正処分が行われた事業年度においては、移転価格の算定方法について、基本三法が、その他政令で定める方法に優先するとされていたからです（旧措法66の4②一かっこ書、二かっこ書）。

これに対して、審判所は①～③が一体的に営まれている事情は認められるものの、そのことから直ちに一の取引であるとは言えず、まずは個別取引ごとに独立企業間価格を算定できるか否かを検討すべきであることを示しました。その上で、原処分庁が行った個別取引という観点からの調査は、可能な限りの調査を尽くしたものと評価され、にもかかわらず適切な比較対象取引を把握することができなかった以上、基本三法及び基本三法と同等の方法を用いることはできないと判断しました。

2　日本経済新聞記事　2010年（平成22年）2月4日

また、納税者及び国外関連者はそれぞれ重要な無形資産を有しており、このような場合に原処分庁が採用した残余利益分割法を適用することは有効であるとして、「本件国外関連取引の独立企業間価格の算定に際して、基本三法及び基本三法と同等の方法が適用できないことの立証を行っていない」とする納税者の主張は認められませんでした。

(2) 国外関連者が負担した研究開発費を残余利益の分割指標としての研究開発費に含めたことの適否

T社は、国外関連者が無形資産の形成に極めて重要な貢献を果たしており、現地で負担した研究開発費を国外関連者に対する残余利益の分割指標に含めるべきであると主張しました。

これについて、審判所は、国外関連者が研究開発テーマの策定に参加している点、顧客に研究開発に係る情報等を提供している点、事前に資金リスクを負担している点、研究開発に係る進捗管理に当たって、研究開発リスクに配意している点を総合的に勘案し、国外関連者は研究開発において相応の役割を果たしており、研究開発を通じて生じる無形資産の形成に貢献していると判断しました。

よって、残余利益分割法による独立企業間価格の算定に当たっては、国外関連者が負担した研究開発費を国外関連者に対する残余利益の分割指標に含めるべきとする納税者の主張が認められました。

3．残余利益分割法について

法人及び国外関連者の有する無形資産が、基本的活動のみを行う法人との比較において、所得の源泉になっていると認められる場合には、残余利益分割法（措法66の4②一ニ、措令39の12⑧　ハ）の適用について検討を行うこととなります。残余利益分割法では、第一段階で「分割対象利益等のうち基本的利益を当該法人及び国外関連者それぞれに配分」し（措令39の12⑧一ハ(1)）、第二段階で「当該分割対象利益等と当該配分をした基本的利益の合計額との

差額である残余利益等をその発生に寄与した程度を推測するに足りる要因に応じて配分」(措令39の12⑧一ハ⑵)することになります[3]。

具体的には、まず第一段階として、法人及び国外関連者のそれぞれに関して、同種又は類似の棚卸資産の非関連者による販売等（比較対象取引）に係る再販売価格基準法を適用する場合の売上総利益率、原価基準法を適用する場合の売上原価マークアップ率、取引単位営業利益法を適用する場合の売上高営業利益率、総原価営業利益率、ベリー比といった利益水準指標に基づき法人及び国外関連者に帰属するものとして計算した金額を、法人及び国外関連者に配分します（基本的利益の配分）[4]。次に、第二段階として、法人及び国外関連者による販売等に係る所得の金額と基本的利益の配分金額との差額（残余利益等）を残余利益等の発生に寄与した程度を推測するに足りるこれらの者が支出した費用の額、使用した固定資産の価額その他の要因に応じて、法人及び国外関連者に配分します。第一段階及び第二段階で配分された金額について、法人及び国外関連者ごとに合計した金額をもって国外関連取引の対価の額とします。

残余利益等の法人及び国外関連者への配分は、残余利益等に対する独自の価値ある寄与の程度に応じて行うことから、当該寄与が無形資産によるものである場合は、残余利益等の分割要因は、所得の源泉となっている無形資産の寄与の程度を用いることになります（措通66の4⑸－4）。

この場合、無形資産の寄与の程度を測るためには、法人又は国外関連者が有する無形資産の価値の絶対額を求めることは必ずしも必要ではなく、それぞれが有する無形資産の相対的な価値の割合で足りることから、無形資産の取得原価のほか、無形資産の形成・維持・発展の活動を反映する各期の支出費用等の額を用いることが考えられます。

分割要因として無形資産の取得原価を用いる場合には、研究開発活動による特許権や製造ノウハウ等の形成・維持・発展に係る費用を個別に特定する

---

[3] 国税庁　別冊「移転価格税制の適用に当たっての参考事例集」【事例10】
[4] 移転価格事務運営指針3－7

ことが困難な場合も少なくないと思われます。また、無形資産の価値が時の経過とともに減少する場合には、個々の無形資産の価値が持続すると見込まれる期間を合理的、客観的に見積もることが必要になってきます。

また、残余利益等の分割要因として無形資産の形成・維持・発展のために支出した費用等の額を使用する場合には、例えば、無形資産の形成活動との関係が深い次のような費用の中から関係する費用を特定することとなります。

① 特許権、製造ノウハウ等、製造活動に用いられる無形資産：研究開発部門、製造　部門の関係費用等
② ブランド、商標、販売網、顧客リスト等マーケティング活動に用いられる無形資産：広告宣伝部門、販売促進部門、マーケティング部門の関係費用等
③ 事業判断、リスク管理、資金調達、営業に関するノウハウ等、上記①②以外の事業活動に用いられる無形資産：企画部門、業務部門、財務部門、営業部門等、活動の主体となっている部門の関係費用等

この場合において、無形資産の形成・維持・発展の活動に着目して、当該活動が継続的に行われ、活動を反映する各期の費用が比較的安定している状況においては、活動を反映する各期の費用の額を分割要因として残余利益等を配分することも合理的と考えられます。しかしながら、各期の無形資産の形成・維持・発展の活動の支出費用等の額に大きな変動があるなど、各期の費用を分割要因として用いることに弊害があると認められる場合には、合理的な期間の支出費用等の額の平均値を使用する方法や、合理的な期間の支出額を集計し、一定の年数で配分するとした場合の配分額を使用する方法等によることも可能です[5]。

1. 裁決のポイント

残余利益分割法の適用に当たり、国外関連者が負担する研究開発費を日本又は現地のどちらの分割要因に含めるべきかの議論において、本件では、国

5　国税庁　別冊「移転価格税制の適用に当たっての参考事例集」【事例22】

外関連者が無形資産形成のための意思決定、役務の提供、費用負担、リスク管理を行っていることを立証することができたことが裁決の結果に大きく影響したものと考えられます。

　一方、移転価格事務運営指針2－12は、無形資産の形成等において法人又は国外関連者が単にその費用を負担しているというだけでは、貢献の程度は低いものであるとしています。機能・リスクの測定方法として、単なる費用負担である場合をどのように取り扱うかという点が今後の課題として残されました。

3 海外子会社の支援と寄附金課税

Point 親会社が、財政基盤の弱い海外子会社支援のため、子会社の負担すべき費用を負担せざるを得ない状況が生ずることは、しばしば見受けられるところです。単に費用を負担するだけでは寄附金とされてしまいますが、親会社が子会社に一定の業務を委託し、その対価が親会社から子会社に支払われるのであれば、寄附金とされることはないのでしょうか。国税不服審判所の2000年12月14日の裁決[1]においては、親子間の役務提供の対価に当たるかどうかの判断基準が示されました。

なお国税庁は、2010年10月に具体的な判断基準を、移転価格事務運営指針とその参考事例集の形で公表しています。

1. 事案の概要

審査請求人（以下、「請求人」）は健康自然食品の製造業等を営む同族会社であり、韓国市場に進出するため、100％子会社（以下、「子会社」）を韓国に設立しました。請求人は子会社との間で請求人の取り扱っている製品の市場開拓や経済金融情勢、市場需要動向、顧客情報等の調査を内容とする業務委託契約書（以下、「本件契約書」）を取り交わし、委託費用として毎月日本円で100万円を子会社に支払っていました。請求人は支払った金額を業務委託費として損金に算入していましたが、原処分庁は、請求人が1996年9月期と1997年9月期の2事業年度において韓国子会社に対して支払った業務委託費について、子会社が本契約に基づいて請求人に対し役務の提供を行った具体的な事実はないとして、寄附金と認定しました。国外関連者に対して支出した法人税法第37条第7項の寄附金は、損金の額に算入することはできませ

---

1 国税不服審判所　平成12年12月14日裁決　裁決事例集No.60　394頁

んので（措法66の4③）、原処分庁は、1999年7月9日付で請求人が当該各事業年度において損金の額に算入した業務委託費の全額を寄附金として認定した上で、更正処分及び過少申告加算税の賦課決定処分を行いました。

請求人は原処分に不服があるとして、国税不服審判所に対し1999年9月6日付けで審査請求を行いました。

請求人は、子会社から実際に役務の提供を受けていたことを主張しました。その一方で、「子供にミルクを与えるのは親の義務である」という表現を用いて、設立間もない子会社に、親会社である請求人からの業務委託に基づく資金援助が必要であった背景を申し述べ、本件業務委託費の損金性を主張しました。つまり、請求人は子会社への支援金の損金性を主張しました。しかし、支援金だとすれば、それは紛れもなく贈与の意図を伴う金銭の交付であり、法人税法第37条第7項に規定する寄附金にほかならず、主張には矛盾が生じます。

請求人の主張に対し審判所は、法人税法上寄附金は、「拠出金、見舞金その他いずれの名義をもってするかを問わず、内国法人が金銭その他の資産又は経済的な利益の贈与又は無償の供与をした場合における当該金銭の額若しくは金銭以外の資産のその贈与時又は当該経済的な利益のその供与時における価額」（法法37⑦）と規定されており、本件業務委託費が無償の供与ではなく、役務の提供の対価に相当するかどうかが本件業務委託費を損金の額に算入することができるか否かの争点となると述べています。

審判所は、本件業務委託費が役務提供の対価に相当するかどうかを、次の2点を基準に判断しています。

(1) 本件契約に基づく役務の提供の対価が、独立第三者間で授受される対価に基づいて決定されているかどうか

(2) 請求人は、子会社から現実に便益を享受し、かつ享受している場合には、その享受している事実を立証し得る証拠資料を提出できるかどうか

以上の判断基準に基づき、審判所は、本件業務委託費が役務提供の対価ではなく、寄附金と判断し、納税者の主張を退けました。

2．移転価格税制と寄附金課税に関する最近の動向

　国外関連者に対する金銭その他の資産又は経済的な利益の贈与又は無償の供与をした場合には、法人税法上の寄附金とされ（法法37⑦）、国外関連者に対するものは損金の額に算入されません（措法66の4③）。これに対し、法人が国外関連者との間で資産の販売、資産の購入、役務の提供その他の取引を行った場合において、法人が国外関連者から支払を受ける対価の額が独立企業間価格に満たないとき、又は法人が国外関連者に支払う対価の額が独立企業間価格を超えるときは、独立企業間価格で取引が行われたものとみなして所得の金額を計算することとされています（措法66の4①）。すなわち、国外関連取引は寄附金課税の対象ではなく、移転価格税制の対象とされるという明確な区分があります。

　しかしながら、実務上は、移転価格税制と寄附金との関係について、取引によっては明確に区分できない場合が多くあります。そこで国税庁は、2010年10月22日付けで「移転価格事務運営要領の制定について（事務運営指針）」の一部改正（以下、「移転価格事務運営指針」）を発遣し、以下のような場合には、国外関連者に対する寄附金として取り扱うこととしました（移転価格事務運営指針2－19）。

(1)　法人が国外関連者に対して資産の販売、金銭の貸付け、役務の提供その他の取引（以下、「資産の販売等」）を行い、かつ、当該資産の販売等に係る収益の計上を行っていない場合において、当該資産の販売等が金銭その他の資産又は経済的な利益の贈与又は無償の供与に該当するとき

(2)　法人が国外関連者から資産の販売等に係る対価の支払を受ける場合において、当該法人が当該国外関連者から支払を受けるべき金額のうち当該国外関連者に実質的に資産の贈与又は経済的な利益の無償の供与をしたと認められる金額があるとき

(3)　法人が国外関連者に資産の販売等に係る対価の支払を行う場合において、当該法人が当該国外関連者に支払う金額のうち当該国外関連者に金銭その他の資産又は経済的な利益の贈与又は無償の供与をしたと認められる

金額があるとき

　移転価格事務運営指針2−19に依拠するならば、本件の結論は、結局、上記(3)の「金銭その他の資産又は経済的な利益の贈与又は無償の供与をしたと認められる金額」があったかどうかの事実認定に委ねられることとなりますが、(3)の文言は法律条文をほぼ忠実になぞらえたものにすぎず、依然として事実認定には困難が伴います。

　なお、法人が国外関連者に対して財政上の支援等を行う目的で国外関連取引に係る取引価格の設定、変更等を行っている場合においても、当該支援等に法人税基本通達9−4−2《子会社等を再建する場合の無利息貸付け等》に記載する相当の理由があるときは、寄附金課税の適用はないとされています（移転価格事務運営指針2−19（注））。

　また、移転価格事務運営指針の発遣に伴い、移転価格事務運営指針の別冊「移転価格税制の適用に当たっての参考事例集」において、寄附金課税が適用される場合、又は寄附金課税の適用を受けずに移転価格税制に基づく課税の対象としての検討を行う場合の具体的な留意点を示す事例25（国外関連者に対する寄附金）が新設されました。

　事例においては、子会社との間で役務提供の対価を収受する契約が存在しているにもかかわらず、倒産に至る可能性があるような業務不振の状態にはない子会社を支援する目的で対価を収受していない場合には、国外関係者に対する寄附金の損金不算入の適用を受けるとされています。

3．国外関連者に対する支援等を寄附金として認定された事例

　近年の課税の傾向として、赤字の海外子会社等（国外関連者）との取引において、国外関連者の財政上の支援等を目的として、対価を収受していない場合や国外関連者に有利な価格設定を行っている場合に、それを「寄附金」として認定し、課税するケースが増加しています。

　近年、大手電機メーカーP社が大阪国税局の税務調査を受け、国外関連者に対する支援等を巡り、2013年3月期までの2年間で約100億円の申告漏

れを指摘された旨の報道がありました。関係者によると、P社は、複数の国外関連者に対し、販促費や広告費等の経費のほか、人材や技術支援を無償で提供していたとされています。大阪国税局は、親会社によるこれらの行為は、子会社の支援が目的だったと認定し、実質的には子会社への寄附金に当たり、寄附金課税の対象になると判断しました[2]。

　大阪国税局は、P社の行為を移転価格事務運営指針2－19の実質的な資産の贈与又は経済的利益の無償の供与に該当するとして、租税特別措置法第66条の4第3項《国外関連者に対する寄附金の損金不算入》の規定の適用を受けると判断したことが窺えます。

---

[2] 日本経済新聞記事　2014年（平成26年）5月15日

4 移転価格課税と相互協議
——合意に至らない場合の問題点

> **Point** 移転価格課税が行われた場合には、二国間で同一の所得に対する国際的二重課税が生じます。相手国が租税条約締結国の場合には、国内法の救済手段のほかに、租税条約で認められている相互協議による救済を受けられる場合もありますが、両国が合意に至るとは限りません。相互協議が合意に至らなかったにもかかわらず、その後国内法の救済が認められた移転価格課税事案に、大手製薬会社T社に対する更正処分があります。近年においては、相互協議によって解決できない事案に対処するため、租税条約に仲裁条項を盛り込むことによって、国際的二重課税の解消を図ろうとする動きが見られます。

1. T社の課税事案の概要

2006年6月28日、T社は米国合弁会社[1]との間で2000年3月期から2005年3月期までの6事業年度において行った製品供給取引等に関して、当該取引から得られる利益配分がT社にとって過少であるとの指摘を受け、大阪国税局から移転価格税制に基づく更正処分を受けました。更正された所得金額は6年間で1,223億円であり、追徴税額は地方税等を含め571億円という、それ以前の移転価格課税では類を見ない巨額なものでした。同年8月25日、T社では本更正処分を不服として大阪国税局に対し、異議申立てを行いました。

T社は、処分年度以降の同取引について、日米の課税当局に対し、二国間の事前確認（以下、「APA」）を申請する予定であったことから、2008年7月8日、本更正処分により生じている二重課税の解消を目的として、国税庁に対し、

---

[1] 米国A社との50％ずつの出資で設立した会社で、後にT社の100％子会社となりますが、課税対象となった取引が行われた当時のT社の持分は50％でした。

租税条約に基づく米国との相互協議を申し立てました。これに伴い、異議申立てによる国内救済手続は一旦中断されました。

　更正処分に係る米国との相互協議は実に3年以上にも及ぶものでしたが、2011年11月4日、T社は、相互協議は合意には至らずに終了したことを、同社ホームページのニュースリリースにおいて伝えています。

　これを受け、同年11月9日、T社は、一旦中断していた異議申立て手続について、大阪国税局に対し、再開の申入れを行いました。

　大阪国税局は、再開した異議申立てに対する調査に基づき、2012年4月6日付けで原処分による増差所得金額1,223億円のうち977億円を取り消す異議決定を行い、この結果、地方税等を含めた追徴税額と還付加算金を合わせて572億円が還付されることとなりました。

　しかしながら、T社は当該異議決定をなおも不服とし、大阪国税不服審判所に対し、原処分の取消しが認められなかった部分の全額の取消しを求める審査請求を行ったところ、2013年3月18日付で原処分の残額である246億円を取り消す裁決が下され、地方税等を含めた追徴税額と還付加算金を合わせて152億円が還付されることとなりました[2]。

2．相互協議の申立てと争訟手続

　相互協議とは、納税者が租税条約の規定に適合しない課税を受け、または受けるに至ると認められる場合において、国際的二重課税排除のための救済措置として租税条約締結国の税務当局間で解決を図るための協議手続です。租税条約により、相互協議に係る申立て期間に制限がある場合は、その期間内においてのみ申立てが可能であることに留意する必要があります。相互協議手続は、納税者と権限ある当局との訴訟手続ではなく、国家間の課税権の調整の性格を持つ行政手続であることから、納税者は協議に参加することはできません。また、両当局に対して合意義務を課しているわけではありませんので、納税者は、納得のいく合意を得ることができなかった場合や、協議が決

2　大阪国税不服審判所　平成25年3月18日裁決　大裁（法）平24第60号　裁決事例集未登載

裂した場合には、国内救済手続により事案の解決を図っていくこととなります。

相互協議は国内法に定める救済手段とは別に行うことができます。そのため、日本では、移転価格課税が行われた場合、納税者は相互協議の申立てと並行して、国内法に基づき課税処分の取消しを求める異議申立て又は審査請求（不服申立て）を行うことが一般的となっています。これは、不服申立て期間が、原則として更正処分の通知を受けた日の翌日から起算して2月以内とされているため（通則法77①）、相互協議が合意に至らず終了してしまう時点において、不服申立ての機会を失う事態を避けるためです（ほとんどの場合、相互協議の合意には1年を超える期間を要します）。

実務的には、異議申立て又は審査請求に係る審理を一旦中断したい旨を記載した上申書を国税不服審判所長に提出し、相互協議を優先して進めることが慣例となっています。後日、相互協議が合意に至った場合には、異議申立て又は審査請求を取り下げ、また、合意に至らなかった場合には、異議申立て又は審査請求に係る審理が改めて開始されることとなります。

3．相互協議が合意に至らない場合

相互協議が合意に至らない場合の問題点として、以下の2点が考えられます。

⑴　相互協議が合意された場合には対応的調整により国際的二重課税が回避されるのに対し、不合意の場合は二重課税が解消されない可能性が高くなること

⑵　相互協議は両国の権限ある当局間での協議であるのに対し、国内救済手続の場合には、納税者が審判所や法廷で自らの主張を展開しなければならないので、コストや時間を考えると負担が大きくなること

相互協議の結果、権限ある当局間で合意に至ると認められる状況となった場合には、納税者がそれに同意することを確認した後に両当局間で合意し、納税者に通知されます（相互協議事務運営指針18、19）。「成立したすべての合意は、両締約国の法令上のいかなる期間制限にもかかわらず、実施されなけ

ればならない」(OECDモデル条約25②)とされていますので、原処分庁は合意の結果に従って、国内法に基づく処理を行うこととなります。

　移転価格課税が行われた場合、国際的二重課税を排除するために行う国内法に基づく処理には、(イ) 条約相手国により日本法人の国外関連者に対して移転価格課税が行われた後に、相互協議において相手国による課税処分の一部又は全部を認める合意が成立した場合の対応的調整（所得の減額調整）と、(ロ) 日本の税務当局が日本法人に対して移転価格課税を行い、相互協議において日本における移転価格課税の一部又は全部を取り消す合意が成立した場合の減額更正があります。

　上記(イ)の対応的調整とは、相手国での更正所得に対応する所得を日本で減額調整する手続をいい、納税者は、相互協議による合意のあった日の翌日から起算して2か月以内に更正の請求を行い、その請求に基づき日本の税務当局が減額更正をすることになります。この場合の減額更正は、相手国で課税の対象とされた国外関連取引が行われた事業年度に遡及して行われることとなります（通則法23②三、通則令6①四、実施特例法7）[3]。

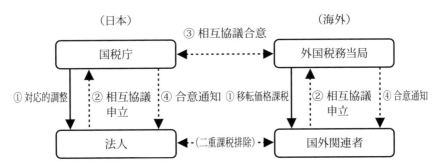

　一方、上記(ロ)の減額更正において納税者は、自ら更正の請求を行わず、日本の税務当局が更正決定の除斥期間経過後であっても、職権により、更正決定（減額更正又は課税処分の撤回）を行うことができるとされています（通則法71）[4]。

3　羽床正秀編著『平成27年版 移転価格税制詳解』（大蔵財務協会）505頁
4　同上

しかしながら、相互協議が合意に至らなかった場合（あるいは権限ある当局間の合意案に納税者が同意しない場合）には二重課税が解消されない可能性が生じ、納税者は、国内法に基づく救済手続（不服申立て又は訴訟手続）を通して、事案の解決を図っていくこととなります。

法人と国外関連者との間の取引につき、移転価格税制に基づく更正処分が行われた場合において、相互協議が合意に至らなかった場合の不服申し立て又は訴訟手続の流れは、以下のとおりです[5]。

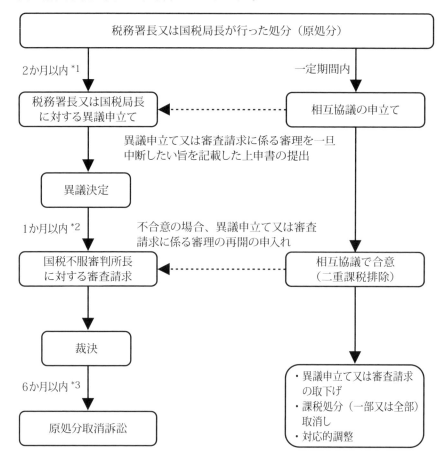

---

5 「審判所ってどんなところ？～国税不服審判所の扱う審査請求のあらまし～」(http://www.kfs.go.jp/introduction/pamphlet/pdf/pamphlet.pdf) を参考に作成

（流れ図の注）
*1　青色申告書に係る更正等の原処分に対しては、直接審査請求を行うことも可能です。その場合、原処分の通知を受けた日の翌日から起算して2月以内に審査請求を行う必要があります。
*2　異議申立てをした日の翌日から3か月を経過しても異議決定がなされない場合は、異議決定を経ないで審査請求をすることができます。
*3　審査請求をした日の翌日から3か月を経過しても裁決がなされない場合は、裁決を経ないで裁判所（地方裁判所）に訴訟を提起することができます。

4．相互協議に関する近年の動向

　上述のT社の事案にも見られるように、近年、相互協議においても解決ができない事案が増加しています。本事案の場合、納税者は国内法に基づき大阪国税局に対し、課税処分の取消しを求める異議申立てを行い、結果として、納税者側の主張が認められました。しかしながら、国内法に基づく救済手続によっても解決できない場合には、国際的二重課税は解消されず、納税者は過重な税負担を強いられることとなります。そこで、相互協議事案を円滑・的確に解決することを目的として、近年、租税条約に仲裁条項を盛り込むことによって、国際的二重課税の解消を図ろうとする動きが見られます。

　租税条約における「仲裁」とは、両国の権限ある当局間において一定期間内（OECDモデル租税条約をはじめ、多くの条約において相互協議の申立てから2年以内とされている）に事案を解決するための合意を行うことができない場合に、当該事案の未解決の事項につき、相互協議を申し立てた納税者の要請に基づき、独立の第三者により構成される仲裁委員会にその決定を委ね、これにより当該事案の解決を図る手続のことをいいます。

　日本で初めて仲裁条項が盛り込まれたのは、2010年8月に署名された日蘭租税条約で、その後、日香港租税協定（2010年11月署名）、日ポルトガル租税条約（2011年12月署名）、日ニュージーランド租税条約（2012年12月署名）、日スウェーデン租税条約改正議定書（2013年12月署名）、日英租税条約改正議定書（2013年12月署名）においても仲裁手続の導入が進められてきまし

た。また、日米租税条約改正議定書（2013年1月署名）[6]においても仲裁条項が盛り込まれています。

---

[6] 日米租税条約の一部を改正する改正議定書が2013年1月に署名され、その後6月に第183回通常国会で承認されました。改正議定書は、両国においてそれぞれの国内手続を経た後、両国間で批准書を交換した日に効力を生じることとなりますが、現時点（平成28年6月15日現在）において批准書は交わされていません。

5 関連会社間における金銭消費貸借取引

Point 移転価格税制は国外関連者との営業取引のみを対象としている訳ではなく、金銭消費貸借取引も対象となります。昨今、取引単位営業利益法(TNMM)に代表される利益法により独立企業間価格を算定する方法が主流となっています。しかし、金銭消費貸借取引の対価である利子の受払いの独立企業間価格を利益法により算定することは、金融業を本業としていない場合にはなじまないことが多いため、利子の受払い取引（利率の算定）については個別検証する必要があります。金利の独立企業間価格算定に関する裁判例として、タイ国子会社と行った金銭消費貸借取引の平成18年10月の地裁判決[1]（以下、「タイバーツ事件」という）があります。

1．金銭消費貸借取引に関する独立企業間価格算定方法
(1) 租税特別措置法通達66の4(7)－4

金銭の貸借取引について独立価格比準法と同等の方法又は原価基準法と同等の方法を適用する場合には、以下の条件について比較対象取引において国外関連取引と同様であることが必要とされています。

① 通貨
② 貸借時期
③ 貸借期間
④ 固定・変動、単利・複利等の金利の設定方式
⑤ 前払い、後払い等の利払方法
⑥ 借手の信用力
⑦ 担保・保証の有無

---

1 東京地方裁判所　平成18年10月26日判決　平15（行ウ）559　（訟務月報54巻4号922頁）

このとき、借手が非関連者である銀行等から同様の状況の下で借り入れたとした場合に付されるであろう利率を比較対象取引における利率として独立企業間価格を算定する方法は、独立価格比準法に準ずる方法と同等の方法とされています（措通66の4(7)－4（注））。

(2) 移転価格事務運営指針

　法人及び国外関連者がともに業として金銭の貸付け又は出資を行っていない場合には、次に掲げる利率を独立企業間の利率として用いる独立価格比準法と同等の方法が、移転価格調査において検討されます（移転価格事務運営指針2－7）。

① 国外関連取引の借手が、非関連者である銀行等から当該国外関連取引と通貨、貸借時期、貸借期間等が同様の状況の下で借り入れたとした場合に付されるであろう利率（借手の調達金利）

② 国外関連取引の貸手が、非関連者である銀行等から当該国外関連取引と通貨、貸借時期、貸借期間等が同様の状況の下で借り入れたとした場合に付されるであろう利率（貸手の調達金利）

③ 国外関連取引に係る資金を、同様の状況の下で国債等により運用した場合に得られるであろう利率（国債等の運用金利）

　なお、①から③の順に独立企業原則に則した結果が得られるとされています。

2．裁判例（タイバーツ事件）[2]

(1) 事件の概要

　A社は設立初年度の子会社X社（タイ王国所在）に約2年間で6回にわたり、期間10年で年率2.5％から3.0％の固定金利にて、総額128,225,000タイバーツの貸付を行いました。なお、利息の支払は年一回の後払い、返済は4年後

---

[2] タイバーツ事件についての解説として太田　洋、弘中　聡浩、宇野　伸太郎「タイバーツ貸付金利子事件東京地裁判決」（中里実他編著『移転価格税制のフロンティア』平成23年7月（有斐閣）に収録）等がある。

から1年ごと7回均等返済と約定されていました。

　A社はX社より利子として1年後に750,000バーツ、2年後に1,380,000バーツ、3年後に3,113,844バーツを受け取り、その後満期の10年を待たずに元本の全額返済を受けました。

　これに対し、所轄税務署長は租税特別措置法第66条の4第1項に基づき、X社が非関連者である金融機関等からスプレッド融資を受けた場合を想定して求めた金利を基に算定した金利が独立企業間価格であるとして、これらの受取利息との差額を所得金額に加算する更正処分を行いました。

　納税者は以上の処分を不服として東京地裁に提訴しましたが、納税者の請求は棄却されました。

(2)　タイバーツ事件で適法とされた方法

スワップレート（金融機関の調達金利）　＋　スプレッド（貸手の信用リスク　＋　事務経費）

　タイバーツ事件では、課税庁は金融機関の調達金利をタイバーツのスワップレートとしました。スワップレートは、ロンドン金融市場において、本事案の貸付と同時期、同通貨、同金額、同期間の資金調達を行う場合の金利スワップの利率です。

　また、貸手の信用リスクを以下の方法で算定しました。

短期プライムレート　－　円LIBOR

　短期プライムレートは金融機関が優良企業に向けて1年以内の短期で貸し付ける際の最優遇金利で、最優良企業の信用リスクと金融機関の事務経費と調達金利から構成されていると考えられます。LIBORは金融機関の調達金利と言えますので、A社の信用をA社の取引実例から算定せずに、最優良企業の水準と推定する方法も適法と判断されたといえます。

　短期プライムレートは日本銀行や都銀のホームページで閲覧可能です。またLIBORはロンドンインターバンク市場における銀行間の直接取引における資金

の出し手の提示金利です。現在米ドル、英ポンド、日本円、ユーロ、スイスフランの5通貨で毎日公表されます。これも多くの金融情報サイトで開示されています。よって、納税者にとって容易に採用できる算定方法ですが、貸手の信用が最優良企業のそれと乖離しており、スプレッドがプライムレートと乖離することが明らかな場合にはこの方法は採用できないと考えるべきです。

(3) 納税者として取り得る対応

　タイバーツ事件にて貸付が行われたのは、アジア通貨危機による混乱下であり、現地法人であるA社に融資する第三者が存在しない可能性がありました。よって、本件貸付は親子の支配関係があってこその取引だったともいえます。定期的利払いすら確実に履行できないような企業がとれるファイナンスは株式発行であり、この場合は利払いと元本の返済は不要です。

　OECD移転価格ガイドラインPara1.65ではこの点に関し、次のように言及しています。

　　「借入れ企業の経済状況を考慮すると、その実質に基づいて投資を性格付けし、当該融資を出資として扱うのが適当であろう。」

　納税者は実質的には投資であり出資として扱うのが相当と主張しました。しかし裁判所は、同時期に政府系金融機関や米国の保険会社が長期固定金利貸付を行っていたことや、日本の親会社がタイ国内企業に対し長期貸付する事例があったことから、納税者の主張を退けました。

　さらに、裁判所は、以下に示す複数の情況により、納税者の採用した利子率が経済的に明らかに不合理であることを示しており、反対に課税庁が採用した利率は合理的範囲内であると判示しました。

・貸付時の先物為替レートにより4年後の元利金を計算すると円建ての元本を回収できない。
・タイの中央銀行公定歩合が12.5%であった。
・米国保険会社の行った貸付の金利が12%～14%であった。
・納税者の取締役会審議資料で現地金融機関から借り入れた場合の金利が

15％から16％とされていた。

　納税者においては、借手の経済状況を鑑み適切な融資方法を選択すべきであり、仮に厳密な意味での比較対象取引がないとしても、安易に国債利回りを採用すべきではなく、貸手のスプレッドは最低限加算すべきだと考えられます。

❻ 価格調整金に対する課税

> **Point** 取引単位営業利益法（TNMM）のような利益法を採用した場合、決算期末において営業利益率が当初想定していた利益率のレンジ幅に入らない場合があります。この場合、期中の取引価格を事後的に変更し、利益水準を移転価格ポリシーに沿った適正な水準に修正する取引（価格調整金取引）を行う場合があります。
>
> 価格調整金支払取引の実施に際しては、国外関連者に対する寄附金課税と移転価格課税の両面から検討する必要があります。また、価格調整金受取取引においては、国外関連者側で価格調整金の支払が損金にはならないことが多いため留意が必要です。

1．価格調整金とは

　国外関連者との取引では、取引価格を事後的に価格調整金の名目で行うことがあります。税務調査では、価格調整金の支払等（金銭の支払又は費用等の計上）が過去の国外関連取引（措法66の4①）の価格の修正か関連者間の寄附金（措法66の4③、法法37⑦）の授受のいずれに当たるのかが検討されます。

　価格調整金が取引価格の修正とされるためには、対価の変更が合理的な理由に基づく取引価格の修正であることが求められます。合理性の検討は、支払等に係る理由、事前の取決めの内容、算定の方法及び計算根拠、支払等を決定した日、支払等をした日に関し行うものとされ、合理性がない場合は寄附金課税の適用が税務調査において検討されます[1]。また支払額の計算が法定の独立企業間価格の算定方法に基づいていない場合には通常合理的なものとは認められません。

1　移転価格事務運営指針2−20

仮に、価格調整金の支払等が合理的理由に基づき行われていたとしても、価格調整金は支払等の原因となった国外関連取引に係る対価の額に含めて移転価格上の検討がなされます。価格調整金の支払等は、移転価格上適正な価格（独立企業間価格）に変更する場合のみ認められるといえます。

このように、価格調整金の支払等には、国外関連者に対する寄附金課税と移転価格課税の双方のリスクを検討する必要があります。寄附金課税、移転価格課税どちらの課税手法においても経済的二重課税が生じますが課税後に納税者が取り得る救済手続には大きな違いがあります。

移転価格課税により生じた二重課税は租税条約の規定に適合しない課税が行われたことを理由とし、当局に二重課税解消を目的とした相互協議を申し立てることができます。国外関連者に対する寄附金課税は、租税条約の規定に適合しない課税とは考えられず、相互協議の対象とはならないと考えられています。

2．合理的な理由とは

価格調整金の支払等が合理的な理由に基づくかどうかは、以下の事情を総合的に勘案して検討することとされています（移転価格事務運営指針2－20）。

・事前の取決めの内容
・算定の方法及び計算根拠
・支払等を決定した日
・支払等をした日

価格調整金の取扱いに関する具体的な指針は"移転価格税制の適用に当たっての参考事例集"（以下、「事例集」という）事例26に示されています。移転価格事務運営指針2－20は事前取決めの内容を含めて価格調整基因の支払等の合理性を検討するとされていますが、ここでは、事前取決めを要する事例と、取決めを要しない事例が示されています。

(1) 事前取決めが不要な場合

事例26の前提条件1では、類似する価格調整金等の支払が非関連者間で

も行われているケースを例示し、このような場合には、事後の取決めにより遡及して取引価格を修正しても、「合理的な理由に基づく取引価格の修正」に当たるとしています。このケースは価格調整金の支払の原因となった取引に係る比較対象取引があるケースを想定しています。

　一般的に、価格調整金に関する比較対象取引情報を入手できるケースは、内部比較対象取引が有る場合（関連者と同時に非関連者に対しても価格調整金を支払っている場合）を除き極めて稀であるといえます。

(2) 事前取決めが必要な場合

　国外関連取引の独立企業間価格を取引単位営業利益法（TNMM）や利益分割法等の移転価格算定方法により算定している企業では、営業利益率等の利益水準指標をあらかじめ設けられた利益率と比較（ベンチマーキング）することで期中取引の適正性を事後的に検討します。つまり決算が終わらなければ期中取引の適正性を判断することができません。

　このような独立企業間価格算定方法を採用すると、決算期後に利益水準指標の実績値が、独立企業間価格を算定するためのレンジを外れていることが判明することがあります。実績値がレンジを外れている事実は、期中の取引が独立企業間価格で行われていなかった可能性が高いということを示唆し、移転価格税課税リスクが高い状態にあるといえます。

　事例26の前提条件2では、期中の取引価格を決算期末で改定する旨を覚書により事前に取り決めているケースを例示して、その取引価格の修正を「合理的な理由に基づく取引価格の修正」と認めていますが、事前取決めがない場合には、「合理的な理由に基づく取引価格の修正」とはされず、寄附金課税の問題が生じます。

3. 無形資産取引に関する検討

　国外に子会社を設立し長期間経過すると、グループ経営の合理化のために子会社に多くの権限が委譲されていきます。また進出国のインフラが時の経

過とともに整備され、材料・部品や設備の現地調達が可能となると、有形資産の関連取引がほぼなくなってしまう多国籍企業グループも少なくありません。

　結果的に国外関連取引は特許・商標権・ノウハウ等の無形資産取引だけになり、移転価格の問題が無形資産の使用料に集中することとなります。無形資産の個別検証には多くの困難が生じます。比較対象取引が見つからないからです。無形資産の評価が困難であることはOECD移転価格ガイドラインでも認めているところであり、消去法的にTNMMに代表される利益法が選択されるのが現状です。

　無形資産取引の検証にTNMMを用いる場合、無形資産を所有していない当事者を検証対象とすることから、比較対象企業の利益水準を超過する利益（超過収益）は無形資産使用料として他方の当事者が徴収すべき利益と結論付けられます。必然的に徴収すべきロイヤルティー価額の算定は決算において営業利益が確定するのを待たなければならず、金額や料率は毎期変動することとなります。このような金額や料率が変動するいわゆる変動ロイヤルティー契約は独立企業間で多く行われている訳ではないため、必ずしも独立企業原則に則しているとは言えません。さらに、OECD移転価格ガイドラインでは後知恵（Hindsight）による課税を明確に否定[2]しており、このように事後的に判明する結果をもって調整する手法がOECD移転価格ガイドラインの考え方に則しているとは言えません。BEPSの議論においても納税者が取決め時に依拠した情報に基づき検証するべきことが強調されています。

　TNMMや残余利益分割法のように無形資産取引後に判明する超過収益を根拠として所得を調整する課税手法は所得相応性基準[3]と共通する考え方です。

　このように、TNMMによる無形資産の検証は様々な批判があるものの、実際の課税や事前確認ではTNMMが独立企業間価格算定方法の主役となっています。また移転価格事務運営指針では、利益率を所得の源泉となる無形資

---

[2]　OECD移転価格ガイドライン2010　para2.130
[3]　BEPS行動計画8においては、評価困難な無形資産について所得相応性基準の導入が提言されています。

産を有しない法人と比較するベンチマーキング分析により無形資産を把握する手法が示されています（移転価格事務運営指針2－21）。よって、納税者としてもTNMMを無視することはできず、事実多くの企業でTNMMを用いて独立企業間価格を算定しています。国外関連取引が無形資産取引のみとなった企業は、このような独立企業間価格算定法を定めると無形資産使用料が確定するのは期末以降となり価格調整金の授受が不可避となります。移転価格事務運営指針2－20では価格調整金の対象を有形資産取引に限定していません。

4．納税者の取り得る対策

TNMMなど、営業利益率を独立企業間価格の検証に用いる場合、期末に価格調整金の支払等が生じることはやむを得ないことです。しかし、価格調整金の存在は期中取引に移転価格上の問題が生じていたことを納税者が主張していることにほかなりません。

納税者として取り得る対策を以下に示します。

(1) 価格調整金の合理性を示す資料の収集と文書化

調査では、合理的な理由に基づく取引価格の修正であるかどうかが検証されます。契約書を検査することにより契約の締結時期が確認されます。

合理的な理由の存在が価格調整金の支払を正当化する要件になっている以上、独立企業間価格を算定するための資料（いわゆる移転価格文書）を作成するなど、周到な事前準備が必要となります。

(2) 切出損益計算書[4]の作成

切出損益計算書は関連取引に関係する費用・収益のみからなる損益計算書ですので全社利益よりも検証対象利益が少額となる場合があります。研究開発費等を含む販売費・一般管理費等の間接費用の配賦計算が必要となることや、複数の関連者が介在した連鎖取引がある場合など切出損益計算書の作成

4　法文上は国外関連取引に係る損益の明細を記載した書類と規定されています（措規22の10①一ヘ）。

が難しい場合もありますが、合理的な仮定を設けるなどして、切出損益計算書の作成方法自体を独立企業間価格検証手続の一環と考え、積極的に取り組むべきです。

(3) 定期的な利益水準の検証

棚卸資産取引が継続して行われている場合には機動的な価格変更が可能です。月次や四半期決算の継続的モニタリングにて独立企業間価格との乖離を即時に把握し、機動的な価格改定を行うべきです。機動的な価格改定により、事後的かつ多額の価格調整金の授受を回避できます。

(4) 二国間事前確認（BAPA）の活用

このようなケースにおいて課税リスクを究極的にコントロールするには二国間事前確認（BAPA：Bilateral Advance Pricing Agreements）の取得を検討する必要があります。APAの枠組の中では、事後的な価格調整を補償調整として行うことができます。

7 ライセンス取引と独立企業価格批准法
―二つの裁決事例の比較

> **Point** 無形資産はそれぞれがユニークであり、比較可能性のある取引がないため、ライセンス契約におけるロイヤルティー料率が独立企業原則に適合しているか検証することは、多くの場合困難です。そのため、ライセンス取引におけるロイヤルティー料率についての独立企業間価格算定方法として独立価格比準法と同等の方法(措法66の4②二)を適用できる場合は、限定的だと言われています。ロイヤルティー料率の算定において、独立価格比準法と同等の方法における比較可能性を厳格に解釈した裁決事例と独立価格比準法に準ずる方法と同等の方法における比較可能性を緩和して解釈した裁決事例が存在します。

1. 比較可能性

(1) 租税特別措置法通達66の4(3)－3

比較対象取引に該当するか否かにつき国外関連取引と非関連者間取引との類似性の程度を判断する場合には、例えば、法人、国外関連者及び非関連の事業の内容等並びに次に掲げる諸要素の類似性を勘案することとされています。

① 棚卸資産の種類、役務の内容等
② 売手又は買手の果たす機能
③ 契約条件
④ 市場の状況
⑤ 売手又は買手の事業戦略

(2) BEPS Action Plan

また、OECD移転価格ガイドラインの改定案を提示しているBEPS Action

Plan8-10（aligning transfer pricing outcomes with value creation）最終レポートでは、OECD移転価格ガイドライン第6章（無形資産）の改定案において、無形資産の比較可能性を考慮すべき要素として以下の項目が例示されています。

・排他性（Exclusivity）
・法的保護の程度と期間（Content and duration of legal protection）、適用地域（Geographic scope）
・有効期間（Useful life）
・開発段階（Stage of development）
・改良の権利（Rights to enhancements, revisions, and updates）
・将来期待収益（Expectation of future benefit）

2．国税不服審判所平成22年6月28日裁決[1]

(1) 争　点

　請求人と国外関連者G社とのライセンス取引について請求人と非関連者M社及びN社とのライセンス取引を比較対象取引として独立企業価格比準法と同等な方法が適用できるかどうかが争点の一つになっています。

(2) 事実関係

　請求人は、P国を本店所在地とする法人であるG社の発行済み株式の70％を所有し、G社は請求人の国外関連者である。残りの30％は、P国を本店所在地とする法人であるH社（非関連者）が所有している。H社は、請求人から製造委託を受け製品Wの製造を行い、G社はH社より製品Wを購入している。

　また、G社は、請求人との間で締結した製品X及び製品Yの独占的製造及び販売に関する技術ライセンス契約に基づき製品X及び製品YをP国で製造及び販売をしている。

　請求人は、Q国を本店所在地とする非関連者であるM社及びN社との間で、

---
[1] 国税不服審判所　裁決事例集　No.79

製品W等をQ国において製造及び販売する権利を付与する実施許諾契約を締結し、ロイヤルティ収入を得ている。

① 請求人と国外関連者G社との契約内容

(イ) 製品Wの独占的販売に関する契約

　請求人は、G社に対し、製品WをP国において独占的に販売できる権利を与える。G社は、本契約の有効期間中、請求人に対し販売権の対価として製品Wの販売価格の○%を支払う。本契約は、締結の日から効力を生じ、請求人又はG社のいずれか一方が解約を申し出ない限り存続する（平成12年1月1日以降W_1及びW_2に係るロイヤルティー料率とW_3に係るロイヤルティー料率に区分され、料率が変更されている。）。

(ロ) 製品X及び製品Yの独占的製造及び販売に関する技術ライセンス契約

　請求人は、G社に対し、特許及び技術情報（機密とされる重要なノウハウを含む。）に基づき、当該契約期間中、製品X及び製品YをP国内で製造、使用及び販売するための独占的ライセンスを付与する。請求人は、G社との間で別途合意する条件に基づき、技術者の派遣を含む特許及び技術情報の効率的使用のための技術援助を行うことができる。G社は、本契約に基づき、請求人に対しP国で製造及び販売された製品Y（P国特許に基づくもの）につき売上高の○%、その他の製品（その他の製品Y及び製品X_1）につき売上高の○%の割合で計算したロイヤルティーを請求人に支払う。本契約は、当事者間で別途合意されない限り、締結日から株主である請求人とH社との間のG社の出資及び経営に関する契約の有効期間中、効力を有する。

② 非関連者であるM社及びN社との間で、製品W等をQ国において製造及び販売する権利を付与する実施許諾契約を締結

　請求人は、M社に対し、特許及び技術情報（ノウハウ等を含む。）に基づき、製品W、製品X及び製品YをQ国内において非独占的に製造、販売できる権利を許諾する。請求人は、N社に対し、M社により製造された製品W、製品X及び製品YをQ国内において非独占的に販売できる権利を許諾する。M社及びN社は、本契約に基づき請求人から許諾された本技術の実施権の

対価として、純売上金額に次の割合を乗じて計算した対価を請求人に支払う。
A 製品W_1及び製品Y_1（Q国特許に基づくもの）
　(A) 実施報告期間の販売量○○トン/月以下の部分　○％
　(B) 実施報告期間の販売量○○トン/月超の部分　　○％
B 製品W_2　○％
C 製品X_2　○％

本契約の有効期間は、本契約締結日から10年間とする。

③ 本件国外関連取引とM社及びN社との取引との比較

	区分	本件国外関連取引	M社及びN社との取引
1	使用許諾された製品の種別	○○及び○○	電子部品製造用○○
2	製品名	・製品W：W_1　W_2　W_3 ・製品X：X_1 ・製品Y：Y	・製品W：W_1　W_2 ・製品X：X_2 ・製品Y：Y_2
3	使用許諾される技術	上記○○の製法に関する技術	上記○○の製法に関する技術
4	使用許諾の開始時期	平成10年4月16日	平成15年8月1日
5	使用許諾の期間	・製品W_1に関しては、平成10年4月16日から契約が無効となるまで ・製品W_2及びW_3に関しては、平成12年1月1日から契約が無効となるまで ・製品X及びYに関しては、平成10年10月8日から契約が無効となるまで	平成15年8月1日から10年間
6	使用許諾条件	独占的	非独占的
7	技術者派遣の有無	契約上記載あり	契約上記載なし
8	販売地域	P国	Q国

(3) 比較可能性についての審判所の判断

「無形資産の使用許諾取引について独立価格比準法と同等の方法を適用する場合、比較対象取引の選定に当たっては、使用許諾に係る無形資産が同種であり、かつ使用許諾の時期、使用許諾の期間等の使用許諾に係る条件が同様であることが要件である」と判断基準を示した上で、本件国外関連取引と本件比較対象取引について以下のように判断しています。

「使用許諾に係る無形資産は同種であるが、使用許諾に係る条件については、①使用許諾開始時期、②使用許諾期間、③独占的許諾か非独占的許諾かの使用許諾条件、④使用許諾に伴う技術者派遣の有無及び⑤使用許諾された販売地域という使用許諾に係る条件が契約上も実態上も明らかに異なっているものと認められる。

そして、本件においては、①技術者派遣という役務（技術援助）の提供の有無、②独占的な使用許諾か非独占的な使用許諾かの相違、③使用許諾する期間に制限を設けるかどうかなど、使用許諾に係る条件の差異が明らかに認められ、これらの差異は独立企業間価格（ロイヤルティ率）に影響を及ぼすものであり、その差異による具体的な影響額を調整することもできないものと認められる。

そうすると、本件比較対象取引を使用して独立価格比準法と同等の方法を適用することはできないというべきである。」

3．国税不服審判所平成11年3月31日裁決[2]

本裁決の対象となった原処分は、原処分庁が、審査請求人と国外関連者であるシンガポール法人との間に、審査請求人からシンガポール法人への技術援助契約が存在すると認定した上で、輸送機器部品の技術援助契約23件を比較対象取引として3％のロイヤルティーを収受すべきものとした更正処分です。

---

[2] 裁決事例集未登載：TAINSコードF0-2-106

本件においては、そもそも請求人と国外関連者であるシンガポール法人の間に技術援助契約は存在していませんでしたが、原処分庁は、「駆動系部品及び制動系部品の製造に関する技術情報等の情報取引及び請求人の特許の使用を許可している取引」を認定しました。その上で、当該取引にかかる独立企業間価格を算定する方法として独立価格比準法に準ずる方法と同等の方法を採用し、比較対象取引の選定について以下のように述べ、下記の2、3の取引を比較対象取引として選定しています。

「独立価格比準法に準ずる方法と同等の方法における比較対象取引の採用に当たっては、当該法人が行っている取引のうちに類似の無形資産を非関連者に提供した取引がない場合には、当該法人以外の非関連者間取引を比較対象取引とすることになるが、その場合において同種の資産であることのみが採用の要件ではなく、当該取引に類似性があること及び当該取引が類似の状況の下で行われていることもその要件となる。

別表2　比較対象取引とした技術援助契約の内容

番号	対象製品	対象国	契約期間の定めの有無	ロイヤリティの内訳	
				一時金の有無	料率
1	トランスミッション	インドネシア	有	無	3%
2	ハブ・ホイール	イギリス	有	無	3%
3	ディスク・ブレーキ	韓国	有	有	3%
4	ディスク・ブレーキ	台湾	有	有	3%
5	ディスク・ブレーキ	韓国	有	有	3%
6	ディスク・ブレーキ	マレーシア	有	有	3%
7	ディスク・ブレーキ	メキシコ	有	有	3%
8	サスペンション	マレーシア	有	無	2%
9	サスペンション	マレーシア	有	無	3%
10	サスペンション	ブラジル	有	有	3%
11	サスペンション	韓国	有	有	3%
12	ブレーキドラム	インドネシア	有	有	2%
13	ブレーキドラム	タイ	有	有	2%
14	トランスミッション	マレーシア	有	無	3%

15	ディスク・ブレーキ	スペイン	有	無	2％
16	ドラムブレーキ	台湾	有	無	3％
17	ディスク・ブレーキ	メキシコ	有	有	3％
18	ディスク・ブレーキ	コロンビア	有	有	4％
19	ディスク・ブレーキ	オーストラリア	有	有	3％
20	ドラムブレーキ	インドネシア	有	有	3％
21	ドラムブレーキ	マレーシア	有	有	3％
22	ブレーキパッド	ドイツ	不明	無	3％
23	ブレーキパッド	イギリス	不明	無	3％

」

 この点について、審判所は、ロイヤルティーの特殊性及び請求人の事業実態の特殊性からみて、以下のように原処分庁の採った比較対象取引の選定方法を支持しています。

「ところで、原処分庁の採った方法は、「独立価格比準法に準ずる方法と同等の方法」であるから、比較対象取引の選定に当たっては、その範囲を広げ、類似した無形資産に係る取引から類推して独立企業間価格を算定する方法であると解される。」

8 海外子会社の税務優遇措置と比較可能性

Point 平成27年6月13日付の日本経済新聞は、大手自動車メーカーH社がブラジル子会社との取引を巡り移転価格税制に基づいて追徴課税されたことを不服として、国に取消しを求めた訴訟で、東京高裁で敗訴した国側が上告しなかったことを報じました。この結果、約75億円の課税処分を取り消した東京高裁判決[1]が確定し、H社の請求が全額認められることとなりました。

本事案において用いられた独立企業間価格の算定方法は、残余利益分割法でしたが、裁判においては、残余利益分割法の適用自体が妥当であったかどうか、比較対象企業の選定が適切であったかどうか等が争われました。

1. 残余利益分割法 (Residual Profit Split Method: RPSM) とは
(1) 概　　要

残余利益分割法とは、国外関連取引の両当事者が重要な無形資産（技術・ノーハウ・ブランド等）を使用して独自の機能を果たしている場合等において、分割対象利益を①基本的利益と②残余利益とに分けて二段階の配分を行うことにより独立企業間価格を算定する方法をいいます（措令39の12⑧一ハ、措通66の4(5)-4）。

① 基本的利益は、独自の機能を果たさない非関連者間の取引において得られる所得であり、国外関連取引の事業と同種の事業を営み、市場、事業規模等が類似する法人の事業用資産又は売上高に対する営業利益の割合等で示される利益指標に基づき計算されます。

---

[1] 東京高等裁判所　平成27年5月13日判決

②　残余利益は、国外関連取引の両当事者が独自の機能を果たすことにより生じた所得であり、残余利益の配分に用いる要因として無形資産の価額、無形資産の開発のために支出した費用の額等を用いることができます。

(2) 比較対象取引の検討

租税特別措置法通達66の4(3)－3は、比較対象取引の選定に当たって、国外関連取引と非関連取引との類似性の程度を判断する際には、以下のような点を勘案する必要があるとしています。

①　棚卸資産の種類、役務の内容等
②　売手又は買手の果たす機能
③　契約条件
④　市場の状況
⑤　売手又は買手の事業戦略

上記④の市場の状況の類似性については、「政府の政策」の影響等を考慮して判断するとして、具体的には、法令、行政処分、行政指導その他の行為による価格に対する規制、金利に対する規制、使用料等の支払に対する規制、補助金の交付、ダンピングを防止するための課税、外国為替の管理等の政策が掲げられています（措通66の4(3)－3（注）2）。

さらに「移転価格税制の適用に当たっての参考事例集」の事例20では、「需要・市場価格の変動、市場の特殊性による価格水準は、同じ市場で事業を行う者が同様に影響を受けるものと考えられる」とし、それゆえに、「残余利益分割法の適用上、需要・市場価格の変動や市場の特殊性（顧客の嗜好、政府の価格規制等）による価格への影響については、適切な法人を選定し、同時期の財務数値を使用する限りにおいて基本的利益の計算の中で反映されることとなる」としています。

2. 事案の概要

H社は、ブラジル・アマゾナス州に設置されたマナウス自由貿易地域（マナウスフリーゾーン[2]）でオートバイの製造・販売事業を行う子会社との間で、オートバイ及び部品等の販売、製造設備等の販売、技術支援、ノーハウ・ブランドの使用に係る取引（以下、「国外関連取引」）を行っていました。H社は国外関連取引により受けた対価の額を益金の額に算入して法人税の申告を行ったところ、原処分庁は、それらの国外関連取引の対価の額が独立企業間価格に満たないことを理由として、移転価格税制（措法66の4①）を適用し、平成10年3月期、平成11年3月期、平成13年3月期、平成14年3月期及び平成15年3月期の各事業年度の法人税の更正処分等を行いました。本訴訟は、この処分を不服としたH社が提起したものです。

3. 地裁[3]における主な争点

本事案では、利益分割法の一つである残余利益分割法を用いた独立企業間価格の算定の適否が争われ、以下のとおり争点が絞り込まれました。

(1) 独立企業間価格の算定に当たり、基本三法ではなく利益分割法を用いたことの適否

平成23年度税制改正により、従来の「基本三法[4]優先適用」の原則は廃止され、独立企業間価格とは国外関連取引の内容及び当事者が果たす機能その他の事情を勘案して、最も適切な方法により算定した金額をいうものとされました（措法66の4②柱書）。最も適切な方法（ベスト・メソッド・ルール）の選定に当たっては、具体的には次の点が勘案されます（措通66の4(2)-1）。

---

[2] マナウスフリーゾーンは、ブラジル連邦共和国アマゾナス州に設置されたブラジル連邦憲法上設置が定められている唯一の自由貿易地域で、法人がマナウスフリーゾーンで事業活動を行うことにより、税制上の利益を享受することができます（マナウス税恩典利益）。
　マナウス税恩典利益による減免の対象は、輸入税・工業製品税・法人所得税（以下、連邦税）、ICMS（州税）、法人売上げに対する社会負担金及び社会統合基金（連邦の負担金）であり、これらのうち営業利益に重大な影響を及ぼすのは、輸入税とICMSとされています。
[3] 東京地裁平成26年8月28日判決　平成23年（行ウ）第164号
[4] 独立企業間価格算定方法の基本三法とは、①独立価格比準法（措法66の4②一イ）、②再販売価格基準法（措法66の4②一ロ）、③原価基準法（措法66の4②一ハ）をいいます。

① 独立企業間価格の算定方法の長所及び短所
② 国外関連取引の内容及び当該国外関連取引の当事者の果たす機能等に対する独立企業間価格の算定方法の適合性
③ 独立企業間価格の算定方法を適用するために必要な情報の入手可能性
④ 国外関連取引と非関連者取引との類似性の程度（差異調整等を行う必要がある場合には、当該差異調整等に係る信頼性を含む）

このベスト・メソッド・ルールは平成23年10月1日以後に開始する事業年度分から適用され、同日前に開始した事業年度分については、改正前の基本三法が優先適用されます。

東京地裁は、残余利益分割法自体は、平成23年度税制改正におけるベスト・メソッド・ルール採用以前から規定されており、改正前において、残余利益分割法を用いることが租税法律主義に違反することにはならないとした上で、国は合理的な調査を尽くしたにもかかわらず、比較可能な比較対象取引を把握することができなかったのであるから、基本三法を用いることができないことが事実上推定され、かつ、この推定を覆すに足りる事情がないとして、残余利益分割法の適用は相当であったとしています。

⑵　独立企業間価格の算定単位として、オートバイの取引、部品の取引、製造設備等の取引、技術支援等の役務提供取引からなる国外関連取引を一の取引として算定したことの適否

独立企業間価格の算定方法に当たり国外関連取引をどのような単位でみるかという点について明示した法令の定めはありませんが、東京地裁は、措置特別措置法通達66の4⑷−1に掲げられた具体例を挙げ、「複数の取引のそれぞれに係る棚卸資産の販売価格の設定が、各取引ごとに独立して行われるのではなく、それぞれの取引の関連性を考慮して行われるような場合や、複数の取引が、その目的、取引内容、取引数量等からみて、一体として行われているような場合には、複数の取引を一の取引として独立企業間価格の算定を行うことが合理的である」としました。本事案は、H社と子会社との間のオー

トバイの組立部品の販売取引を主要部分として、付随的に、完成オートバイの販売取引、オートバイの補修部品の販売取引、製造設備等の販売取引、技術支援の役務提供取引及び無形資産の使用に係る取引を組み合わせて構成され、一体として行われたものであるということができると判示し、国が国外関連取引を一の取引として独立企業間価格を算定したのは相当であったとしています。

(3) 残余利益分割法における基本的利益の算定の適否

本事案において、国側の主張と裁判所の判断が分かれた争点です。この争点はさらに、以下のとおり細分化されました。

① 原処分庁が、マナウス税恩典利益を享受するH社の子会社等の比較対象法人として、マナウスフリーゾーン外で事業活動を行い、マナウス税恩典利益を享受していないブラジル側比較対象法人を選定し、マナウス税恩典利益の享受の有無について差異調整を行わずに、本事案の独立企業間価格を算定したこと

② 原処分庁が行った比較対象法人のその他の除外基準の設定及び選定

③ 原処分庁が基本的利益の算定における利益指標として総費用営業利益率を選定したこと

東京地裁は、「残余利益分割法の適用上、比較対象法人の事業用資産又は売上高に対する営業利益の割合等で示される利益指標に基づいて基本的利益の算定をする場合においては、比較対象法人が事業活動を行う市場と検証対象法人が事業活動を行う市場とが類似するものであること（市場の類似性）を必要とする」とした上で、「ブラジル側比較対象法人は、マナウス税恩典利益を享受していないという点でH社子会社等との比較可能性を有するものではない」とし、原処分庁が市場の特殊性という営業利益に大きく関わる基本的な差異につき何らの調整も行わずに基本的利益を算定したことは誤りであり、国外関連取引の対価の額が独立企業間価格に満たないものであるという立証があったとは認められないと判示しました。

4．高裁における争点と判示

　原処分庁は、地裁が判断したように、仮にマナウス税恩典利益が基本的利益（総費用営業利益率）に重要な影響を与えているとしても、それは、重要な無形資産の寄与によるものであるから、残余利益として観念すべきであり、基本的利益の算定における検証対象法人と比較対象法人との間の市場の類似性を否定するものではないと主張しました。

　これに対し東京高裁は、マナウス税恩典利益の中には、販売量の維持拡大に寄与する重要な無形資産の寄与が含まれている場合があることを認めた上で、事業規模の維持拡大には、それに必要な人的物的資本の投下や、事業の拡大をするという経営判断が必須であり、それら自体は重要な無形資産とはいい難く、マナウス税恩典利益には、重要な無形資産の寄与による残余利益ではない基本的利益が多く含まれていることも明らかであるとしました。さらに東京高裁は、マナウス税恩典利益を残余利益と観念して、比較対象法人の選定において考慮しないことは、マナウス税恩典利益に含まれる基本的利益に係る部分の配分を誤ることになり相当ではないと判示し、一審の判断を支持しました。

　一審において原処分庁は、比較対象法人がマナウス税恩典利益を享受していないことについて、差異調整を行う必要はないとしていましたが、二審においては一転、差異調整を行うと主張し、当初の更正処分の一部を取り消して納付すべき税額の変更を求めました。しかし、このような主張の変更は違法な理由の差替えであるとして、東京高裁は国側の主張を退けています。

9 インドにおけるマーケティング無形資産とブライトラインアプローチ

Point 海外子会社の行う広告宣伝、マーケティング、販売促進活動が子会社所在地国における商品ブランドや市場における認知度の向上等のマーケティング無形資産の形成に寄与している場合があります。海外子会社の広告宣伝、マーケティング、販売促進活動を移転価格税制上どのように評価するかについて、インドにおけるブライトラインアプローチ[1]を紹介します。

1. 国連移転価格マニュアル

(1) マーケティング無形資産

国連移転価格マニュアルに新興国のCountry Practiceのセクションがあり、インドにおける移転価格税制上の実務的な問題が紹介されています[2]。インドにおいては、ロケーションの優位性、市場アクセス、消費者ベースの大きさ、マーケットプレミアム、消費者の購買力等のユニークな市場特性があるためにマーケティング無形資産が重要な問題になります。マーケティング無形資産は、多国籍企業のインド子会社やインド関係会社の以下の活動を手掛かりに認識されます。

- 多額の広告宣伝、マーケティング、販売促進費(Advertisement, Marketing and Sales Promotion：AMP費用)を支出することによりインドにおいては無名の外国の商標やブランドの価値向上。
- 消費者心理へのブランド、製品への忠誠心や愛着の形成
- 効率的なサプライチェーンの構築

---

1 明確な数値基準を設けて移転価格調整の要否を判定するアプローチです。
2 UN Transfer pricing manual 399頁

・アフターサービス・サポートネットワークの国内における構築
・顧客・市場調査
・顧客情報の収集及び顧客リストの作成

(2) マーケティング無形資産の評価におけるブライトラインアプローチ

　インド税務当局は、リスクを負わない又は低リスクの販売業者は、経常的AMP費用しか負担しないという立場を採っています。したがって、類似の独立販売業者を超えた機能を果たし、リスクを負担し、AMP費用を支出しているインド子会社／関係会社は、マーケティング無形資産についての報酬を受け取るべきであるという結論になります。マーケティング無形資産の形成又は価値向上への寄与が行われているかどうかを判定する手掛かりとして超過AMP費用に着目します。超過AMP費用とは、類似企業が支出するAMP費用の水準を超過するAMP費用のことです。超過AMP費用が存在する場合に、マーケティング無形資産の報酬を、超過AMP費用にマークアップを加算して計算します。また、マーケティング無形資産に関する利益配分を受け取ることも認められます。

2．LG電子子会社デリー国税上訴裁判所判決[3]

　マーケティング無形資産に関するブライトラインアプローチに関する裁判としてLG電子判決等があり、以下その概要を紹介します。

(1) 事実関係

　韓国法人LG電子は、電子機器の製造販売を営んでおり、インドにおいては、100％子会社のLG電子インドPvt. Ltd.（LGインド）を有していました。LGインドは、LG電子とのライセンス契約に基づき、1％のロイヤルティーを支払うことにより、製品を製造販売するための技術ノウハウの使用を許諾されていました。また、ブランドネーム及び商標を無償で使用することも許諾されていま

3　LG Electronics India Pvt. Ltd. v. ACIT[2013] Special bench of the Delhi Income-tax Appellate Tribunal

した。

　移転価格調査において、LGインドのAMP費用が、売上の3.85％であったことが判明しました。税務当局は、比較対象事業として選定したVideocon Appliance Ltd.及びWhirlpool of India LtdのAPM費用比率がそれぞれ、0.12％及び2.66％であったことから、その平均の1.39％との差額は、LGインドがブランド価値形成のために支出した超過AMP費用であり、国外関連者から補償されるべきであるとして課税処分を行いました。さらに係争解決パネル（Dispute Resolution Panel）[4]は、AMP費用を支出する資金の機会費用として13％のマークアップが付加されるべきであるとしました。

(2)　判決の論点
①　国外関連者取引

　APM費用は、第三者に対して支出したもので国外関連者との取引ではなく、移転価格税制の対象にはならないという納税者の主張に対して、裁判所は以下のような判断を下しています。

　「税務当局は、APM費用の支出が国外関連取引であると主張しているのではなく、そのような費用の支出をすることによりブランド価値形成サービスを国外関連者に提供しているものである。納税者が国外関連者のためにマーケティング無形資産を形成し、その価値を向上させているという取引が、存続しているのだから、当該取引は、国外関連者への役務提供取引である。」

②　ブライトラインアプローチの合法性

　ブライトラインアプローチは、インド移転価格税制において規定されておらず、その適用は無効であるという納税者の主張に対して裁判所は、以下のように判断しています。

---

[4]　訴訟に依存せず納税者を救済する手段として、インドの課税当局であるCBDT（直接税中央税務局）が2009年11月に創設した制度。

「ブライトラインアプローチは、納税者が国外関連者に対してブランド価値形成サービスを提供するために支出した非経常的費用を識別するための手段であり、国外関連者取引が独立企業間価格で行われたかどうかを判定する方法ではない。納税者自らが、超過マーケティング費用の支出額を明らかにしなかったため、税務当局は、類似企業の経常的AMP費用を参照して超過マーケティング費用額を認定し、ブランド価値形成サービスの価値を算定するために非経常的費用の額にマークアップを付加するという原価基準法を適用したものである。」

③ 独立企業原則の適用

　企業の全体利益が類似企業より高水準である場合に、納税者のAMP費用を、個別のベンチマーク分析から否認することは許されないという納税者の主張に対して裁判所は以下のように判断しています。

「取引単位営業利益法は、個々の国外関連者取引の営業利益を個別に検証する方法であり、納税者の全体の利益率を検証する方法ではない。企業全体の利益率が類似企業より高水準であることは、国外関連者取引にかかる費用を、その対価としての便益を考慮することなく、独立企業間価格で支出されていると扱ってよいことにはならない。」

第2章

組織再編・M&A

10 外国子会社の組織再編成

Point 日本における組織再編税制には、「合併」、「分割」、「株式交換」等の組織再編行為について、具体的要件を定める定義規定が置かれていません。したがって、日本の会社法のみならず、外国法を準拠法として行われた組織再編行為が、日本の租税法上の「合併」、「分割」、「株式交換」等に該当するかが明確でないため、日系企業が海外において行う組織再編行為のリスク要因となりかねないという問題が生じていました。

　このような状況を踏まえ、2012年4月9日に公益社団法人日本租税研究協会の国際的組織再編等課税問題検討会による報告書「外国における組織再編成に係る我が国租税法上の取扱いについて」が公表されました。同報告書は、諸外国における組織再編成に関する日本租税法上の取扱いを検討する際の指針として有用なものと考えられます。

1. 背　　景

　日系企業が外国において事業展開をするに当たっては、従前は自らが法人等を設立し事業展開を図るケースが一般的でしたが、近年における企業のグローバル化、経営のスピード化に伴い、外国における既存の法人等を組織再編成により買収し、事業展開を図るケースが増えています。また、多国籍企業においては外国子会社間での更なる事業効率化を図るため、外国子会社同士の組織再編成を行うケースも同様に増えています。その一方で、こうした組織再編成における日本における課税上の取扱いが明確でない部分があることから、企業の国際的事業展開に関し支障が生じていました。

　国内における組織再編であれば、「合併」、「分割」、「株式交換」等を旧商法又は会社法上用いられている概念の借用概念として、租税法上の意味合い

を解釈する方式が確立されています[1]。

　しかし、国際課税の局面においては、外国の私法上、特定の意味を与えられている行為や事象をわが国の租税法上どのように扱うかを検討する必要があります。このような状況においては、「合併」であれば、わが国会社法の借用概念と解したうえで、その本質と考えられる要件を明らかにし、そのような要件を備えている外国法上の組織再編行為を、法人税法上の「合併」に該当するといった解釈手順を採らざるを得ません[2]。

　その解釈指針として、2012年4月9日に国際的組織再編等課税問題検討会による報告書が公益社団法人日本租税研究協会より公表されました。同報告書においては、「Ⅰ　総論」において合併、分割、株式交換といった実務上再編手法として用いられることの多い各組織再編行為の本質を整理し、「Ⅱ　国別事情」において、諸外国における組織再編成事例を、「Ⅰ　総論」へ当てはめる形で、日本の租税法上の取扱いが検討されています。

　以下、同報告書を具体的に参照しながらその内容をみていきます（「　」は同報告書（Ⅰ　総論）からの引用。なお、同報告書において、組織再編成において「資産を移転する側」あるいは「支配株式を取得される側」の会社はT社（Targetの意）、資産又は支配株式を取得する側をA社（Acquirerの意）と表記されており、引用箇所はその表記によります）。

2．合　　併
(1)　合併の本質的要素

　合併という行為について、日本においては会社法においてその定めがある一方、諸外国においては、同様の合併法制を有する国、合併法制に少なからぬ違いがある国や、そもそも合併法制が存在しない国もあります。このような各国の法制の相違や法概念の多様性に鑑み、これら諸外国における組織再編成が日本の租税法における合併に該当するかについて、考慮されるべき要素とし

1　金子宏『租税法（第20版）』（平成27年4月　弘文堂）117～120頁参照
2　増井良啓・宮崎裕子『国際租税法〈初版〉』（平成20年8月　東京大学出版会）243～244頁参照

て次の4点を挙げた上で、法形式のみならず、当事者の意図や経済的実態をも重視し、柔軟に判断することが適当であるとされています。

「① T社の資産及び負債の全部が移転すること。
② T社は資産及び負債の全部の移転後速やかに解散すること。
③ A社株式がT社株主に交付されること。
　（注）　A社株式がT社株主に交付されないことについて特別な事情がある場合には、この限りでない。
　＊　合併の対価は必ずしも株式に限られないが、金銭等が交付された場合には、非適格の合併となることから、A社株式の交付がある場合に限定することとした。
④ 当事者間の契約のみならず、上記①から③について、裁判所の許可等、当事者以外の機関による一定の法的手続きを経て行われること。」

(同報告書3頁)

(2) 日本の租税法における合併として扱うことが適当とされる諸外国における組織再編成

日本の租税法における合併として扱うことが適当な例として、各国の会社法等に基づく次の組織再編行為が挙げられています。

・米国デラウェア州の会社法に基づく合併
・英国の合併類似再編行為（事業譲渡＋清算）
・ドイツの会社法に基づく合併
・フランスの会社法に基づく合併
・カナダの会社法に基づくAmalgamation
・シンガポールの会社法に基づく合併

3．分　　割

(1) 分割の本質的要素

日本の会社法上における分割法制は、「法令上当然に権利義務の移転が生

じる包括承継」を重要な要素としているものと考えられます。また、合併と分割を概念的に区別するため、分割行為を行ったのみにおいては分割会社が自動的に消滅しないという点も分割を定義するに必要な要素として整理されています。

　諸外国においては、合併同様に法制の相違や法概念の多様性が存在していることから、これら諸外国における組織再編成が日本の租税法における分割に該当するかについて、考慮されるべき要素として次の4点を基準として、柔軟に判断することが適当であるとされています。なお、外国における分社型分割については、我が国における株主（本邦法人）側での課税が生じないので、以下では分割型分割のみが検討されています。

「①　T社の資産及び負債の全部又は一部が移転すること。
　②　T社は資産及び負債の移転後も存続すること。
　③　T社は資産及び負債の移転の対価としてA社株式の交付を受け、当該A社株式のすべてを、直ちにT社株主に交付すること。
　　　（注）　A社株式がT社株主に交付されないことについて特別な事情がある場合には、この限りでない。
　　　＊　A社株式の交付がある場合に限定している理由は、上記の「1．合併」の場合と同じである。
　④　当事者間の契約のみならず、上記①から③について、裁判所の許可等、当事者以外の機関による一定の法的手続きを経て行われること。」

(同報告書4頁)

(2) 日本の租税法における分割として扱うことが適当とされる諸外国における組織再編成

　日本の租税法における分割として扱うことが適当な例として、米国の会社法等に基づくスピン・オフの事例が挙げられています。なお、同事例では、裁判所等の公的機関による法的手続を経て行われることが望ましいとされていますが、上記(1)①〜③を一体として行う計画があることを前提として行われる

株主総会の決議をもってこれに代わる手続とすることも可能であろうとされています。

4．株式交換
(1) 株式交換の本質的要素

　ある会社の株式を他の会社の株式を交換する行為は私法上の取引であり、本質的に組織再編行為とは異なります。日本の会社法における組織再編行為としての株式交換制度とは、このような株主の異動を目的とした株式交換行為に強制性など一定の条件を付すことで、株式譲渡とは区別された、100％子会社化を目的とした組織再編行為として整理されているという特徴があります。

　このような特徴を勘案し、同報告書においては、次の3点を株式交換の本質的要素として組み入れるべきであろうとされています。

「(1)　T社株主が保有するT社株式が、①（個々の株主の同意を得ることなく）強制的に、かつ、②T社を介することなく、A社株式に交換されること。
(2)　(1)によりA社がT社の発行済株式の100％を有することになること。
(3)　(1)が1回の組織再編行為として行われること。」

(同報告書5頁)

　なお、③において1回の組織再編行為として行われることを構成要素としているのは、実務で行われている「公開買付け（TOB）による相当数（70〜90％程度）の株式取得＋全部取得条項付き種類株式を利用したスクイーズアウト」が日本の租税法上株式交換とは区別した取扱いがされていることから、組織再編成としての株式交換を判断するうえではこの要件を付加することが適当と考えられるため、と説明されています。

11 国際的M&Aの落とし穴
──インドボーダフォン事件

Point 第三国を通じた間接的なインド法人持分の譲渡[1]に対して、インドでの課税の可否が争われていた事案（インドボーダフォン事件）について、インド最高裁判所は2012年1月20日、ケイマン法人からオランダ法人へのケイマン法人株式の譲渡に関して、インドにおける課税は生じないとする判決を下しました。

この判決自体は納税者にとって好意的な判決として見られているものの、その直後におけるインド政府の税制改正により課税権を明確にする対策が講じられるなど、注目すべき論点が多く存在します。

近年、日本企業によるインドへの投資が増加していること、及びクロスボーダーでのM&Aを行う際には事前に税務リスクを検討することが不可欠であることから、この判決及びその後のインド政府の動向を確認することはインドへの投資を検討する際の参考になると考えられます。

1. 事実関係

2007年2月、オランダ法人Vodafone International Holdings B.V.（以下「Vodafone」）は、ケイマン法人Hutchison Telecommunications International Ltd.（以下「HTIL」）が全株を保有していたケイマン法人CGP Investments (Holdings) Ltd.（以下「CGP」）の株式のすべてを、約111億ドルで取得する契約を締結しました。CGPは、インド法人で携帯電話事業等を行っているHutchison Esser Ltd.（以下「HEL」）の株式を直接的・間接的に約67％保有していたことから、VodafoneはこのQ取引により、HELの支配権を獲得しイン

---

[1] 同様の取扱いは、中国においても存在します。内国法人持分の間接譲渡に関する通達　国税函[2009年] 698号

ドの携帯電話市場へ本格的に参入することが可能となりました。

※　実際には複数国にグループ会社が存在しているが、説明上簡便的に記載している。

　この取引についてインド課税当局は、当該取引によりCGPの株式だけでなくインド法人であるHELの支配権その他インドにおける様々な権利が移転しており、CGP株式はインド国内に所在する資産と認められることから、当該株式譲渡益はインド源泉所得であるとして、対価の支払者であるVodafoneに対して当該譲渡益に対する源泉徴収税額の納付を要求しました。これはインド所得税法第9条において、インド国内に所在する資本資産（Capital asset）の移転から生じた所得はインド源泉所得とみなすと規定されていることが根拠となっているものと考えられます。

　これに対しVodafoneは、当該取引はインド国外において外国法人間で第三国法人株式の売買を行ったのみであることから、HTILに対してインドでの譲渡益課税は生じず源泉徴収義務はないとして訴訟を提起しました。

2．判　　決

　この裁判に関して、2010年9月8日のボンベイ高裁判決では、インド課税当局の主張を全面的に認め、Vodafoneは当該取引により発生した譲渡益について、源泉徴収義務を負う旨の見解が示されていました。

　しかし2012年1月20日、最高裁は、ボンベイ高裁での判決を、次の理由により覆し、インド課税当局に対しVodafoneが納付した源泉徴収税額を還付するように命じました。

・本件の外国における外国株式の譲渡による所得については、たとえその

外国法人がインド法人株式を所有していたとしても、それのみをもってインド所得税法第9条に規定する資本資産の譲渡により生じた国内源泉所得には該当しないこと
・ケイマンに持株会社を設立する資本関係は1994年に構築されており、インドでの租税回避を目的とした一時的なものとは認められないこと
・ケイマンに持株会社を設立することには、事業遂行上の合理性があると認められること

3．その後の動向

　この最高裁判決へ対抗するように、インド政府は2012年5月の税制改正において、法令のExplanationを追加し、資本資産には株式のみならずインド法人に対する支配権が含まれることや、外国法人株式の譲渡取引において当該外国法人株式の価値がインド所在資産に実質的に起因すると認められる場合には、インド所在資産としてみなすことなどを定めました。この結果、このような外国で行われた株式譲渡取引についても課税し得ることが明確にされました。

　本Explanationは、法令の変更ではなく既存在の法令解釈を明確化したものであるため、2012年の改正以後について適用されるのみでなく、改正以前の取引についても本Explanationの解釈が遡及適用されるという点に留意しなければなりません。つまり、本件に係る2012年の最高裁判決の判例としての先例性を実質的に無効としたのです。この税制改正は司法の独立性という、インドにおける法治国家としての根源を揺るがすものとして、このような措置に対し外国人投資家からは不満の声が聞かれていました。

　また、2014年5月に発足したモディ政権の下においては、選挙時に公表されたマニフェストにおいても経済対策を重要課題として掲げており、外国からの投資を呼び込むことはインド経済活性化のための重要なファクターであることから、新政府は、この課題に対応するため、税制における透明性の確保を目指しました。その中において、このような遡及的適用を伴う税制改正は課税

予見性を損ない、企業の経済活動を妨げるものとして批判されています。

なお、M&Aに伴い被った損害について補償する保険サービスを提供している損害保険会社の中には、このように不安定な税務執行状況にあるインドにおけるクロスボーダーM&Aについては高度の訴訟リスクが存在するため、引受けを避けている会社もあります。

4．生じない二重課税

日本のような全世界所得課税方式を採用している国においては、外国で生じた所得に対し現地において源泉所得税を納付する場合、その一方で本国でも課税がされることから、ひとつの所得に対し二度の課税が生ずる、いわゆる二重課税が起こることがあります。この二重課税を排除する目的から、一般的には外国税額控除方式が認められています。これにより、控除限度額の範囲内で本国における法人税額から控除することが可能であるため、たとえ外国で法人税を納付することがあったとしてもグローバルでの納付税額は変わらない場合があります。

本件では、ケイマン法人がオランダ法人に株式を譲渡したことにより得た所得についてインドにおいて課税がされるかということが争点となりましたが、課税を受けた法人がタックス・ヘイブン国であるケイマンに所在する法人であったことにも留意すべきです。ケイマンにおいては、所得に対し法人税が課税されないことから、本件所得についてインドで追徴された税額は、ケイマンの法人税から控除できず、そのままケイマン法人の負担となるからです。このようなスキームによる投資は広く行われており、このことも、本件が注目されたひとつの理由であると考えられます。

5．租税条約の活用

インドとの租税条約の中には、本件のような所得について租税条約を適用することにより、インドでの課税が生じない可能性がある条約があります。例えば、古くからインドとの経済的な結びつきが強く、またインドへの投資の経

由地としても多く利用されているモーリシャスとインドの租税条約においては、所得受領者の居住地国にのみ課税権を認めていることから、モーリシャスからインドへ投資しているようなケースにおいては、インドでの課税がされないこととなり、本件のようなトラブルが生じる可能性は低いといえます。

　なお、日印租税条約第13条第3項においては、「一方の締約国の居住者が他方の締約国の居住者である法人の株式の譲渡によって取得する収益に対しては、当該他方の締約国において租税を課することができる」とされています。つまり、日本法人がインド法人の株式を譲渡するようなケースにおいては、インドにおける課税権を認めているため、条約の適用によりインドでの課税を排除することはできません。ただし、インドと日本における二重課税は日本において外国税額控除により排除できます。

12 海外子会社への増資新株払込みへの課税リスク

Point 海外子会社を設立する際に、現地法令における外資規制により、海外子会社に対する出資比率が100％未満となる場合があります。その後親会社が、当該海外子会社の資金需要に応えるために、海外子会社の新株を、時価を下回る価額で第三者割当増資により引き受ける場合には、時価と払込価額との差額が、法人税法上の益金として、課税対象となるかどうかが問題となります。

こうした海外子会社への増資新株払込みにおいては既存株主から募集株式の引受人である親会社へ経済的価値が移転することとなります。これに対し、100％の支配関係が成立した海外子会社の場合において、既存株主に対して新株が発行される場合には、発行価額が問題となることはありません。

近年、子会社に対する額面金額による増資に当たり、額面と時価との差額に対して法人税の課税が行われる事案が複数発生しているため新株の発行価額には留意が必要です。

1. 裁判所の判断

総合商社である内国法人A社が、タイでの販売事業を行う関連会社であるタイ法人2社が発行する株式を額面価額で引き受けたところ、課税庁は、各株式が有利発行の有価証券に当たるとし、その引受価額と時価との差額相当分について法人税の更正処分を行いました。これを不服としたAは訴訟を提起しましたが、裁判所は、この差額が法人税法第22条第2項における益金の額を構成すると判断し、Aの請求を棄却しました[1]。

---
1 東京地裁 平成22年3月5日・東京高裁平成22年12月15日判決（上告不受理）

東京高裁は、たとえ「発行会社と新株主との間に経済的利益の移転がない場合であっても、有利発行により経済的利益を得ていれば、当該収益が益金を構成することになる」として、「控訴人が本件2社株を取得する取引によって、内国法人Aに対し当該取引に関係した起因から収益が生じていれば、当該収益は内国法人Aの益金の額を構成することになる」と判示しました。

また、控訴人Aは新株の発行が有利発行に当たるかどうかにつき、当該新株発行により既存株主の株式の希薄化を生じ、既存株主に不利益を与えることもその要件となると主張していましたが、「法人税法及び同法施行令の解釈上そのような要件を読み取ることはできない」として否定しています。

さらに、「「有利な発行価額」に該当するか否かは、基本的には経済的利益に着目して判断されるべきものでありその最大の要素が1株当たりの純資産価額であるから、特段の事情のない限りは、法人税基本通達2－3－7(注)1の提示する当該株式の時価と発行価額との差額が当該株式の価額のおおむね10％相当額以上であるか否かによって判断することで足りるといえる」としています。

2. 有利発行における株式引受人等の課税関係

(1) 有利発行とは

有利発行とされるのは、有価証券と引換えに払込みをした金銭の額等を定めるときにおけるその有価証券の取得のために通常要する価額に比して有利な金額である場合です（法令119①四）。有利発行に該当するか否かは払込金額と当該株式の払込金額を決定する日の現況における時価との差額が、当該株式の時価のおおむね10％相当額以上であるかどうか（以下「10％基準」）により判断するとされています（法基通2－3－7(注)1）。

(2) 有価証券の取得のために通常要する価額（株式の時価）

株式の時価評価方法については、法人税基本通達において株式の種類に応じて以下の方法が示されています。

① 上場株式、非上場株式（原則）

株式の種類	株式の区分	法人税法上の株式の価額
a.上場株式（法基通2－3－9）	①金融商品取引所取扱有価証券、店頭売買有価証券	公表された最終売買価格（最終売買価格がない場合には、同日の最終の気配相場の価格等）[2]
	②旧株は上場株式だが取得する新株は非上場株式である場合	旧株の最終価格を基準として新株につき合理的に計算した金額
b.上場株式以外の株式（法基通9－1－13）	①売買実例のあるもの	事業年度終了の日前6か月間において、売買の行われたもののうち適正と認められるものの価額
	②公開途上にある株式[3]	金融商品取引所の内規によって行われる入札によって決定される入札後の公募等の価格等を参酌して通常取引されると認められる価額
	③売買実例のない株式で類似法人の株式の価額があるもの	類似法人の株式の価額に比準して推定した金額
	④上記に該当しないもの	株式発行法人の事業年度終了時における1株当たりの純資産価額等を参酌して通常取引されると認められる価額
	⑤特例（法基通9－1－14）	b.③、④に該当する株式について財産評価基本通達の考え方に基づいて算定した価額

② 非上場株式（特例）

　非上場株式のうち、売買実例のある株式、公開途上にある株式を除き、財産評価基本通達の178から189－7までの例によって算定した価額によることが認められています。また、その算定の際には、次の条件に従っていることが求められます。

(イ)　株式の取得法人が、株式の発行法人にとって「中心的な同族株主」に該当する場合には、「小会社」に該当するものとして取り扱うこと

2　「最終の気配相場の価格」は、その日における最終の売り気配と買い気配の仲値とされています（法令119の13一、法基通2－3－30）。

3　金融商品取引所が内閣総理大臣に対して株式の上場の届出を行うことを明らかにした日から上場の日の前日までのその株式で当該株式の上場に際して株式の公募又は売出しが行われるものが該当します（売買実例のあるものを除く）。

㋺　上場有価証券を有しているときは、1株当たりの純資産価額の計算に当たり、上場有価証券を、当該事業年度終了のときにおける時価により評価していること

㋩　「1株当たりの純資産額」の計算に当たり、評価差額に対する法人税額等に相当する金額は控除しないこと

　この点、株式の有利発行に該当するか否について判断する際の「株式の払込金額を決定する日の現況における時価」について、法人税基本通達2－3－7は、「決定日の価額のみをいうのではなく、決定日前一月間の平均株価等、払込金額等を決定するための基礎として相当と認められる価額をいう」と規定するのみで、具体的な算出方法に言及していませんが、基本的には上記の時価評価方法に従い時価を決定するものと解されます。

　これに対して、有利発行の有価証券の取得の時におけるその有価証券の取得のために通常要する価額の算出方法は株式時価評価に関する通達が準用されており、通常の株式の時価評価方法により算出することとなります（法基通2－3－9、4－1－4～4－1－6）。

(3) 株式引受人と既存株主の課税関係

① 　株式引受人に対する時価との差額課税

　払込価額と時価との差額が10％基準を超えている場合には、その株式を時価により取得したものとされ（法令119①四）、払込金額との差額は益金に算入されます（法法22②）。

② 　既存株主への寄附金課税の可能性

　株式引受人以外の既存株主においては、保有する株式の価値が毀損することとなりますが、取引の当事者ではなく、税務上特段の規定も設けられていないため、原則として課税関係が生じるものではありません。ただし、過去の判例において、株主総会における第三者に対する株式の有利発行の決議等を行った既存株主である法人に対して法人税法第22条第2項を適用し、無償に

よる株式の譲渡として益金と寄附金を認定し課税を行った事案（最高裁平成18年1月24日判決：オウブンシャホールディング事件[4]）があり、新株発行の目的如何によっては、既存株主に課税関係が生ずる場合も考えられるため、留意が必要です。

③　その他の留意点

既存株主の一部を株式引受人とする場合、株式引受人以外の既存株主については、その保有する既存株式に損失が生じるのみならず、当該株式引受人が保有する既存株式にも損失が生じることとなります（以下「希薄化損失」）。課税関係を考えるに当たって、かかる希薄化損失をいかに考慮すべきかが問題となりますが、法人税法施行令第119条第1項第4号は、時価を下回る価額で有価証券を取得した場合の取得価額を定めるのみです。このような希薄化損失がいまだ実現していない含み損であることを考えると、希薄化損失は課税関係を考える際、考慮されないものと考えられます。

4　オウブンシャホールディング事件では、有利な価額で新株発行を行った会社の既存株主から新株引受人への利益移転について行われた寄附金課税が争われました。既存株主と新株引受人の間に、法人税法第22条第2項が定める資産の譲渡等の取引行為があったかどうかが争われましたが、最高裁は、この利益移転が①既存株主の支配の及ばない外的要因によって生じたものではなく、②既存株主において意図し、かつ株式引受人において了解したところが実現したものであるから、法人税法第22条第2項にいう取引に当たるべきとして、課税処分は適法と判示しました。

第2章 組織再編・M&A

13 国際的事業再編とExit tax

Point 国際的な事業再編を各部門の機能やリスク、資産等の国外移転と捉えた場合には、移転価格税制が適用され、この機能移転に対する適正な対価が授受されなければなりません。このような事業再編により機能移転が行われた場合の移転価格の取扱いは、2010年7月に承認されたOECD移転価格ガイドライン第9章に言及されています。

また、EU加盟国の多くは、事業等の国外移転に際して課税権の確保を目的とする税制として、個人・法人に対するExit tax（出国税）を導入しています。

1．OECD移転価格ガイドライン第9章
(1) 概　　要

OECD（Organisation for Economic Co-operation and Development：経済協力開発機構）は、2010年7月22日に移転価格ガイドラインの第9章として「事業再編に係る移転価格の側面（Transfer Pricing Aspects of Business Restructurings）」を公表しました。国際的事業再編に係る移転価格の問題への対応を目的として、次の事項が承認されています。

・事業再編に係るリスクに関する特別の考慮について（第1部）
・事業再編自体の独立企業間価格の算定について（第2部）
・事業再編後の関連者間取引の報酬について（第3部）
・実際に行われた取引の認識（第4部）

(2) 事　例　紹　介

OECD移転価格ガイドラインでは、事業再編を「多国籍企業による機能、

資産及びリスクの国境を越えた再編」と定義し、次のような典型的な事例を掲げています。

- 本格的（full-fledged）販売会社から、外国の関連企業のためのリスク限定的（low risk）販売会社又はコミッショネア・問屋への転換
- 本格的製造会社から、外国の関連企業のための契約製造会社（contract manufacturers）又は受託製造会社（toll-manufacturers）への転換
- グループ内の中央拠点（知的財産管理会社等）への無形資産の移転
- 経営合理化や活動の終了を含む、企業活動（製造の拠点やプロセス、研究開発活動、販売、役務提供）の合理化、専門化、又は非専門化

(3) 要　　旨

　OECD移転価格ガイドライン第9章は、既存のルールを変更するものではなく、事業再編において、独立企業原則をどのように適用すべきかを議論しています。事業再編におけるリスク配分を検討して、再編時と再編後の営業利益率を比較紹介することで、リスク及びそれに関連する将来予想利益が失われるならば、当事者に他の選択肢がある限りは、独立企業間の報酬又は補償金が移転価格上考慮されるべきであることを示唆しています（パラ9.72、9.73）。しかし、OECD移転価格ガイドラインでは、比較対象取引が見い出せない場合の独立企業間価格の算定方法やその対応策は示されていません。

2．ドイツのExit tax
(1) 概　　要

　ドイツでは、法人税率引下げに対応する課税ベースの拡大の一環として、2008年1月に国際取引課税法（Foreign Tax Act）第1条を改正して、事業再編による所得の国外流出に対する移転価格税制の強化を図りました。

　さらに2008年7月に機能移転に関する政令を施行し、2010年10月13日に機能移転通達を公表して段階的に機能移転課税（Exit Tax）制度を導入しました。

具体的には、外国への価値移転に対する適正な課税の確保を目的として、移転元企業での機能が喪失し、移転先企業にその機能が発生して利益が生じている場合には、移転元企業での利益減少額や移転先企業での利益増加額に基づいて、適正な割引率や利益計画期間を考慮して算定された所得を課税対象とする制度です。

(2) 通達の構成

機能移転通達は、第1章 総則、第2章 国際取引課税法及び機能移転政令の注釈、第3章 補足的指示と個別問題、第4章 特定の機能移転の特別な様相の4つの章及び2つの計算事例からなる添付資料で構成されています。

(3) 移転パッケージの概要

通達の第2章において事業再編への移転価格制度の適用のための主要な用語が定義されており、なかでも「移転パッケージ」は、ドイツにおける国外への機能移転の独立企業間価格の算定単位となっているため、重要な概念です。

この移転パッケージは、譲渡企業から譲受企業に機能を移転させる又は使用許諾を与える若しくはこれらの関連において役務を提供する際の、機能並びにこれに関連付けられる機会及びリスク並びに資産及び利点から成り立つものであり、納税者は何がこの移転パッケージに含まれるかを判断しなくてはなりません。

この移転パッケージには3つの適用除外規定があり（国際取引課税法1パラ3の10文）、この適用除外規定の条件を受けるためには文書化義務が課されます。例えば、事業再編において無形資産及び利点が、機能移転の対象でないことを立証した場合は、納税者は当該無形資産及び利点を移転パッケージに含めないことができます。

(4) 無形資産と機能との関係

無形資産という用語は、国際取引課税法、機能移転政令及び同通達におい

て定義されていません。通達では、残された事業活動に係る機能との明確な境界に関して、移転のケースにおいて使用された無形資産などの資産や利点、またある特定の事業活動と具体的に相互に関連した機会やリスクを基に、その活動や目的に即し当該機能を明確にすることを必要としています。

　この制度では、事業再編で関連するすべての機能を一つの移転パッケージとしてまとめて評価を行い、独立企業間価格を算定することになります。したがって、もし納税者が無形資産として把握していなくても、事業再編に係る機会やリスク要因として移転パッケージに含まれるとすれば、包括的な評価が行われることとなり、移転価格税制の適用上、課税漏れが生じにくい制度であるといえます。

3．国際的事業再編におけるわが国移転価格税制上の検討事項

　海外に製造子会社を設立し、国内の工場から輸出していた製品を海外の製造子会社から顧客に供給する場合、製造機能や顧客ベースが海外に移転することになります[1]。わが国の移転価格税制は、このような国際的事業再編に対応する規定が整備されていません。比較対象取引の存在しない無形資産の一括移転に係る評価や所得相応性基準の適用等の可能性を議論している文献も見受けられます[2]。

1　「国際租税制度の動向とアジアにおけるわが国企業の国際課税問題」報告書　21世紀政策研究所（2011年3月）92、102頁
2　居波邦泰「国際的事業再編取引への対応について―移転価格税制の観点から―」（平成24年7月5日税大論叢75号）427頁

14 米国法人のスピンオフにより取得した株式に対する課税

Point 日本企業が設立した海外子会社の組織再編は海外の現地法令を準拠法とします。このような組織再編により内国法人が再編対価を取得した場合に、日本においてその内国法人に対してどのような課税関係が生じるのかが問題となります。米国法人の利益剰余金及び資本剰余金を原資としたスピンオフ（75頁参照）により親会社に交付された他の米国法人株式が、所得税法上の配当所得又はみなし配当に該当するかどうかが争われた事案（米国スピンオフ事件[1]）があります。判決においては、外国法令に基づいて行われた組織再編に対する日本における課税関係は、日本の税法に従って実質的に判断すべきであるとされました。

1. 米国スピンオフ事件の概要

(1) 事実関係

この訴訟は一般の税務訴訟のような行政訴訟事件ではなく、源泉徴収義務者である日本の証券会社（原告）が、居住者である納税者（被告）に対して、源泉徴収税額の負担を求める民事訴訟事件でした。

原告は、被告が開設した原告の外国証券等取引口座において米国法人（以下「A社」）株式の取引を行っていましたが、A社が行ったスピンオフにより分社化した他の米国法人2社（以下「B社」及び「C社」とします。）の株式の、原告への割当てが配当所得として所得税の課税の対象になるとして源泉徴収税額を税務署に納付したうえで、被告に対して当該源泉徴収税額の支払を求めました。しかし被告が、B社株式及びC社株式の取得は、所得税法上非課

---

[1] 東京地裁　平成21年11月12日判決　上告棄却・上告不受理平成21年(ツ)第4746号　判例タイムズ1324号134頁

税であるとして源泉徴収税額の支払に応じなかったため、当該源泉徴収税額の支払を求めて訴訟を提起したものです。

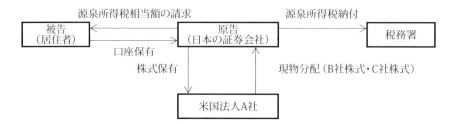

(2) 争　　点

　この裁判では、米国の法律に基づいて行われたスピンオフにより分社化された株式の旧株主に対する割当てが日本の所得税法上の配当（みなし配当）所得として課税対象となるか否かが争点となりました。原告は、被告が取得したB社株式及びC社株式は、被告がA社株式の持分に応じて割り当てられたものであり、その原資は資本剰余金及び利益剰余金であることから、所得税法上の配当所得又はみなし配当として所得税の課税対象であると主張しました。これに対して被告は、①米国ではスピンオフにより取得した株式は非課税となっているため、被告のようなごく一部の株主にだけ課税することは課税の公平性の原則に反すること、②国際会計基準によれば、スピンオフの前後で株主資産の増加が生じないこと等を理由に、所得税の課税対象とすべきではないと主張しました。

(3) 東京地裁判決

　東京地裁は、B社株式及びC社株式は、被告のA社の株式保有数に応じて割り当てられており、利益剰余金を原資とする部分は配当所得（所法24①）、資本剰余金を原資とする部分のうち、A社の資本金等の額のうち払戻しの基因となった被告の出資額に対応する部分を超えれば、みなし配当（所法25①三）に該当するというべきであると判示して、原告の主張を全面的に認めました。

2．米国におけるスピンオフ制度（IRC（内国歳入法）355）

　米国におけるスピンオフ制度とは、分割型の会社分割であり、同一株主のもと親会社の事業資産を新設（又は既存）子会社に分割した後、その株式あるいは既存の子会社株式を株主持分に応じて株主に分配する配当型の取引をいいます[2]。

米国スピンオフ制度

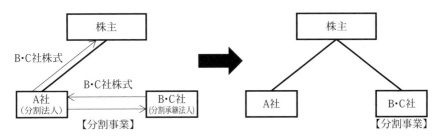

　スピンオフが課税取引となる場合には、親会社においては分割資産に係る譲渡益課税（譲渡損が生じる場合には、損金不算入）、株主においては配当課税が生じることとなります。

　また、下記要件のすべてを満たす場合には当該スピンオフは非課税とされ、親会社における譲渡益課税及び株主における配当課税は生じないこととなります。

① 親会社は分割直前において、子会社株式の議決権株式の80％以上、無議決権株式を含むその他の株式の80％以上を保有・支配していること
② 親会社はその保有するすべての子会社株式を株主に分配すること
③ 分割前5年間において、親会社及び子会社ともにアクティブな事業（actively conducted trade or bisiness）を営んでいること
④ 親会社又は子会社の留保利益の非課税分配を意図しているものでないこと

2　公益社団法人日本租税研究協協会 国際的組織再編等課税問題検討会「外国における組織再編成に係る我が国租税法上の取扱いについて」（平成24年4月9日）14〜16頁参照

⑤　会社分割を行うことにつき事業目的が存在すること
⑥　親会社株主による株式の継続保有が見込まれていること

3．米国スピンオフ制度と日本の租税法上の分割との関係

　米国スピンオフ制度の内容は上記2．のとおりですが、同制度により外国法人である子会社株式を取得した内国法人の日本における課税関係を判断する上で、米国スピンオフ制度の日本の租税法上の取扱いを検討する必要があります。

(1)　日本の租税法上の組織再編への該当性判断

　法人税法には、分割型分割の定義規定が設けられていますが（法法2十二の九）、分割自体の定義規定は置かれていません。このような場合には、会社法上用いられている概念の借用概念として租税法上の意味合いを解釈する方法が確立されていますので、法人税法上の分割が日本の会社法上の会社分割（会社法第5編第3章）を念頭に置いていることには異論はないと思われます。さらに外国法を準拠法とする組織再編行為を排除する明文規定がないこと、また、分割法人及び分割承継法人から外国法人が除かれていないことから（法法2十二の二、十二の三）、米国スピンオフ制度が、次に述べる日本の租税法上の分割型分割に関する本質的性質を備えていれば、組織再編成の一形態と捉えることができるものと考えられます。

(2)　日本の租税法上の分割型分割への該当性判断

　米国のスピンオフ制度などの外国法に準拠した組織再編行為に関する日本における課税上の取扱いは明確化されていませんが、平成24年4月9日に日本租税研究協会の国際的組織再編等課税問題検討会が公表した「外国における組織再編成に係る我が国租税法上の取扱いについて」において日本における課税上の取扱いが議論されています。

　同報告書は、日本の租税法上の分割型分割には**10**で紹介した通り、4つの

基準（本質的要素）が認められるとしています（57頁参照）。

したがって、米国のスピンオフ制度が上記基準を満たす場合には、日本の租税法上の分割型分割として取り扱われるものと考えられます。

4．米国法人のスピンオフにより取得した株式に対する課税関係

　米国のスピンオフ制度は「分割型分割（又は現物出資）＋配当」により構成され、3．(2)の要件を満たす場合には、当該取引は日本の租税法上の分割型分割として取り扱うことができると考えられます。したがって、内国法人がスピンオフにより取得した米国法人株式に対する法人税法上の課税関係は、日本の会社法上の分割型分割が行われた場合と同様の検討を行うこととなります。

15 外国法人の株主にみなし配当の課税関係が生ずる場合の問題点

Point 内国法人が、外国法人から取得する資本取引や組織再編の対価は、国外での課税関係とは無関係に、わが国において国内税法に基づき所得計算する必要があります。しかし、みなし配当が生ずる場合にはその算定が困難な場合があります。

1. みなし配当

　法人の株主等が以下の事由により金銭等の資産の交付を受けた場合、その金銭等の額の合計額が当該法人の資本金等の額のうちその交付の基因となった当該法人の株式又は出資に対応する部分の金額を超えるときは、その超える部分の金額は、剰余金の配当等の額とみなされ（法法24①、23①一）、外国子会社配当益金不算入制度の対象とされます（法法23の2①）。この場合の法人を、内国法人（法法2三）に限定する規定はありませんので、外国法人（法法2四）の株主が以下の事由により、金銭等の交付を受けた場合にも、内国法人株主と同様の課税関係が生じます。

(1)　合併（適格合併を除く。）
(2)　分割型分割（適格分割型分割を除く。）
(3)　資本の払戻し（資本剰余金の額の減少に伴う配当のうち、分割型分割によるもの以外のものをいう。）又は解散による残余財産の分配
(4)　自己株式又は出資の取得（一定の取得を除く。）
(5)　出資の消却（取得した出資について行うものを除く）、出資の払戻し、社員その他法人の出資者の退社又は脱退による持分の払戻しその他株式又は出資をその発行した法人が取得することなく消滅させること
(6)　組織変更（組織変更に際して当該組織変更をした法人の株式又は出資以

外の資産を交付したものに限る。）

なお、外国法を準拠法として行われる合併、分割等の組織再編行為が、わが国の租税法上の合併、分割等に該当するかどうかに関しては、**10**でも取り上げた国際的組織再編等問題研究会による報告書[1]において一定の検討が加えられています。

2．外国法人の組織再編等によってみなし配当が生じるケース

(1) 外国法人の合併

外国法人の株主等となっている内国法人が当該外国法人の非適格合併[2]により当該外国法人から金銭その他の資産の交付を受けた場合、以下の算式により算出された金額がみなし配当とされます（法法24①一、法令23①一）。

$$\text{みなし配当の金額} = \text{交付を受けた金銭の額及び金銭以外の資産の価額の合計額} - \text{資本金等の額のうち交付の基因となった法人の株式又は出資に対応する部分の金額}$$

$$\text{資本金等の額のうち交付の基因となった法人の株式又は出資に対応する部分の金額} = \frac{\text{被合併法人の合併の日の前日の属する事業年度終了の時の資本金等の額}}{\text{被合併法人のその時の発行済株式等の総数（出資の総額）}} \times \text{内国法人が合併の直前に有していた被合併法人株式の数（出資金額）}$$

なお、外国法人の合併が適格合併（法法２十二の八）に該当する場合には、みなし配当は生じません（法法24①一かっこ書）。

(2) 外国法人の分割型分割

外国法人の株主等となっている内国法人が当該外国法人の非適格分割型分割[3]により当該外国法人から金銭その他の資産の交付を受けた場合も、上記非適格合併の場合と同様にみなし配当が生ずる場合があります。みなし配当

---

[1] 公益社団法人日本租税研究協会「外国における組織再編等に係る我が国租税法上の取扱いについて」（平成24年4月9日）
[2] 適格合併（法法２十二の八）以外の合併です。
[3] 分割型分割（法法２十二の九）のうち適格分割型分割（法法２十二の十二）以外の分割です。

の金額は以下の算式により算出されます（法法24①二、法令23①二）。

$$\text{みなし配当の金額} = \text{交付を受けた金銭の額及び金銭以外の資産の価額の合計額} - \text{資本金等の額のうち交付の基因となった法人の株式又は出資に対応する部分の金額}$$

$$\text{資本金等の額のうち交付の基因となった法人の株式又は出資に対応する部分の金額} = \frac{\text{分割法人の分割型分割の直前の資本金等の額}}{\text{分割法人の分割型分割の直前の発行済株式等の総数}} \times \text{純資産移転割合} \times \text{内国法人が分割型分割の直前に有していた分割法人株式の数}$$

この場合の純資産移転割合とは、分割法人の前期期末時の資産の帳簿価額から負債の帳簿価額を減算した金額のうち、分割型分割の直前の移転資産の帳簿価額から移転負債の帳簿価額を控除した金額（分割法人の前期期末時の純資産額を超える場合には当該純資産額）が占める割合をいいます（法令23①二）。

なお、外国法人の分割型分割が適格分割型分割に該当する場合には、みなし配当は生じません（法法24①二かっこ書）。

(3) 外国法人からの現物分配

外国法人からの現物分配が、1．(3)の資本の払戻し又は解散による残余財産の分配、(4)の自己株式又は出資の取得が金銭以外の資産の移転により行われた場合には、みなし配当としての課税関係が生ずる場合があります。

① 資本の払戻し又は解散による残余財産の分配

外国法人の株主等となっている内国法人が当該外国法人から資本の払戻し又は当該外国法人の解散により残余財産の分配を受けた場合、以下の算式により算出された金額がみなし配当とされます（法法24①三、法令23①三）。

$$\text{みなし配当の金額} = \text{交付を受けた資産の価額} - \text{資本金等の額のうち交付の基因となった法人の株式又は出資に対応する部分の金額}$$

$$\text{資本金等の額のうち交付の基因となった法人の株式又は出資に対応する部分の金額} = \frac{\text{払戻し等を行った法人(払戻法人)の現物分配直前の資本金等の額}}{\text{払戻法人の払戻し等に係る株式の総数}} \times \text{純資産減少割合} \times \text{内国法人が払戻し等の直前に有していた払戻法人の払戻し等に係る株式の数}$$

なお、純資産減少割合とは当該払戻法人の前期期末時の資産の帳簿価額から負債の帳簿価額を減算した金額のうち資本の払戻しにより減少した資本剰余金の額又は当該解散による残余財産の分配により交付した金銭の額及び金銭以外の資産の価額の合計額が占める割合をいいます（法令23①三）。

② 自己株式又は出資の取得

外国法人の株主等となっている内国法人が当該外国法人の自己株式取得等により金銭その他の資産の受けた場合、以下の算式により算出された金額がみなし配当とされます（法法24①四、法令23①五）。

$$\text{みなし配当の金額} = \text{交付を受けた資産の価額} - \text{資本金等の額のうち交付の基因となった法人の株式又は出資に対応する部分の金額}$$

$$\text{資本金等の額のうち交付の基因となった法人の株式又は出資に対応する部分の金額}^4 = \frac{\text{取得等法人の自己株式の取得等の直前の資本金等の額}}{\text{取得等法人の自己株式の取得等の直前の発行済株式等の総数}} \times \text{内国法人が自己株式取得等の直前に有していた取得等法人の自己株式取得等に係る株式の数}$$

3. 外国法人の組織再編等によりみなし配当が生じた場合の税務上のインパクト

わが国では、外国子会社配当益金不算入制度により、当該配当額のうち5％相当額を除いた金額は国内においては益金不算入としており（法法23の2①）、みなし配当はこの益金不算入制度の対象です（法法23の2①、23①一、24①）。

---
4 自己株式を取得した外国法人が発行している株式が一種類であることを前提としています。

内国法人が外国法人の株主になっているケースは、海外にて事業を行うために、現地に子会社を設立する場合がほとんどであり、たとえ内国法人が海外子会社の組織再編等によりみなし配当の課税関係が国内で生じた場合でも、外国子会社配当益金不算入制度が適用されるため、税務上のインパクトはさほど大きくありません。ただし、投資運用目的で海外の株式を取得する場合や現地合弁会社に資本参加を行う内国法人のなかには、外国法人への出資割合が25％未満保有となるケースも生ずるため、わが国におけるみなし配当の課税関係には注意が必要となります。

4．外国法人からみなし配当課税が生じる場合の問題点
(1) 資本金等の額の算定

上述したように、国内法に基づくみなし配当額を計算するに当たっては、日本の税法固有の概念である資本金等の額（法法２十六、法令８）を算出する必要があります。しかし、海外においては、日本と同様のみなし配当課税制度を採用している国家は例外的に存在するにすぎず、配当、キャピタルゲイン、あるいは資本の払戻しとして取り扱われる金額の算定方法は、各国税法毎に異なります。たとえ海外での課税方法、課税対象金額に関する情報を入手できたとしても、資本剰余金と利益剰余金の区別すら存在しない国等もあり、外国法人の財務諸表や納税申告書等から法人税法上の資本金等の額を算定することは極めて困難です。

したがって、現実的には、外国法人の財務諸表上の資本金及び資本剰余金の金額を、国内法上の資本金等の額とみなして、みなし配当の金額を簡便的に計算せざるを得ないと思われます。外国法人が、過去に株式の発行、自己株式の取得、合併、分割等を頻繁に行っている場合には、過去の資本取引における資本金等の増減を遡って分析して、わが国法人税法上の資本金等の額を算出することは困難だからです。

第2章 組織再編・M&A

16 株式買収と繰越欠損金

Point 海外の企業が、日本企業の買収を試みる場合、ターゲット企業やその子会社が、税務上利用可能な欠損金を有している場合には、買収後に繰越欠損金の使用を制限されないか留意することが必要です。税法上は、欠損金の利用が制限され、さらには含み損のある資産の譲渡損失の損金算入が制限される場合があるからです。また、日本企業が外国企業を買収する場合にも同様の規定が外国企業の所在地国に存在しないか留意することが必要です。

1. 繰越欠損金の利用制限の概要

繰越欠損金を有する内国法人（欠損等法人[1]）が、新株主との間に一定の支配関係（特定支配関係[2]）を有することとなった日（特定支配日）以後5年以内に、買収前の事業の廃止、その事業規模を大幅に超える資金の受入れ等のような一定の行為を行うなど一定の事実が生じた場合には（適用事由の発生）、その事由が生じた日の属する事業年度（適用事業年度）以後の各事業年度においては、それ以前の各事業年度において生じた青色欠損金額は繰越控除ができなくなります（法法57の2①）。

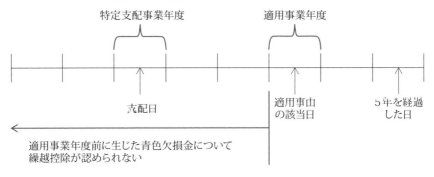

2．適用事由の発生

欠損金の繰越控除ができなくなる適用事由として、以下の5つの事由が列挙されています（法法57の2①一〜五）。

(1) 事業再開

欠損等法人が特定支配日の直前において事業を営んでいない場合において、特定支配日以後に事業を開始すること

(2) 事業廃止後の資金借入れ等

欠損等法人が特定支配日の直前において営む事業（旧事業）の全てを特定支配日以降に廃止し、又は廃止することが見込まれている場合において、旧事業の特定支配日直前の事業規模のおおむね5倍を超える資金の借入れ等を行うこと

(3) 特定債権取得後の資金借入れ等

新株主が特定債権[3]を取得している場合（特定支配日以後に債務免除等を行うことが見込まれている場合を除く）において、欠損等法人が旧事業の特定支配日直前の事業規模のおおむね5倍を超える資金の借入れ等を行うこと

(4) 適格合併又は残余財産の確定

上記(1)、(2)に規定する場合又は(3)の特定債権が取得されている場合において、欠損等法人が自己を被合併法人とする適格合併を行い、又は欠損等法人（他の内国法人との間に当該他の内国法人による完全支配関係があるものに限る）の残余財産が確定すること

(5) 非従事事業の事業規模の拡大

欠損等法人が特定支配関係を有することとなったことに起因して、特定支

1　欠損等法人とは、内国法人で他の者による特定支配関係を有することとなったもののうち、その特定支配関係を有することとなった日（支配日）の属する事業年度（特定支配事業年度）において、特定支配事業年度前の各事業年度において生じた欠損金額又は含み損のある資産を有するものをいいます（法法57の2①）。

2　特定支配関係とは、他の者が、欠損等法人の発行済株式等（自己株式等を除く）の総数の50％超を直接又は間接に保有する関係として、他の者（その者の組合関連者を含む）と法人との間の当該他の者による支配関係をいいます（法法57の2①かっこ書、法令113の2①②）。

3　特定債権とは、新株主が第三者から取得した欠損等法人に対する債権で、その債権の取得価額が債権額の50％未満であり、かつ、その債権額が欠損等法人の債務の総額の50％を超えるものをいう（法令113の2⑰）。

配日直前の役員の全てが辞任し、かつ、旧使用人のおおむね20％以上の者が使用人でなくなった場合において、欠損等法人の非従事事業の事業規模が旧事業の特定支配日直前の事業規模のおおむね5倍を超えることとなること

　なお、適用事由(2)、(3)における資金借入れ等には、おおむね全部が欠損等法人の債務の弁済に充てられることが明らかな場合や欠損等法人がその債権者から自己債権の現物出資を受ける場合は除かれています（法令113の2⑮）。また適用事由(5)において、事業規模算定期間[4]における非従事事業の事業規模が、その直前の事業規模算定期間における非従事事業の事業規模のおおむね5倍を超えない場合は、適用事由から除外されています（法令113の2⑳）。

3．適用事由の判定時期の繰上げ

　欠損金の利用が制限されるのは、「特定支配日以後5年を経過した日の前日まで」に適用事由が生じた場合ですが、以下に掲げる事実が生じた場合には、もはや欠損金の理由制限をする必要性がなくなりますので、「それらの事実が生じた日まで」、適用事由の判定時期が繰り上げられます（法法57の2①かっこ書、法令113の2⑧⑨⑩）。

(1)　他の者が有する欠損等法人の株式が譲渡されたことその他の事由により、欠損等法人と他の者との間に、他の者による特定支配関係を有しなくなった場合

(2)　欠損等法人の債務につき、おおむね90％を超える債務免除等があったこと

(3)　欠損等法人について、更生手続開始の決定等、解散又は欠損等連結法人について特定支配関係の喪失等が生じたこと

---

[4]　事業規模算定期間とは、①旧事業の事業規模を算定する場合は、(a)欠損等法人の支配日直前期間、又は(b)支配日直前事業年度等をいい、②非従事事業の事業規模を算定する場合は、(a)支配日以後の期間を1年ごとに区分した期間、又は(b)支配日以後事業年度等をいう（法令113の2⑪一かっこ書）。

4．事業規模の算定

2．の適用事由(2)、(3)及び(5)においては、事業規模を算定して繰越欠損金の利用制限を判定する必要があります。事業規模は、その事業区分に応じてそれぞれに定める金額により算定します（法令113の2⑪一～三）。

事業区分	事業規模
資産の譲渡を主な内容とする事業	譲渡収益額 （資産の譲渡による売上金額その他の収益の額）
資産の貸付けを主な内容とする事業	貸付収益額 （資産の貸付けによる収入金額その他の収益の額）
役務の提供を主な内容とする事業	役務提供収益額 （役務の提供による収入金額その他の収益の額）

なお、適用事由(3)の判定において、資金借入れ等により行われることが見込まれる事業（新事業）の内容が明らかである場合には、旧事業の譲渡収益額、貸付収益額若しくは役務提供収益額又は旧事業に係る事業資金額と新事業の譲渡収益額、貸付収益額若しくは役務提供収益額又は新事業に係る事業資金額を比較する方法により行います（法令113の2⑬）。

5．外国の立法例

海外においても同様に、繰越欠損金の利用制限を設けている国もあります。

国　名	欠損金の利用制限
アメリカ	3年間に、5％以上の持分を有する株主の持分が50％超変動した場合には、欠損金の利用可能額を、旧欠損法人の市場価値×長期非課税債金利に制限
シンガポール	株主の50％以上の変動又は事業内容の変更があった場合における欠損金切捨て
オランダ	株主の30％以上の変動があった場合における欠損金切捨て

6．合併による買収の留意点

　外国企業が日本企業をターゲットとした三角合併を実行する場合、軽課税国に所在する外国親法人株式を合併対価とすれば非適格合併とされますので（措法68の2の3）、繰越欠損金の引継ぎは認められませんが、それ以外の三角合併であって、共同事業を営むための適格合併やグループ内の適格合併でみなし共同事業要件を満たしている合併であれば、被合併法人の繰越欠損金の引継ぎが認められます。

　また、現金買収により支配関係を形成した後5年以内で、かつ、みなし共同事業要件を満たさない適格合併等であっても、被合併法人の繰越欠損金のうち、支配関係事業年度以後に生じた欠損金（含み損相当額は除く）は合併法人へ引き継ぐことができます（法法57②③）。

　しかし、被合併法人が欠損等法人である場合には、法人税法第57条の2が優先して適用されるため、適用事業年度前までに生じている欠損金は、たとえ支配関係事業年度以後に生じたものであっても合併法人へ引き継ぐことができない場合が生ずる点に留意が必要です（法法57の2①四）。

17 資産買収とパーチェスプライス　アロケーション

Point　日本法人による外国法人の買収、外国法人による日本法人の買収など、M&Aは全世界規模に拡大しています。

会社全体を取得する株式買収に対して、必要な事業のみを買収する場合には、当該事業に関連する資産及び負債のみを移転させる資産買収スキームが採られます。クロスボーダー M&Aでは、買収価格の総額のみが合意されているケースが多いため、当該総額を買収対象資産及び負債に配分する必要があります（パーチェスプライスアロケーション、詳細は後述）。のれんを含め、買収により移転した資産及び負債の税務上の取扱いは国により異なるため、タックスデューデリジェンスの段階で、事前に充分調査しておくことが重要になります。

1．資産買収と株式買収

M&Aにおける一般的な事業買収スキームには、資産買収スキームと株式買収スキームがあります。資産買収スキームは、被買収会社が有する資産の全部又は一部を時価で移転し、株式買収スキームの場合には、被買収会社の株式を時価で移転します。したがって、被買収会社の有する事業の一部を取得する場合には、一般的には資産買収スキームにより当該事業に関連する資産及び負債を移転することになります。

2．資産買収スキームのポイント

資産買収と株式買収では、一般的に以下のような課税関係の相違があります。

	資産買収	株式買収
税務リスクの承継	原則として無	有
譲渡益課税	被買収会社で課税	被買収会社の株主に課税
資産調整勘定	有	無
譲渡資産の簿価から時価へのステップアップ	有	無
繰越欠損金の使用	不可	原則として可

① 税務リスクの承継

　株式買収の場合は会社全体を取得するため、潜在的な税務リスクを承継することになります。買収後に、税務調査等により税務リスクが表面化した場合には、買収会社に税負担が生じます。

　これに対して資産買収は、会社全体を取得するのではなく、一部の事業に関連する資産及び負債を取得するものであるため、潜在的な税務リスクは承継されません。

② 譲渡益課税

　株式買収は、買収会社の株式が、被買収会社の親会社から買収会社に譲渡されます。したがって、株式の譲渡益が生じた場合は、被買収会社の親会社に税負担が生じることになります。一方資産買収の場合には、被買収会社の資産及び負債が買収会社に譲渡されるため、被買収会社において譲渡益課税が生じます。

③ 資産調整勘定

　資産買収の場合、受け入れた資産及び負債の純資産価額と対価の額の差額を「資産調整勘定」として認識し、5年間で償却します（下記4(2)①参照）。一方株式買収では、資産及び負債の移転がないため、資産調整勘定は発生しません。

④ 譲渡資産の簿価から時価へのステップアップ

　資産買収では、被買収会社の所有する資産及び負債の一部が買収会社に時価で譲渡されるため、買収会社において、これらの資産及び負債は時価で認識され、取得時の時価を基礎に費用化されることになります。一方、株式買

収では株主が変更されるのみであり、被買収会社が有する資産及び負債の移転はないため、簿価から時価へのステップアップはありません。

⑤　繰越欠損金

被買収会社が有している繰越欠損金は、株式買収により買収会社が親会社になった後も被買収会社で引き続き使用することができるので、買収後のグループ内税コストの削減を図ることが可能です。ただし**16**のような制限があることについて留意する必要があります。一方資産買収の場合は、被買収会社の事業の一部を譲り受けるだけで、被買収会社の繰越欠損金の異動はありません。繰越欠損金が買収した事業から生じたものであっても繰越欠損金は移転されませんので、買収会社の課税関係に影響することはありません。

3．パーチェスプライスアロケーション

パーチェスプライスアロケーション（Purchase Price Allocation：PPA）とは、M&A成立後に行う取得価額の再配分のことです。すなわち、買収資産及び負債の評価と全体の買収価格が決定し合意された後のプロセスであり、これにより取得した資産のバランスシートへの計上額が決定します。

グローバル展開している企業の一事業部を買収対象とするようなクロスボーダー M&Aでは、買収対象資産及び負債が複数の国にまたがって存在します。これに対して、通常買収価格の総額のみが当事者間で合意されているケースが多いため、買収会社は買収価格の総額を個々の買収対象資産及び負債に配分する必要が生じます。

また、買収価格が買収対象資産及び負債の時価を超える場合、買収会社において「のれん」が認識されます。PPAにおいては、事業の超過収益力に応じて「のれん」も配賦されるべきですが、のれんの早期償却が可能な国に多くを配賦する理論的根拠があれば、グループ全体の税負担を軽減することができます。しかし、のれんのほか、有形資産や無形資産の評価方法や償却方法及び期間などの会計及び税務上の取扱い、さらにはVAT（Value Added Tax：付加価値税）等の間接税の取扱いは国ごとに異なるため、タックスデュー

デリジェンス（買収事業の評価に重要な影響を与える潜在的な税務リスクを把握するための作業）の段階で充分に調査しておくことが重要になります。

4．日本におけるPPAルール
(1) 会計上の取扱い

取得原価は被買収企業から受け入れた資産及び引き受けた負債のうち、企業結合日において識別可能なもの（識別可能資産及び負債）に対して、その企業結合日における時価を基礎として配分し、取得原価と取得原価の配分額との差額は「のれん」又は「負ののれん」として処理します[1]。

識別可能な資産及び負債にはⅰ）法律上の権利とⅱ）分離して譲渡可能なものがあり、それぞれ具体的には以下のようなものを含みます。

① 法律上の権利

特定の法律に基づく知的財産権（知的所有権）等の権利をいい、産業財産権（特許権、実用新案権、商標権、意匠権）、著作権、半導体集積回路配置、商号、営業上の機密事項、植物の新品種等が含まれます[2]。

② 分離して譲渡可能な無形資産

受け入れた資産を譲渡する意思が取得企業にあるか否かにかかわらず、企業又は事業と独立して売買可能なものをいい[3]、ソフトウェア、顧客リスト、特許で保護されていない技術、データベース、研究開発活動の途中段階の成果等も含まれます[4]。

法律上の権利など、分離して譲渡可能という認識要件を満たさないため、無形資産として認識できないものの例としては、被取得企業の法律上の権利等による裏付けのない超過収益力や被取得企業の事業に存在する労働力の相乗効果（リーダーシップやチームワーク）があります。これらは、識別不能な資産として「のれん」又は「負ののれんの減少」に含まれます[5]。

1　企業結合に関する会計基準　第28項，29項，31項、企業結合会計基準及び事業分離等会計基準に関する適用指針　第51項
2　企業結合会計基準及び事業分離等会計基準に関する適用指針　第58項
3　企業結合会計基準及び事業分離等会計基準に関する適用指針　第59項
4　企業結合会計基準及び事業分離等会計基準に関する適用指針　第367項

(2) 税務上の取扱い
① 資産（負債）調整勘定
　税制非適格再編において、当該再編等に係る対価の額（交付した金銭及び金銭以外の資産の価額）と、移転を受けた資産及び負債の時価純資産価額の合計額との差額がある場合には、その差額は「資産調整勘定」若しくは「負債調整勘定」とされます（法法62の8①③）。当該資産調整勘定及び負債調整勘定の金額は、60か月で取り崩されます（法法62の8④⑦）。
② 寄附金
　資産調整勘定の金額からは支出寄附金の額を除くとされています（法法62の8①括弧書）。したがって、買収の対価が買収した事業の価値よりも高い場合は、その差額のうち、金銭、物品その他の資産又は経済的利益の贈与又は無償の供与に該当する部分は資産調整勘定には含まれず、寄附金の損金不算入の適用を受けるものと考えられます。
③ 欠損金相当額
　買収の対価と買収した事業の価値との差額のうち、実質的にその被買収法人の欠損金額に相当する部分からなると認められる金額は資産調整勘定に含まれず（法令123の10④、法規27の16二）、損金算入できません。ただし、その欠損金額が移転事業から生ずる収益によって補填される見込みがある場合のその補填見込みがある部分は、資産調整勘定に含まれます（法規27の16二かっこ書）。

(3) のれんの会計及び税務上の取扱い
　会計上、のれんは20年以内の一定期間にわたって合理的な方法により規則的に償却することとされています。ただし、金額の重要性が乏しい場合には、一括償却も認められています。
　税務上は資産（負債）調整勘定として5年で償却します。損金経理要件は

5　企業結合会計基準及び事業分離等会計基準に関する適用指針　第368項

ないため、経理方法にかかわらず、5年間にわたり毎期同額が損金又は益金の額に算入されます（法法62の8⑤⑧）。

　会計上の「のれん」は単純に貸借差額により算出されるのに対し、資産調整勘定は寄附金や欠損金相当額の除外など課税政策上の調整を含む概念であるため、税務上の資産調整勘定として損金算入されるのは、「のれん」のうちその資産価値について合理的な根拠を有する部分となります。

5．各国のパーチェスプライスアロケーションの扱い[6]
(1) 米　　国

　資産を課税取引として買収する場合には、買収対象資産・負債に対し支払う買収対価（現金、その他の資産・負債の時価の合計）が、買収資産の税務上の取得価額となります。

　米国税法上、買収する資産が事業資産である場合には、通常、買収対価をそれぞれの資産に残余法を使って配分する必要があります。

　購入した事業資産は残余法を使用し、以下の7つのクラスに分類されます。

　クラスⅠ－現金又は現金相当の資産

　クラスⅡ－頻繁に取引されている国債や公開株

　クラスⅢ－売掛金又は市場価格に評価替えされた資産

　クラスⅣ－在庫

　クラスⅤ－クラスⅠ～Ⅳ、Ⅵ、Ⅶの6クラスに含まれない資産

　クラスⅥ－営業権や継続企業価値を除く無形資産

　クラスⅦ－営業権と継続企業価値

　買収対価を配分する際には、まずクラスⅠ資産を買収金額から差し引き、クラスⅠ資産に配分した後の金額は、次に、買収時点の適正市場価格の割合で計算されたクラスⅡ資産に配分されます。同様に、クラスⅢからクラスⅥまで順番に配分を行い、最後に残ったものがクラスⅦに配分されます。

---

[6] グラントソントン太陽ASG税理士法人＊編著『海外税務ケース・スタディ』（平成26年3月　税務研究会出版局）＊太陽グラントソントン税理士法人に改称

連邦税法上、前述の残余法にて営業権の配分が認識された場合には、子会社Sは営業権を取得した月以降15年間にわたって定額法で営業権を償却しなければなりません。

⑵　シンガポール

　シンガポールの税務上、買収対価は個々の資産・負債に配分する必要があります。配分方法についての規定はないが、譲渡契約書において経済的合理性のある配分額を明記しておく必要があります。また、買収対価のうち個々の資産・負債の時価合計額を超える部分は営業権として取り扱われます。

　営業権は資本取引から生じたコストであるため、会計上償却費を計上した場合には、税務上損金不算入となります。

⑶　タ　イ

　買収対価の個々の資産・負債への配分は、当該資産・負債の適正な時価に基づいて行われます。そして買収対価のうち個々の資産・負債の時価合計額を超える部分は、営業権として資産計上されることとなります。

　資産買収により生じる営業権については10年で償却することが認められています。

⑷　ベトナム

　取得した個々の資産及び負債の時価が、それぞれの資産及び負債の取得価額として取り扱われます。当該時価と買収対価との間に差額がある場合には、営業権として認識されることとなります。営業権は償却可能であり、その償却期間は3年以内とされています。

⑸　インドネシア

　買収対価の各資産・負債への配分方法に関する税務上の規定はありませんが、通常個々の資産及び負債の時価により配分されます。各資産の時価総額

と買収対価との差額は営業権として認識されます。

　営業権は、通常その効果が1年を超える無形固定資産に含まれます。その効果が1年を超える無形固定資産は、その効果の及ぶ期間で償却をします。税務上、無形固定資産の減価償却費は、定額法又は定率法のうち法人が選択した方法により計算され、一度選択した方法は継続して適用しなければなりません。

18 日米組織再編税制の相違

> **Point** 日本の組織再編税制は、会社法上の組織再編行為が行われた場合に適用される所得計算規定であることには異論がなく、合併、分割等の組織再編行為の定義は、会社法の規定に依拠しています。
>
> 米国の組織再編税制では、非課税組織再編の要件は、会社法上の特定の組織再編行為を前提としていません。B型組織再編からF型組織再編の非課税組織再編の条件を満たす会社法上の組織再編行為は、必ずしも一通りではありません。
>
> 外国法における組織再編行為が、日本の適格組織再編に該当するかどうか判定する場合、(1)日本の会社法における組織再編行為と同等かどうか、(2)法人税法の適格組織再編の要件を満たしているかどうかの二段階の検討が必要であり、実務上煩雑になっています。

1．日本の組織再編税制

組織再編行為は、会社法の規定に基づいて行われ、会社法においては、以下の組織再編行為が定義されています。

- 吸収合併（会社法2二十七）
- 新設合併（会社法2二十八）
- 吸収分割（会社法2二十九）
- 新設分割（会社法2三十）
- 株式交換（会社法2三十一）及び株式移転（会社法2三十二）

法人税法においては、会社法が規定する上記の分割を分社型分割（法法2十二の十）とし、別途、分割型分割（法法2十二の九）を規定しています。分割型分割は、会社法上は「会社分割＋剰余金の分配」です。また、法人税法

においては、会社法上の組織再編行為が行われた場合の所得計算の方法について、所得が認識されずに課税が繰り延べられる適格組織再編と所得が認識され課税が発生する非適格組織再編に区分して規定されています[1]。さらに現物出資及び現物分配の所得計算の方法についても組織再編成の所得計算において規定されています。会社法の組織再編行為及び資本取引と法人税上の組織再編成の分類及びその所得計算方法は、以下のように要約できます。

会社法	法人税	再編当事者の所得計算	株主の所得計算
吸収合併 新設合併	適格合併（法法２十二の八）	被合併法人 　簿価譲渡（法法62の２①） 合併法人 　簿価引継ぎ（法法62の２④、法令123の３③）	課税関係なし （法法61の２②、法令119①五）
	非適格合併	被合併法人 　時価譲渡（法法62①） 合併法人 　時価受入（法法62①）	時価取得、みなし配当＋譲渡損益（金銭等の交付資産がある場合） （法法62①、24①一、法令119①二十六） 簿価＋みなし配当（金銭等の交付資産がない場合） （法法62①、24①一、法令119①五）

1　法人税法第二編第一章第六款

吸収分割 新設分割	適格分社型分割（法法２十二の十三）	分割法人 　簿価譲渡（法法62の３①、法令119①七） 分割承継法人 　簿価受入（法法62の３②、法令123の4）	該当なし
	非適格分社型分割	分割法人 　時価譲渡（法法62①、法令119①二十六） 分割承継法人 　時価受入（法法62①）	該当なし
会社分割＋ 剰余金の分配	適格分割型分割（法法２十二の十二）	分割法人 　簿価譲渡（法法62の２②） 分割承継法人 　簿価引継ぎ（法法62の２④）	分割法人株式の簿価×分割割合での分割承継法人株式の取得（法法61の２④、法令119①六、119の8①）
	非適格分割型分割	分割法人 　時価譲渡（法法62①、法令119①二十六） 分割承継法人 　時価受入（法法62①）	時価取得、みなし配当＋譲渡損益（金銭等の交付資産がある場合） （法法62①、24①一、法令119①六）

株式交換	適格株式交換(法法2十二の十六)	完全親法人 　完全子法人株主の簿価合計(完全子法人株主50人未満)又は完全子法人の簿価純資産(完全子法人株主50人以上)で完全子法人株式取得(法令119①九)	完全子法人株主 　旧株式を帳簿価額で譲渡し、親法人株式取得 　(法法61の2⑧、法令119①八)
	非適格株式交換	完全親法人 　時価で完全子法人株式を取得(法令119①二十六) 完全子法人 　保有資産の時価評価(法法62の9)	完全子法人株主 　完全親法人株式等のみ交付された場合 　　旧株式を簿価で譲渡し、親法人株式取得 　　(法法61の2⑧、法令119①八) 　その他の財産も交付された場合 　　親法人株式の時価取得、譲渡損益 　　(法令119①二十六)

株式移転	適格株式移転（法法2十二の十七）	完全親会社 　完全子法人株主の簿価合計（完全子法人株主50人未満）又は完全子法人の簿価純資産（旧株主50人以上）で完全子法人株式取得 　（法令119①十一）	完全子法人株主 　旧株式を帳簿価額で譲渡し、親法人株式取得 　（法法61の2⑩）
	非適格株式移転	完全親法人 　時価で完全子法人株式を取得（法令119①二十六） 完全子法人 　同社保有資産の時価評価（法法62の9）	完全子法人株主 　完全親法人株式等のみ交付された場合は、旧株式を簿価で譲渡し、親法人株式を取得 　（法法61の2⑩、法令119①十） その他の財産も交付された場合 　親会社株式の時価、譲渡損益 　（法令119①二十六）
出資	適格現物出資（法法2十二の十四）	現物出資法人 　簿価譲渡（法法62の4①） 被現物出資法人 　出資資産を帳簿価額で取得 　（法法62の4②、法令123の5）	該当なし
	非適格現物出資	現物出資法人 　時価譲渡（法法22、法令119①二） 被現物出資法人 　出資資産を時価で取得	該当なし

剰余金の分配	適格現物分配（法法2十二の十五）	現物分配法人 　簿価譲渡（法法62の5③） 被現物分配法人 　帳簿価額で取得（法令123の6①） 利益剰余金の配当の場合は、通常の利益剰余金の配当 その他資本剰余金の配当の場合には、分配される資産の簿価と払戻等対応資本金額等を超える金額はみなし配当とされる（法法24①三、法令23①三）	該当なし
	非適格現物分配	現物分配法人 　時価譲渡（法法62の5①） 被現物分配法人 　時価で取得 利益剰余金の配当の場合は、通常の利益剰余金の配当 その他資本剰余金の配当の場合には、分配される資産の時価と払戻等対応資本金額等を超える金額はみなし配当とされる（法法24①三、法令23①三）	該当なし

2．適格組織再編の要件

　法人税法においては、一定の要件を満たすグループ企業内組織再編と共同事業を行うための組織再編を適格組織再編として、各組織再編行為について適格になる要件を定義しています。適格要件についてはおおむね以下のようにまとめることができます。

(1) グループ企業内組織再編

資本関係	対価要件	継続保有要件	その他の要件
100％資本関係（完全支配関係）のある法人間の組織再編	合併法人等又は100％親法人の株式のみ	完全支配関係の継続	なし
50％超100％未満の資本関係（支配関係）のある法人間の組織再編	合併法人等又は100％親法人の株式のみ	支配関係の継続	・主要な資産・負債の移転 ・移転事業従業者おおむね80％が移転先事業に従事（株式交換・株式移転の場合は完全子法人の従業者の継続従事） ・移転事業の継続（株式交換・株式移転の場合は完全子法人の事業の継続）

(2) 共同事業を行うための組織再編

対価要件	継続保有要件	グループ内企業組織再編要件	共同事業要件
合併法人等又は100％親法人の株式のみ	・移転対価である株式の継続保有（株主） ・完全親子関係の継続（株式交換・株式移転のみ）	グループ内企業組織再編のその他の要件を満たす。	・事業の関連性があること ・事業規模（売上、従業員、資本金等）がおおむね5倍以内又は特定役員への就任（株式交換・株式移転の場合は完全子法人の特定役員の継続）

3．米国組織再編税制[2]

　組織再編行為が内国歳入法第368条のリオーガニゼーション（Reorganization）に該当する場合には、再編当事者の法人及び株主いずれ

にも所得（損失）は認識されず、課税は繰り延べられます。第368条ではリオーガニゼーションとしてA型からF型までの類型を規定しています[3]。B型からF型は、会社法上の組織再編行為と関係付けて定義されているわけではありません。

(1) **A型組織再編（法律上の合併）**

A型組織再編は、州法上の合併です。被合併法人の株主が合併後も投資を継続して（投資の継続性要件）、被合併法人の事業が継続される（事業の継続要件）必要があります。投資の継続性要件として、合併対価の50％以上の価額が合併法人の株式であることが必要です。事業継続要件としては、合併法人が被合併法人の事業を引き継ぐか、被合併法人の主要な事業資産を継続使用することが必要です。

(2) **B型組織再編（議決権株式による株式交換）**

B型組織再編は、自社又は親会社の議決権株式を対価として被買収会社の株式を買収する形態です。買収対価が議決権株式のみであること及び買収後に被買収会社の80％以上の議決権株式とその他の種類の株式総数の80％以上を所有して被買収法人を支配していることが必要です。数回の取引が一連の取引として扱われる場合には、これらの取引全体がB型組織再編とされます。

(3) **C型組織再編（議決権株式による株式と資産の交換）**

C型組織再編は、自社又は親会社の議決権株式を対価として、実質的に他法人のすべての資産を取得する形態です。被買収会社は、実質的にすべての資産の譲渡対価として取得した議決権株式と残余財産を株主に分配し、清算されるのが一般的です。経済的にはA型組織再編に類似しますが、資産・負

---

[2] 詳細は、『アメリカ法人税法』P・ワイデンブルック、K・バーク著　高橋真一訳（1996年　木鐸社）、『米国税務の実務ガイダンス』小森健次著　八田陽子編（2005年　税務研究会出版局）等

[3] 会社更生法に基づく破産法人の資産譲渡としてG型組織再編が別途規定されています。

債の包括承継ではない点で法的合併のA型組織再編とは異なります。

⑷　D型組織再編（支配下にある会社の株式と資産の交換）

D型組織再編は、資産の全部又は一部を他の会社への譲渡し、譲渡法人又はその株主が、移転の直後に譲受法人を支配し、譲受法人の株式又は有価証券が分配される組織再編形態です。支配には、発行済株式の議決権の80％以上、かつ、各無議決権株式の80％以上を保有していることが必要とされます。

D型組織再編には、資産の移転を受けた法人の株式がどのように分配されるかによって、内国歳入法第354条の要件を満たす取得的D型組織再編、同法第355条の要件を満たす分割的D型組織再編という二つの類型があります。

取得的D型組織再編においては、譲渡法人は実質的に全て（substantially all）の資産を譲受法人に移転するとともに、譲受法人の株式の50％超を取得し、その株式を譲渡法人の株主に分配して、清算されます。

分割的D型組織再編には、さらに、スピンオフ、スプリットオフ及びスプリットアップの3つの類型があります。

①　スピンオフ

スピンオフは、分割法人が、その事業の一部を切り出して被分割法人に移転して、被分割法人の株式を、分割法人の既存株主に（典型的には比例的に）、既存株主が保有する自己株式を取得することなく分配するものです。したがって、スピンオフにおいては、既存株主は分割法人の株式と被分割法人（承継会社）の株式を両方保有することになります。

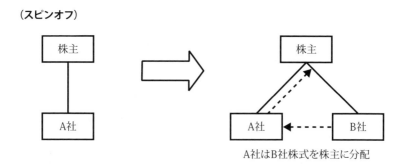

② スプリットオフ

　スプリットオフは、分割法人が、その事業の一部を切り出して被分割法人に移転して、被分割法人の株式を、分割法人の株式（既存株主から取得した自己株式）と交換して、一部の株主に対してプロラタではなく分配するというものです。

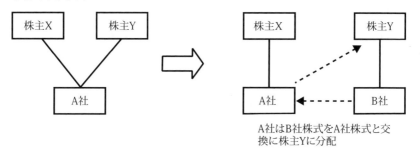

③ スプリットアップ

　スプリットアップは、分割法人が、その事業を複数に分けて全て切り出して、それぞれ複数の被分割法人に移転して、各被分割法人の株式を分割法人の株式と交換（残余財産として）分配して、自らは清算するというものです。

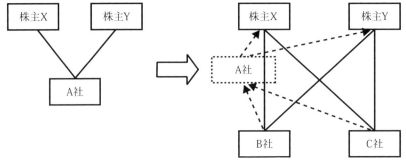

A社はB社、C社株式をA社株式と
交換に分配して清算

(5) E型組織再編（出資構成の変更）

既存の法人の枠組みの中での出資構成の変更です。優先株式から普通株式への交換等が該当します。

(6) F型組織再編（名称、形態、設立州の変更）

名称、形態、設立州の変更の形式的変更が該当します。

4．外国法における組織再編の取扱い

海外子会社が組織再編当事者となることにより、内国法人が、株主として外国法における組織再編に関わる場合があります。日本の組織再編税制は、日本の会社法の組織再編行為に則して、法人税法上の取扱いが規定されていますが、米国の組織再編税制の非課税組織再編の要件は、米国会社法上の特定の組織再編行為を前提としておらず、会社法と税法が日本のようにリンクしている訳ではありません。

外国法における組織再編については、**10 15**等でもふれた通り、「外国における組織再編成に係る我が国租税法上の取扱いについて」という研究報告が公表されています[4]。同報告書は、以下のように外国法における組織再編が、そもそも我が国の租税法上（すなわち会社法上）の「合併」「分割」等の組織再

編成に該当するかどうかを整理する必要があるとしています。

「…我が国の租税法上、外国法を準拠法として行われる組織再編成を、我が国における組織再編成と同様に取り扱ってよいのかどうか、すなわち、外国法を準拠法として行われた組織再編成がどのような要素等を備えた場合に我が国の租税法上の組織再編成、つまり「合併」等に該当すると判断されるのか、という問題に関する考え方を整理しておく必要がある。」（同報告書2頁）

---

4 公益社団法人日本租税研究協会　国際的組織再編等課税問題検討会による報告書（平成24年4月9日）

19 外国子会社に対するDES

Point デットエクイティスワップ（DES）が債権の現物出資により実施された場合には、法人税法上も現物出資として取り扱われます。現物出資は原則として現物出資時の時価により現物出資法人に譲渡したものとして取り扱われ、現物出資資産の帳簿価額との差額について損益が認識されることとなります。
　一方で、一定の要件を満たした場合には税制適格現物出資として、現物出資資産は帳簿価額により移転されたものとして取り扱われることとなるため、現物出資時において課税関係は生じないこととなります。外国子会社に対しDESを実施した場合には、このような現物出資資産に係る時価課税の問題のほかにも税務上の論点が存在するため、留意が必要です。

1. 背　　景

　日系企業の外国における事業展開は、先進国・新興国を問わず行われており、そして進出企業も大企業中心から中小企業にもその裾野を広げ、今後ますます活発化するといわれています。その一方で、進出先で展開していた事業が当初計画したとおりに進まず、外国子会社の財務状況を改善する必要が生じています。更には撤退を検討・実施している企業もあります。
　このような状況において外国子会社の財務状況を改善するために、財務面からのアプローチとして、債務免除や追加出資などの方法のほかに、外国子会社に対する貸付金などの債権を出資に転換する、いわゆるデットエクイティスワップ（Debt Equity Swap：DES）という手法を利用できます。クロスボーダーのDESに関しては税務上いくつかの固有の論点が存在するため、実施に伴い生ずる課税関係については事前に検討を行うことが重要です。

2．DESの概要

　DES（デットエクイティスワップ）とは、企業の財務状態を改善させるための手法のひとつであり、債権の株式化ともいわれます。債務者の再建のため、保有する債権を株式に転換することにより、資金移動を行わずに債務者にとっては返済義務のある借入金が減少し、返済義務のない純資産が増加することとなります。その結果、貸借対照表上の自己資本比率が改善されることとなります。

3．内国法人が外国子会社に対してDESを行う場合
(1) 組織再編税制の取扱い

　法人が債権を出資して株式を取得する行為は、税務上現物出資として取り扱われます。当該現物出資は税務上原則として出資財産の時価により出資が行われたものとされますが（法令119①二）、例外的に一定の要件を満たす税制適格現物出資の場合には帳簿価額により出資が行われたものとして取り扱われます（法法62の4①、法令119①二かっこ書）。税制適格現物出資に該当するためには、定められた要件を満たさなければなりません（法法2十二の十四、法令4の3⑩他）。

　下表は、法人間の持株関係毎に、満たすべき要件を○で示したものであり、金銭不交付要件は、すべての場合において満たすべき要件であることを示しています。

税制適格要件	内容	完全支配関係	支配関係	左記以外
金銭等不交付要件	現物出資法人に対し被現物出資法人の株式のみが交付されること	○	○	○
支配継続要件	現物出資法人と被現物出資法人との間の完全支配関係/支配関係が継続することが見込まれていること	○	○	—

要件	内容			
主要資産負債引継要件	現物出資事業に係る主要な資産及び負債が被現物出資法人に移転していること	－	○	○
従業者引継要件	現物出資事業に係る従業者のうち、その総数のおおむね80％以上の数の者が被現物出資法人の業務に従事することが見込まれていること	－	○	○
事業継続要件	現物出資事業が被現物出資法人において引き続き営まれることが見込まれていること	－	○	○
事業関連性要件	現物出資事業と被現物出資法人の営む事業のうちいずれかの事業とが相互に関連するものであること	－	－	○
規模要件又は経営参画要件	1．現物出資事業と被現物出資事業のそれぞれの売上金額、従業者の数若しくはこれらに準ずるものの規模の割合がおおむね5倍を超えないこと 2．現物出資法人の役員のいずれかと被現物出資法人の特定役員のいずれかとが現物出資後に被現物出資法人の特定役員となることが見込まれていること	－	－	○
株式継続保有要件	現物出資法人が現物出資により交付を受ける被現物出資法人の株式の全部を継続して保有することが見込まれていること	－	－	○

　DESは債権を出資して株式を取得するものであり、通常は事業の移転を伴うものではなく、当該債権のみが移転されます。このため、税法に定める主要資産負債引継要件等を満たすことができず、完全支配関係がある法人間のDESである場合を除き、税制非適格現物出資となるものと考えられます。

　また、完全支配関係がある場合においても、外国法人に対する国内にある一定の資産又は負債の移転を行うものは適格現物出資の範囲から除かれており、外国子会社に対する債権は通常は国内資産に該当することから、内国法人から外国法人に対する国内資産の現物出資となるため、本件のDESは非適格現物出資に該当します。

　この場合には、出資した債権の時価により当該債権が移転したものとされ

るため、現物出資に係る株式の取得価額は、当該債権の時価と同額となります（法令119①二）。このため、債権の時価と帳簿価額との間に差額がある場合には、当該差額が債権譲渡損益として法人税の課税所得計算上損金の額又は益金の額に算入されます。外国子会社の財務状態に問題がない場合にはその時価は帳簿価額と一致していると言えるかもしれませんが、実際には財務状態が悪化していることに起因してDESが行われる場合が多く、通常はその債権の時価は帳簿価額よりも低くなることが想定され、結果として債権譲渡損が生じます。

(2) 寄附金課税の問題

上述の1のとおり、内国法人が外国子会社に対してDESを実施した場合には税制非適格現物出資として取り扱われ、債権譲渡損が生ずるものと考えられます。

この場合には、例えば当該DESが業績不振の外国子会社の倒産を防止するためにやむを得ず行われるもので合理的な再建計画に基づくものである等の相当な理由があると認められない場合には国外関連者に対する寄附金と認定され、当該債権譲渡損の全額が損金不算入となる可能性があるため（法基通2－3－14）、留意が必要です。

なお、合理的な再建計画かどうかについては、支援額の合理性、支援者による再建管理の有無、支援者の範囲の相当性及び支援割合の合理性等について、個々の事例に応じ、総合的に判断されます。

(3) 為替差損益の問題

外貨建債権債務の期末処理について、法人税法上原則として短期金銭債権・債務については期末時の為替レートにより換算がされます。長期金銭債権・債務については取得時の為替レートのまま換算がされず、回収・支払等が行われた時点において為替差損益が実現します。このため、内国法人が外国子会社に対してDESを実施した場合において出資債権が貸付金などの長期

金銭債権であるときは、取引発生時と現物出資時における為替レートの差が譲渡損益の一部として実現します。

(4) 消費税の問題

　組織再編があった場合において、合併・分割による資産の移転は消費税の課税対象ではありませんが、現物出資は対価を得て行う資産の譲渡として消費税の課税対象とされます（消法2①八、4①、消令2①二）。内国法人による外国子会社に対するDESは、債権者の譲渡に係る事務所等の所在地が国内にあるため国内取引ですが（消法4③一、消令6①九二）、本邦からの輸出として行われるものではないため輸出免税の取扱いはなく（消法7、消令17）、非課税とされる「有価証券その他これに類するものとして政令で定めるもの」の譲渡に該当します（消法6①、別表第1二、消令9①四）。

　この場合、課税売上割合の計算において、分母に算入する金額は、平成26年4月1日以降、対価の全額ではなく、その5％とされています（消法30⑥、消令48①⑤、平26政令141号附則3）。平成26年3月31日以前は、DESが多額になる場合には消費税の計算における課税売上割合が大きく下がることとなり、その結果としてDESを行わない場合と比較して納付税額が大きくなると同時に、控除対象外消費税の発生により会計上の利益金額がその分だけ低下する事態が懸念されましたが、平成26年4月1日以降は、課税売上割合の計算上分母に算入する金額が対価の5％に減じられましたので、課税売上割合が低下する懸念の程度は緩和されました。なお、前述のとおり外国子会社の財政状態が悪化しているようなケースにおいては現物出資資産の時価は相当程度低くなっており、結果として現物出資の対価たる外国子会社株式の時価も低くなるため、消費税額に対する金額的影響は限定的となることが想定されます。

(5) 外国子会社側での問題

　ここまで親会社に関する日本における税務上の取扱いをみてきました。その一方で、DESについて外国子会社が立地する国・地域における税務上の取扱

いについても留意する必要があります。具体的には、当該DESが、債務者所在地国における資産の譲渡取引と認定されたうえで国外の債権者に国内源泉所得の課税関係が生ずる可能性はないのか、印紙税・登録免許税等の対象にならないか、又は債務の消滅により生ずる利得が益金算入されるのか等、現地における税務上の取扱いについても確認をする必要があります。

20 EUにおけるクロスボーダー合併

Point EUにおいてはドイツ子会社(GmbH[1])をオランダ親会社(BV[2])に吸収合併させ、オランダ法人のドイツ支店として存続させるような国境を越える組織再編成が可能です。EU合併指令が国境を越える組織再編成の税務上の取扱いを規定し、加盟国がEU合併指令の考え方をそれぞれの国内法に取り入れているからです。また、一定の条件を満たす場合には、合併時における課税関係を繰り延べる非課税組織再編を行うことが可能です。

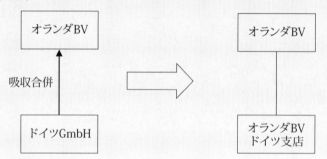

1．EU合併指令

1990年7月23日欧州委員会は合併、分割、部分的分割、資産譲渡、株式交換に関するEU合併指令90/434/EECを採択しました。その後の改訂を経て2009年の2009/133/EC（以下「EU合併指令」）において合併、分割、部分

---

1 ドイツ法における有限会社（ドイツ語: Gesellschaft mit beschränkter Haftung; GmbH、ゲゼルシャフト・ミット・ベシュレンクター・ハフトゥング、ゲーエムベーハー）は、有限会社法（Gesetz betreffend die Gesellschaften mit beschränkter Haftung; GmbH-Gesetz; GmbHG）に基づく企業組織の一形態であり、有限責任の資本会社（Kapitalgesellschaft）です。

2 B.V.（=Besloten Vennootschap met beperkte aansprakelijkheid：非公開株式会社）は、オランダにおいて最も一般的な営利企業形態であり、また外国投資家に最も頻繁に採用されている形態です。

的分割、資産譲渡、株式交換及び欧州会社[3]、欧州共同組合の加盟国間の登録事業所の移転に適用される共通の税務上の取扱いが成文化されました。

(1) EU合併指令における合併

EU合併指令において、合併とは、以下の3つの組織再編行為をいいます。

・吸収合併：一つ以上の会社が清算手続を経ずに解散し、存続会社の持分を対価として全資産・負債を存続会社に譲渡すること。譲渡対価として名目価値又は額面の10％を超えない現金を受け取ることができる。

・新設合併：二つ以上の会社が清算手続を経ずに解散し、新設会社の持分を対価として全資産・負債を新設会社に譲渡すること。譲渡対価として名目価値又は額面の10％を超えない現金を受け取ることができる。

・100％子会社の親会社による合併：会社が清算手続を経ずに解散し、全資産・負債を親会社に譲渡すること。

また、会社とは、以下の条件を満たす必要があります。

・合併指令パートA.I. Annexに掲載されている会社形態のうちの一つの形態をとっていること。

・加盟国の税務上、当該加盟国の居住法人と取り扱われ、かつ第三国と締結した租税条約上、EU外の居住法人と取り扱われないこと。

・合併指令パートB. Annex Iに掲載されている税金の課税対象となり、かつ選択により免税扱いや他の税金の対象となることがないこと。

---

3 欧州会社（Societas Europaea（SE））は、欧州会社法によって規定され、国境をまたぐ加盟国公開有限責任会社同士の合併、国境をまたぐ加盟国有限責任会社間の共同親会社の設立、国境をまたぐ加盟国企業の共同子会社としての設立、加盟国会社のSEへの組織変更によって設立されます。

(2) EU合併指令における共通の課税関係

① 合併会社及び被合併会社

(イ) PE帰属資産・負債移転時の課税繰延べ

譲渡される資産・負債の時価と税務上の簿価の差額に対して課税関係は生じません。譲渡される資産・負債とは被合併会社の所在地国における合併会社のPEに関連する資産・負債をいいます。したがって、EU合併指令において、課税繰延べの対象となる資産・負債は、被合併会社の所在地国における合併会社のPEに引き継がれる資産・負債になります。上記の事例では、ドイツGmbHの資産・負債でオランダBVのドイツ支店に引き継がれる資産・負債が対象となります。合併会社の所在地国の事業所に引き継がれる資産・負債は、課税繰延べの対象となりません。

(ロ) 税務上の簿価の引継ぎ

また、被合併会社の所在地国において、合併会社が税務上の簿価の引継ぎを行わずに、新たな価額を用いて以後の減価償却の計算や譲渡損益の計算を行うことが認められ、そのような選択をする場合には、課税の繰延べは行われません[4]。

(ハ) 引当金・準備金の引継ぎ

被合併会社の所在地国において、税務上の引当金・準備金の繰入れが認められている場合には、被合併会社の所在地国における合併会社のPEが税務上の引当金・準備金を引き継ぐことが認められます[5]。

(ニ) 欠損金の引継ぎ

被合併会社が繰越欠損金を有している場合には、被合併会社の所在地国における合併会社のPEが引き継ぐことが認められます[6]。

---

4 EU合併指令4条5項
5 EU合併指令5条
6 EU合併指令6条

(ホ) 抱合せ株式償却益

合併会社が被合併会社の持分を所有していて、合併によって、抱合せ株式の償却が行われて、償却益が生ずる場合には、償却益は課税対象となりません。ただし、所有割合が15％未満の場合には、加盟国はこのような取扱いをしないことが認められます[7]。

(ヘ) 加盟国におけるEU合併指令の国内法への取込み

a.ドイツ

ドイツにおける組織再編行為の課税関係は、ドイツ組織再編税法に規定されています。ドイツ組織再編税法(German Reorganization Tax Act)は、ドイツ組織再編法(German Reorganization Act)[8]に基づく法的再編を対象としていますが、EU合併指令をその対象範囲に含めています。

b.オランダ

オランダは、1992年の税制改正において、EU合併指令を企業所得税法に組み入れています。EU合併指令における法的合併も1992年改正により含まれています。

各国のEU合併指令の国内法への導入の程度や条件等は、国によって異なるため、詳細は個別に調査することが必要になります。

2．日本におけるEUクロスボーダー組織再編の留意点

外国法における組織再編について、「外国における組織再編成に係る我が国租税法上の取扱いについて」という研究報告が公表されています[9]。ただし、当該報告書は、国と国をまたぐ企業間の組織再編成（異なる国に所在する企業間の合併等）については、検討の対象としていないため、EUクロスボーダー組織再編は当該報告書の検討対象にはなっていません。

7　EU合併指令6条
8　1990年のEU合併指令の公布を受けて、1995年に組織再編法及び組織再編税法として体系的に整備された。
9　54頁[10]参照

同報告書においては、わが国における合併を法的側面からみると、その本質的要素は以下の点にあるとしています。

「①T社の権利義務の全部が、A社（存続会社又は新設会社）に、会社法等の法令の規定により、（個々の権利義務の移転行為を要せず）包括承継されること。
　②T社は、同じく会社法等の法令の規定により、清算手続を経ることなく、自動的に解散し、消滅すること。　　　　　　　」（同報告書7頁）

（注）　同報告書では、組織再編成において「資産を移転する側」あるいは「支配株式を取得される側」の会社はT社（Targetの意）、資産又は支配株式を取得する側はA社（Acquirerの意）と表記されています。

　これらの点は、上記1①のEU合併指令における合併と同一であるように思われます。ただし、EUにおける個別の合併は、各国の会社法に基づいて行われるため、我が国租税法上の取扱い個別に検討することが必要になります。

第3章

国際課税制度

21 海外支店に係る事業税の調整

Point 事業税の課税対象となる事業(課税客体)は、国内で行われる事業に限られ、国外の事業に帰属する所得については、事業税が免除されます。これは、事業税が、法人が都道府県から各種の行政サービスの提供を受けることに対する応益税としての性質を有しているからです。したがって、内国法人で外国で事業が行われる事務所又は事業所（海外支店等）を有するもの（以下「特定内国法人」）は、事業税の課税標準の計算上、国外事業所帰属所得を控除する調整が必要となります。

1．所得割の課税標準の調整
(1) 海外支店分の所得の控除（地法72の24、地令21の8）

事業税は上記のとおり、国内で行われる事業に対して課すという基本的な考え方から、法人税の課税所得金額のうち、国外事業に帰属する所得（以下、「国外所得」）を、所得割の課税標準から控除します。

ただし、国外所得の区分計算が困難な場合には、政令で定める方法により国外所得を算定することが認められます。

① 国外所得の意義

内国法人が外国において事業を行っているかどうかは、その内国法人が外国に次のような恒久的施設（地令7の3の5）を有するかどうかで判定することとされています。したがって、外国に源泉がある所得が生じていても、当該外国に恒久的施設を有していない場合や、恒久的施設を有していても、当該所得が当該恒久的施設に帰属していない場合には、国外所得はないものとされます。

(イ) 支店、出張所、営業所、事務所、事業所、工場又は倉庫（倉庫業者が自己の事業の用に供するものに限る。）

(ロ) 鉱山、採石場その他の天然資源を採取する場所

(ハ) (イ)及び(ロ)に準ずる場所

(ニ) 建設、据付け、組立てその他の作業でその期間が1年を超えるもの又はその作業の指揮監督の役務の提供でその期間が1年を超えるものの場所

(ホ) 次に掲げる者の事務所又は事業所

　a. 当該内国法人のために、その事業に関し契約（当該内国法人のための資産の購入に係る契約を除く。c.において同じ。）を締結する権限を有し、かつ、これを常習的に行使する者（当該内国法人と同一又は類似の事業を営み、かつ、その事業の性質上欠くことができない必要に基づき、当該内国法人のために当該契約の締結に係る業務を行う者を除く。）

　b. 当該内国法人のために、常習的に、顧客の通常の要求に応ずることができる程度の数量の資産を保管し、かつ、当該資産を顧客の要求に応じて引き渡す者

　c. もっぱら又は主として一の内国法人（当該内国法人と特殊の関係がある者を含む。）のために、常習的に、その事業に関し契約を締結するための注文の取得、協議その他の行為のうちの重要な部分を行うことを事業とする者

なお、租税条約において定める恒久的施設の範囲が上記と異なる場合には、租税条約において恒久的施設とされた場所が、内国法人に係る恒久的施設となります。

外国に源泉がある所得とは、原則として法人税法第69条第1項に規定する「当該事業年度の所得でその源泉が国外にあるもの」と同範囲とされていますが[1]、法人税法施行令第142条第3項により、国外所得金額から除かれる非課税国外所得とされる部分の金額についても、法人事業税においては、外国に

1　総務省自治税務局通知「事業税における国外所得等の取扱いについて」（平成16年4月1日総税都第16号）

その源泉がある所得として取り扱われます。

② 国外所得の区分計算

　原則として、次に掲げる場合には、国内事業帰属所得と、国外事業帰属所得を区分して計算しなければなりません[2]。共通経費がある場合には、これらの業務に係る収入金額、資産の価額、使用人の数その他の基準のうち業務の内容、費用の性質に照らし合理的と認められる基準により按分します（法令141の3⑥）。

(イ)　内国法人が、法人税について外国税額控除に関する申告書（法法69又は81の15）を提出している場合

(ロ)　海外支店の規模、従業者数、経理能力等から判断して、区分計算することが困難でないと認められる場合

　国外所得を区分計算する場合には、一部の所得だけを区分計算することはできず、すべての所得について区分計算することが必要です。

　なお、国外所得を区分して計算することが困難な法人については、上述したとおり、例外処理として、所得の総額を事業年度終了時の各事業所に勤務する従業者の数で按分して求めることも認められています（地令21の8）。これらを整理すると国内事業帰属所得の計算は次のとおりです。

原則	所得の総額　－　国外帰属所得
例外	所得の総額　－　所得の総額（※）×（海外支店の従業者数／従業員総数） （※）　国外所得以外の所得に対して課された外国法人税を損金の額に算入しないで計算した金額となります（地令21の8①）。

　なお、平成26年度税制改正により、外国法人に対する課税原則が総合主義から帰属主義へ変更され、国外源泉所得について、法人税法第69条第4項で定義が見直されました。これに伴い、平成28年4月1日以後開始事業年度からは、国外所得の算定につき、帰属主義のルールに沿って計算することになります。海外支店と本店間で行われた内部取引（資産の移転、役務提供、

2　前頁脚注1参照

資金の貸付等）がある場合には、第三者間取引と同様に、独立企業間価格で取引を行ったものとみなして、支店に帰属する所得を計算することになります。

(2) **外国税額の調整**（地令21の4）

　法人税には外国税額控除の制度があり、税額控除の適用を受ける外国法人税額について、法人税の課税所得算定上は損金の額に算入されません。一方、事業税では、外国税額控除の制度がありません。そのため、所得割の課税標準や、付加価値割の算定に用いる単年度損益を計算する際には、外国法人税額のうち国外所得（恒久的施設帰属所得）以外の部分を損金の額に算入します。なお、恒久的施設帰属所得に対応する部分の外国法人税については、その外国法人税を含む恒久的施設帰属所得全体が課税標準から控除されるため、調整は不要です。

2．付加価値割の課税標準の調整（外形標準課税）（地法72の19、地令20の2の17）

　その事業年度に支払った報酬給与額、純支払利子、純支払賃借料と単年度損益を基礎として計算される付加価値割の課税標準についても、付加価値額の総額から、国外事業に帰属する付加価値額を控除して課税標準を算定します。

　国外事業に係る付加価額は、上述した国外所得の取扱いに準じて、区分計算するのが原則です。恒久的施設勤務の従業者に対する報酬給与額は、国内の本社から支払われている場合であっても、国外に属するものとして区分します。このとき、外国の事業に帰属するものとそれ以外のものへの区分が困難又は性質上適当でないものは、共通分とし、給料、売上高、売上総利益などの合理的な基準で配分します。

　しかし、例外として、このような区分計算が困難な場合には、付加価値額の総額を、事業年度末日時点の従業者の数で按分し、外国の事業に係る付

加価値額とみなすことも認められます[3]。

3．資本割の課税標準の調整（外形標準課税）(地法72の22、地令20の2の21)

　資本割の課税標準となる資本金等の額については、国外事業の規模等を勘案して計算した金額を控除します。この場合の計算は、原則として次の(1)の方法により行いますが、外国の事業に帰属する付加価値額又は付加価値の総額から外国の事業に帰属する付加価値額を差し引いた額のいずれかがゼロ以下の場合、及び付加価値の総額から外国の事業に帰属する付加価値額を差し引いた額が付加価値の総額の50％に満たない場合には(2)の方法により控除額を計算します。

(1)	資本金等の額　×　$\dfrac{国外付加価値額}{付加価値額総額}$ ※付加価値額の総額は、雇用安定控除前の金額になります。
(2)	資本金等の額　×　$\dfrac{外国の事務所等の従業者数}{従業者の総数}$

4．留　意　点

　国外所得を事業税の課税標準から控除するためには、恒久的施設の存在とその恒久的施設に対する所得の帰属が前提となるため、支店開設の旨を記載した異動届出書に、相手国の支店登記を証する書類、相手国で納税者であることを示す書類、現地の事務所や事業所の賃貸契約書等を添付して、都道府県税事務所に提出することが必要です。

---

[3] 所得割の課税標準の計算において、原則的な処理に基づき所得を区分している場合には、付加価値割の課税標準も、原則的な処理に基づいて算定します。所得割の課税標準の計算において例外的な処理に基づき所得を区分している場合には、付加価値割額の課税標準も、例外的な処理に基づいて算定することになります。

第 3 章　国際課税制度

22 タックス・ヘイブン対策税制の二重課税の調整
（法人と個人）

Point　タックス・ヘイブン対策税制（外国子会社合算税制）は、法人に限らず個人にも適用されます。特定外国子会社等の持分の10％以上を保有する個人株主（居住者）は、出資割合に応じて、特定外国子会社等の所得を、雑所得の金額の計算上、総収入金額に算入しなければなりません。特定外国子会社等から受ける剰余金の配当等は、原則として配当所得として課税されますが、過去3年以内に雑所得の総収入金額に算入された金額（課税済金額）に達するまでの金額は、配当所得の金額から控除することにより二重課税が排除されます。一方、法人では、合算済所得（特定課税対象金額）を原資とする剰余金の配当等は、全額益金不算入とされ、二重課税が排除されます。

　法人では特定外国子会社等が納付した外国税額で合算課税の対象になった金額に対応する金額の外国税額控除が認められていますが、個人では外国税額控除の適用はありません。そのほか、課税済金額の繰越期間は、法人が過去10年である一方、個人では過去3年と異なります。

1　タックス・ヘイブン対策税制とは

　本税制は、昭和53年度の税制改正で、軽課税国に設立した海外子会社を利用した租税回避を防止するために立法化されました。個人に対する課税（措法40の4～40の9）及び法人に対する課税（措法66の6～66の9）がそれぞれ規定されています。

　昭和53年度導入当初においては、合算課税を受ける株主の特定外国子会社等に対する持分保有要件は「10％以上」とされていましたが、平成4年度改正では保有要件が「5％」に引き下げられ、平成22年度改正において再び

「10％」に戻りました。

　平成27年度税制改正により、①特定外国子会社等の判定基準となるトリガー税率が、特定外国子会社等の平成27年4月1日以後開始事業年度から「20％以下」から「20％未満」に引き下げられました。また、②特定外国子会社等が子会社から受ける配当は、すべて合算所得から除かれていましたが、特定外国子会社等の平成28年4月1日開始事業年度に係る合算対象金額からは、子会社で損金に算入された配当については合算所得に含まれることとなりました。

2　タックス・ヘイブン対策税制の法人への適用

(1)　適 用 対 象 者

①　適用対象法人

　居住者、内国法人、特殊関係非居住者によって発行済株式の50％超を直接及び間接に保有される外国法人（外国関係会社[1]）（措法66の6②一）のうち、本店又は主たる事務所の所在する国又は地域においてその所得に対して課される税負担率が20％未満のものを、特定外国子会社等といいます（措法66の6①、措令39の14①）。

　次の条件に該当する内国法人が、合算課税が行われる適用対象法人[2]となります。

- 特定外国子会社等の発行済株式の10％以上を直接・間接に保有する内国法人（措法66の6①一）
- 特定外国子会社等の発行済株式等の10％以上を直接・間接に保有する株主グループに属する内国法人（措法66の6①二）。

1　議決権の数が1個でない株式等を発行している場合、あるいは請求権の内容が異なる株式等が発行されている場合には、議決権割合、配当請求権割合のいずれかが50％超であれば、外国関係会社と判定されます（措法66の6②一イ〜ハ）。

2　議決権の数が1個でない株式等を発行している場合、あるいは請求権の内容が異なる株式等が発行されている場合には、議決権割合、配当請求権割合のいずれかが10％以上であれば、適用対象法人と判定されます（措法66の6①一イ〜ハ）。

② 合算課税の適用除外

外国関係会社について事業年度ごとに租税負担割合を計算し、外国関係会社が特定外国子会社等に該当するかどうかを毎期判定しますが、特定外国子会社等と判定された場合であっても、特定外国子会社等が一定の適用除外要件を満たした場合には、その満たした事業年度に係る適用対象金額に限り、合算課税の対象とされません（措法66の6③）。適用除外を受けるには確定申告書に適用除外の規定の適用がある旨を記載した書面を添付し、その適用があることを明らかにする資料等を保存しておく必要があります（措法66の6⑦）。この場合の確定申告書に添付する書面は別表17(3)と17(3)付表1です。

(2) 課税対象金額

特定外国子会社等の各事業年度の決算に基づく所得の金額につき政令で定める基準により計算した基準所得金額を基礎として、各事業年度の開始の日前7年以内に開始した各事業年度において生じた欠損の金額及びその基準所得金額に係る税額調整を加えた金額が適用対象金額になります（措法66の6②二、措令39の15）。課税対象金額は、適用対象金額に持分割合を乗じた金額になります（措法66の6①）。

(3) 合算所得と受取配当の二重課税調整

特定外国子会社等の所得が合算課税された後に、その特定外国子会社等が合算所得を原資として配当を支払った場合には、合算課税と配当課税の二重課税を避けるために、特定課税対象金額に達するまでの金額は、益金に算入されません（措法66の8①②、法法23の2）。特定課税対象金額は、次に掲げる金額の合計額と定義されています（措法66の8④）。
① 内国法人が特定外国子会社等から配当を受ける日を含む事業年度において合算対象となる課税対象金額に、内国法人の直接保有割合を乗じた金額
② 内国法人が特定外国子会社等から配当を受ける日を含む事業年度開始の日前10年以内に開始した事業年度において合算対象とされた課税対象金額

に、内国法人の直接保有割合を乗じた金額（既に益金不算入とされた配当がある場合には、その配当を控除した額）

(4) 合算所得に対する現地国における法人税課税との二重課税調整
① 課税対象金額に係る控除対象外国法人税額

特定外国子会社等の所得に対して現地国で課された外国法人税のうち、課税対象金額に対応する部分の金額は、その内国法人が納付する控除対象外国法人税の額とみなして、外国税額控除の規定の適用を受けることができます（措法66の7①、法法69）。

その内国法人が納付したものとみなされる控除対象外国法人税額は、次の算式により計算します（措令39の18①）。

$$\text{特定外国子会社等に課された外国法人税の額} \times \frac{\text{課税対象金額}}{\text{適用対象金額} + \text{25％以上出資[3]子会社配当} + \text{他の特定外国子会社等からの配当（控除対象配当）}}$$

なお、控除対象外国法人税額の計算は、その特定外国子会社等がその会計帳簿の作成に当たり使用する外国通貨表示の金額により行い、その円換算は、原則として、特定外国子会社等の事業年度終了の日の翌日から2月を経過する日におけるTTM（電信売買相場の仲値）によるとされています（措通66の6-21、66の6-14）

② 外国税額控除の適用時期

控除対象外国法人税を外国税額控除の対象とする場合、その適用時期は次のとおりです。（措令39の18④）。

・合算課税の適用を受ける事業年度終了の日以前に課された外国法人税

3　平成28年度税制改正により、外国法人税の課税標準に含まれないものは除外される。

合算課税を受ける事業年度において外国税額控除の適用を受けます。
・合算課税の適用を受ける事業年度終了の日後に課された外国法人税
　外国法人税が課された事業年度において外国税額控除の適用を受けます。

3　タックス・ヘイブン対策税制の個人への適用

(1)　適用対象者

　個人株主へのタックス・ヘイブン対策税制は、その有する外国関係会社（措法40の4②一、措令25の19）の発行済株式又は出資の総数又は総額のうちに占める割合が直接・間接保有を含め10％以上である居住者が適用対象になります（措法40の4①一）。

(2)　課税対象金額

　個人の配当請求権割合に応じた特定外国子会社等の所得が課税対象金額となり、特定外国子会社等の事業年度終了の日の翌日から2か月を経過する日の属する年分の雑所得の金額の計算上総収入金額に算入します（措法40の4①）。

　雑所得の金額は、総収入金額から必要経費を控除した金額ですが（所法35②二）、本税制が適用された場合における必要経費は、次の金額の合計額とされています。

① 特定外国子会社等の株式等を取得するための負債利子（措令25の21③一）。

② 特定外国子会社等から受ける配当等の額のうち、配当所得の金額から控除される額に対して課される外国所得税（外国源泉税等）の額でその年中に納付するもの（措令25の21③二）

(3) 配当所得の取扱い

　特定外国子会社等から受ける剰余金の配当等は、原則として配当所得として課税されますが、配当日の属する年分過去3年以内に雑所得の総収入金額に算入された金額（課税済金額）の合計額（課税済金額等）に達するまでの金額は、配当所得の金額から控除することにより、二重課税が排除されます（措法40の5①、措令25の23）。

　以上の場合において、もし特定外国子会社等に他の外国法人から受ける剰余金の配当等の額があるときは、居住者が、他の外国法人から特定外国子会社等を経由して受ける剰余金の配当等のうち、他の外国法人について生じた課税対象金額（配当日の属する年分過去3年以内に雑所得の総収入金額に算入された金額）を原資とする部分（間接的に生ずる課税済金額）等を控除することにより、さらに二重課税の排除が図られています（措法40の5②、措令25の23③〜⑦）。

(4) 確定申告書の提出

　配当所得からの課税済金額等の控除は、確定申告要件が付されており、これらが生じた年から連続して各年分の確定申告書への記載と計算明細書の添付が必要です（措法40の5③）。ただし、その明細書等の添付や確定申告書への記載等がなかった場合でも、やむを得ない事情があると認められる場合に対して、宥恕規定が設けられています（措法40の5④）。

4．法人・個人での二重課税の調整

　本税制を法人・個人のそれぞれに適用した場合に生じる二重課税の調整を比較すると、次の表の通りです。

法　　人	個　　人
課税対象金額にかかる外国税額控除 （措法66の7、法法69）	該当なし
特定課税対象金額に達するまでの配当 等の益金不算入（措法66の8）	課税済金額からの配当の配当所得から の控除 （措法40の5、措令25の23）
特定課税対象金額の遡及期間は、過去 10年 （措法66の8④二）	課税済金額の遡及期間は、過去3年 （措法40の5①）

23 恒久的施設の認定に関する裁判例

Point 非居住者が日本国内で行う事業から生じた所得には、国内に恒久的施設（Permanent Establishment、以下「PE」）がない限り日本の所得税は課されませんが、PEを有している場合は、すべての国内源泉所得（平成28年4月1日以降PEに帰属する所得）が日本の所得税の課税対象となります。したがって、非居住者が日本でビジネスを行う場合には、PEの有無により課税関係が大きく変わります。

東京地方裁判所は、平成27年5月28日、非居住者が行っていたインターネット販売の事業の用に供されていたアパート及び倉庫がPEに該当するとの判決[1]を下しました。この判決では、倉庫等のように商品の保管及び発送のためにのみ使用する場所であっても、何らかの経済的価値が付加され、又は日本国内での利得の実現に不可欠と認められる施設はPEに該当するとの判断が示されました。

1. 事実関係

(1) 背景

- 原告は日本国内において、インターネット上に開設したウェブサイト及びインターネットオークションサイト等を利用して輸入した外国商品を販売する事業（以下「本件販売事業」）を個人で営んでいました。
- 平成16年に米国に出国し日本の非居住者となった後も、当該商品を日本に輸入し、インターネット上に開設したウェブサイト等を通じて日本国内で販売を続けていました。
- 米国に出国する以前から賃借して本件事業を行っていたアパートに加え、出

---

[1] 平成27年5月28日判決・平成24年（行ウ）第152号

国後に倉庫（以下「本件アパート等」）を賃借し、本件アパート等において、原告が日本に輸入した商品を保管し、原告の従業員によって日本国内の顧客にその商品を発送していました。

(2) 取引形態

本件販売事業の取引形態は以下のようになります。

① まず原告は米国で調達した販売商品を日本に輸入し、本件アパート等に在庫として保管していました。

② そして原告はウェブサイト又はメールにより日本の顧客から注文を受け次第、日本国内の本件アパート等に勤務している従業員に対し商品発送の指示をしていました。

③ 商品発送の指示を受けた従業員は、本件アパート等において保管されていた在庫商品に日本語版取扱説明書等を添付した上で日本の顧客に送付していました。

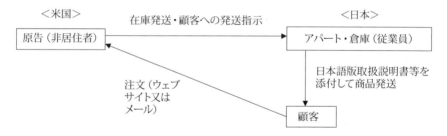

本件販売事業について原告は、本件アパート等での業務は原告の指示に基づく輸入商品の保管、顧客への発送、返品された不良品の保管及びメーカーへの返品等の準備的・補助的なものであることから、本件アパート等はPEには該当しないとして、日本において所得税の確定申告を行っていませんでした。

2．被告の主張

被告（原処分庁）は、主に以下の理由から、本件アパート等で行われていた業務は「準備的又は補助的な性格の活動」にとどまるものではないとして、本件アパート等をPEと認定し、所得税の決定処分を行いました。

(1) 本件アパート等において、仕入商品の受領から顧客に対する発送に至るまでのすべての作業を行っていたこと。
(2) 原告がウェブサイト等に連絡先の住所及び電話番号として、本件アパート等の住所及び電話番号を記載するなど、対外的に国内事業者の体裁を整えるための施設として使用されていたことから、本件アパート等は国内顧客を獲得するという意味で重要な役割を果たしていたといえること。
(3) 原告の国内顧客との取引形態は、原告が出国した後も本件アパート等を事業所として、対外的な機能及びそこで行われる一連の作業に何ら変化がなく、出国前と同様に、原告の事業における中核的な施設としての機能を有していたと認められること。
(4) 日米租税条約第5条第4項にいう「準備的又は補助的な性格を有する活動」と、そのような性格を有しない活動とを区分する決定的な基準は、事業を行う一定の場所での活動それ自体が、企業全体としての活動の本質的及び重要な部分を形成するか否かであると解されていること。

3．原告の主張

被告による決定処分に対し、原告は以下の理由により本件アパート等で行われていた業務は「準備的又は補助的な性格の活動」であり、従ってPEに該当しないと主張しました。
(1) 本件アパート等での業務は、原告の指示に基づく輸入商品の保管、顧客への発送、返品された不良品の保管及びメーカーへの返品等であること。
(2) 業者からの注文のほとんど全ては、米国の事務所への電子メールにより行われており、本件アパート等においては、電話で注文を受けることも、購入者からの電話に対応することもないこと。
(3) 本件アパート等は、日本における連絡先等としてウェブサイト等に記載されているが、本件事業の中心的活動である仕入れ、ウェブサイトの管理、顧客対応、受注契約、決済等は米国内の事務所で行っていること。
(4) 事前に原処分庁の担当職員に対して電話で本件アパート等の恒久的施設

の該当性について問合せを行い、当該職員から恒久的施設に該当しない旨の回答を得ていること。

4．東京地方裁判所の判決

東京地方裁判所は以下(1)及び(2)から、本件アパート等はPEに該当するとの判断を下しました。

(1) 日米租税条約第5条第1項に規定する「恒久的施設」に該当

以下の事実から、本件アパート等が本件販売事業の全部又は一部を行う場所であったことは明らかである。

本件アパート等は、原告が米国に居住している間も、①本件事業の商品を保管しておき、②顧客の注文を受けて、個別に商品を梱包したうえで顧客向けに発送し、また、③顧客からの返品があった場合には、返品された商品を受け取り代替商品を発送するなどの業務を行う場所であった。

(2) 「準備的又は補助的な活動」に非該当

以下の理由から、本件アパート等における業務は、日米租税条約第5条第4項に規定する「準備的又は補助的な活動」に該当するということはできない。

① 本件アパート等は、日本における連絡先等としてウェブサイトに記載されているが、インターネット販売という特質から、企業のホームページ等に記載された情報は、インターネット販売を利用する者にとっては極めて重要な情報であると考えられる。

② さらに、インターネット販売という事業形態を鑑みれば、対面取引に比して、商品の購入者に対する商品の発送業務や、事後的なサービスともいえる返品対応は、事業の重要な部分を占めているということができる。

③ 本件アパート等において行われている、日本語版取扱説明書等の添付という作業は、日本国内の顧客に向けて経済的付加価値を付与する行為と解される。

5．関連法令

(1) 恒久的施設（日米租税条約5①②）

日米租税条約第5条第1項において、恒久的施設とは事業を行う一定の場所であって、企業がその事業の全部又は一部を行っている場所をいう旨を定めており、第2項において、恒久的施設には特に以下のものをいう旨を規定しています。

①事業の管理の場所、②支店、③事務所、④工場、⑤作業場、⑦鉱山、石油又は天然ガスの坑井、採石場その他天然資源を採取する場所

(2) 準備的又は補助的業務（日米租税条約5④）

同条第4項においては、恒久的施設に該当しないものを以下のように規定しています。

① 企業に属する物品又は商品の保管、展示又は引渡しのためにのみ施設を使用すること。
② 企業に属する物品又は商品の在庫を保管、展示又は引渡しのためにのみ保有すること。
③ 企業に属する物品又は商品の在庫を他の企業による加工のためにのみ保有すること。
④ 企業のために物品若しくは商品を購入し又は情報を収集することのみを目的として、事業を行う一定の場所を保有すること。
⑤ 企業のためにその他の準備的又は補助的な性格の活動を行うことのみを目的として、事業を行う一定の場所を保有すること。
⑦ ①から⑥までに掲げる活動を組み合わせた活動を行うことのみを目的として、事業を行う一定の場所を保有すること。ただし、当該一定の場所におけるこのような組合せによる活動の全体が準備的又は補助的な性格のものである場合に限る。

6．PE認定のポイント

少なくとも本件販売事業の一部を一定の場所である本件アパート等で行っ

ていたことは事実であるため、本件アパート等は、日米租税条約第5条第1項の「事業を行う一定の場所であって、企業がその事業の全部又は一部を行っている場所」に該当します。したがって、本件アパート等で行われている事業が、同条第4項に規定する準備的又は補助的な業務であるか否かが争点となります。

東京地方裁判所は、同条第4項に規定する「準備的又は補助的業務」に該当するか否かは、事業遂行上果たしている機能及び重要性等を勘案したうえで、当該一定の場所において行われている活動の全体が評価されるべきであり、業務自体が機械的な単純作業であることは判断を覆す事情には当たらないとしています。

47で解説しているように、BEPS Action7では、準備的又は補助的な業務をより限定的にする勧告がなされています。

24 無形資産取引に係るソース・ルールと消費税の内外判定

Point わが国所得税法及び法人税法は、それぞれ居住者及び内国法人については、全世界所得を課税対象とし、非居住者及び外国法人については、国内源泉所得のみを課税対象としています（所法5、法法4）。所得の源泉地を決定する法原則をソース・ルールといい、所得税法161条及び法人税法第138条において規定されています。消費税法においては、国内において事業者が行った資産の譲渡等を課税対象としています（消法4）。資産の譲渡等の内外判定は、消費税法第4条第3項に規定されています。所得税におけるソース・ルールも消費税における内外判定も国際取引についての課税対象を決めるルールとして機能しますが、国内源泉所得が発生する取引が、消費税法上は国外取引とされることがあります。特に無形資産取引については、両者の所得の源泉地の決定、取引の内外判定において取扱いの違いが生じます。

1．無形資産取引に係るソース・ルール

ソース・ルールは、国内法及び租税条約において規定されています。

(1) **国内法**（所法161七）

所得税法第161条第7号においては、以下のように、国内において業務に使用された無形資産から生ずる所得を国内源泉所得の一つとして定義しています。このように無形資産の使用地を所得の源泉地とする考え方を使用地主義といいます。

> 　国内において業務を行う者から受ける次に掲げる使用料又は対価で当該業務に係るもの
> イ　工業所有権その他の技術に関する権利、特別の技術による生産方式若しくはこれらに準ずるものの使用料又はその譲渡による対価
> ロ　著作権（出版権及び著作隣接権その他これに準ずるものを含む。）の使用料又はその譲渡による対価
> ハ　機械、装置その他政令で定める用具の使用料

(2) 租税条約におけるソース・ルール

① 源泉地国免税のためソース・ルールを定めていない条約

OECDモデル条約では、以下のように源泉地免税の立場をとっているため、無形資産取引にかかるソース・ルールは、定められていません。源泉地国免税としている条約として米国条約、英国条約、オランダ条約、スイス条約、フランス条約があります。

> 　一方の締約国において生じ、他方の締約国の居住者が受益者である使用料に対しては、当該他方の締約国においてのみ租税を課することができる。[3]
> 　　　　　　　　　　　　　　　　　　　　　　　（OECDモデル条約12①）

② 債務者主義を採用している条約

わが国が締結した租税条約の多くは、下記の日中租税条約のように支払者の居住地を所得の源泉地とする債務者主義を採用しています。

> 　使用料は、その支払者が一方の締約国の政府、当該一方の締約国の地方公共団体又は当該一方の締約国の居住者である場合には、当該一方の締約国において生じたものとされる。[4]
> 　　　　　　　　　　　　　　　　　　　　　　　（日中租税条約12⑤）

③　ソース・ルールが規定されていないため国内法の使用地主義が適用される条約

アイルランド条約、オーストラリア条約、スリランカ条約、ニュージーランド条約はソース・ルールが規定されていないため、国内法の使用地主義が適用されます。

2．消費税における内外判定

　消費税法施行令第6条第1項第5号から第8号において以下のように規定されています。これらの規定によると特許権のように登録される権利は登録地において譲渡等が行われたものと扱われ、著作権のように登録されない権利は、譲渡又は貸付けを行う者の住所地において譲渡等が行われたものと扱われます。消費税法においては、登録地や住所地のように外見上、明確な基準により取引の内外判定が行われます。内国法人が国内業務のために外国法人から著作権のライセンスを受けて、使用料を支払う場合には、その使用料は、外国法人にとって国内源泉所得となりますが、消費税法上は、国外取引になります。

五　特許権、実用新案権、意匠権、商標権、回路配置利用権又は育成者権（これらの権利を利用する権利を含む。）　これらの権利の登録をした機関の所在地（同一の権利について2以上の国において登録をしている場合には、これらの権利の譲渡又は貸付けを行う者の住所地）

六　公共施設等運営権　公共施設等運営権に係る民間資金等の活用による公共施設等の整備等の促進に関する法律（平成11年法律第117号）第2条第1項（定義）に規定する公共施設等の所在地

七　著作権（出版権及び著作隣接権その他これに準ずる権利を含む。）又は特別の技術による生産方式及びこれに準ずるもの（以下この号において「著作権等」という。）　著作権等の譲渡又は貸付けを行う者の住所地

八　営業権又は漁業権若しくは入漁権　これらの権利に係る事業を行う者の住所地

3．独占販売権の対価についての裁決事例

(1) 平成22年5月13日裁決[1]

　当該裁決は、外国法人に独占的販売権の対価として支払われた一時金が、所得税法第161条第7号に該当するかどうか争われた事案です。独占的販売権の対価は、OECDモデル条約コメンタリーによれば、ある地域での製品やサービスの独占販売権（exclusive distribution right）の対価として支払われた場合は、使用料には該当せず、事業所得条項が適用されるとされています[2]。

　審判所は、外国法人と請求人の間で締結された契約書の内容及び契約の履行状況を検討した上で、以下のように技術情報開示の対価であるとして、納税告知処分を行った原処分庁の主張（下記参照）を支持しました。

「請求人は本件払込金及びロイヤリティを支払うことにより製造及び販売を許諾されたものであると認められることから、本件払込金は、所得税基本通達161－23で定める「技術等の実施、使用、採用、提供に係る実施権の設定、許諾の承諾につき支払を受ける対価の一切」に該当する。」

「本件払込金は、この技術情報の開示を受けたことに係る対価であるとも認められるから、所得税基本通達161－22に定める「技術的価値を有する知識」に対する対価に該当する。」

(2) 平成13年12月21日裁決[3]

　当該裁決は、独占販売権の対価の消費税上の国内取引・国外取引の判定の問題があり、外国法人に支払った独占販売権の対価が課税仕入れとして仕入税額控除の対象になるかが争われた事案です。請求人は、外国法人が日本における子会社を通じて行っていた事業について独占的販売権の対価を外国法人に支払ったため、当該支払について仕入税額控除を行っていました。審判

1　裁決事例集 No79
2　OECDモデル条約コメンタリー 12条パラ1　10.1
3　裁決事例集 No 62 423頁

所は、独占販売権の対価を営業権と認定した上、営業権の所在地は、事業者の住所所在地により判定するため、国外取引となるものと以下のように判断しました。

「本件独占販売権は、本件契約書に定める諸条件（第3条、第8条等）により、本件製品を日本国内で独占的に販売することにより稼得することができる将来の収益（グロスマージンとコミッションの配分）をその実質的内容とするものであることからすると、本件独占販売権は、G社が保有している本件製品の独占販売に係る超過収益力を含む権利であり、上記イの営業権（G社の営業権）と認められる。」

25 適用除外における管理支配基準の意義

> **Point** 外国子会社合算税制は、内国法人・居住者が、低税率国に設立した外国関係会社のすべてを特定外国子会社等として、包括的に制度に取り込んだうえで、独立企業の実態を備えた特定外国子会社等を、合算課税の対象から除いていきます。管理支配基準は、独立企業の実態を備えているかどうかを定性的に検証する基準であり、定性的であるがゆえに、課税庁や納税者の判断に齟齬を生じやすい基準といえます。税務訴訟においても、管理支配基準の充足性については、注目すべき判決が下されており、課税庁側も、制度趣旨や企業法務の現状を踏まえた新たな判断基準を示しつつあります。

1. 管理支配基準とは

　管理支配基準は、以下に述べる外国子会社合算税制において、内国法人が合算課税の適用を受けないための要件の一つです。

　外国子会社合算税制は、内国法人に係る外国関係会社のうち、本店又は主たる事務所の所在する国又は地域におけるその所得に対して課される税の負担が本邦における法人の所得に対して課される税の負担に比して著しく低いものとして政令で定める外国関係会社（以下「特定外国子会社等」）に該当するものの適用対象金額を、内国法人の所得に合算課税するものです（措法66の6①）。

　ただし、正常な企業活動を阻害しないよう、特定外国子会社等が次のすべての条件（以下「適用除外要件」）を満たした場合には、合算課税は行われません（措法66の6③）。

(1) 事業基準

　特定外国子会社等の主たる事業が、①株式等若しくは債券の保有、②工業所有権その他の技術に対する権利、特別の技術による生産方式若しくはこれらに準ずるものの提供、又は、③船舶若しくは航空機の貸付けに該当しないこと

(2) 実体基準

　特定外国子会社等の本店又は主たる事業所の所在する国又は地域においてその主たる事業を行うに必要と認められる事務所、店舗、工場その他の固定的施設を有していること

(3) 管理支配基準

　特定外国子会社等の事業の管理、支配及び運営を自ら行っていること

(4) 非関連者基準又は所在地国基準

　① 特定外国子会社等が行う主たる事業が、卸売業、銀行業、信託業、金融商品取引業、保険業、水運業又は航空運送業の場合

　その事業を主として関連者以外の者との間で行っていること（非関連者基準）

　② 特定外国子会社等が行う主たる事業が①以外の場合

　その事業を主として本店又は主たる事務所の所在する国又は地域において行っていること

2．管理支配基準に関する国税庁の解釈

　管理支配基準は、法文上「事業の管理、支配及び運営を自ら行っていること」と簡潔に規定されているにすぎません。

　国税庁は、管理支配基準が満たされているかどうかを、その特定外国子会社等について、次の状況を総合的に勘案して判定するものとしています（措通66の6－16）。

・株主総会及び取締役会等の開催場所
・役員としての職務執行が行われている場所

・会計帳簿の作成及び保管等が行われている場所
・その他の情況

　この場合において、例えばその特定外国子会社等について、次のような事実があるとしても、そのことだけでは、管理支配基準を満たさないことにはならないとしています。
・株主総会の開催が本店所在地国等以外の場所で行われていること
・現地における事業計画の策定等に当たり、内国法人と協議し、その意見を求めていること

3．管理支配基準に関する司法判断
(1) 東京地裁平成2年9月1日判決（安宅木材事件）
① 事実の概要

　木材販売業を営む内国法人甲社（原告）は、南洋材のシッパーとの取引を有利に進めるため、香港法人H社を設立し、発行済株式のすべてを保有していました。

　H社は特定外国子会社等に該当していたところ、原処分庁が、H社が適用除外要件のうち、管理支配基準を満たしていないとして、H社の課税対象留保金額（旧措法66の6①）を益金の額に算入する更正処分を行い、これを不服とした甲社が、審査請求を経て本訴を提起したものです。

② 判示事項等

　判決においては、H社の株主総会等が、甲社の本店所在地で行われ、事務処理の方針も甲社において決定され、その費用の支出も甲社の決裁を仰いでおり、H社の業務内容自体も独自の判断において行われたものではないとする事実関係が認定されました。このような事実関係からすれば、H社はその本店所在地国たる香港において独立した立場でその事業を自ら管理、支配及び運営したものとは到底いえず、むしろ、その親会社たる甲社がその本店所在地国であるわが国においてその管理、支配を行っていたとして甲社の請求は棄却されました。

甲社は控訴しましたが、控訴審においても請求は棄却され、上告も棄却されました。

③　判決の検討

判決は、租税特別措置法（法人税関係）通達66の6−16と内容を一にするものであり、本件の事実関係においては妥当なものかもしれませんが、「軽課税国での真正な事業活動及び租税回避の意図の不存在が十分に窺える場合までもそれを否定してしまうことになる[1]」との批判も見られます。

また最近ではテレビ会議やスカイプ会議等が広く利用されるようになっていますが、このような状況を判決が予測していたとは思えませんので、管理支配基準の適用に関しては、各種の要素が総合勘案されるものと思われます。

(2)　熊本地裁平成12年7月27日判決（ニコニコ堂事件）

① 　事実の概要

熊本県でスーパー・マーケットを営んでいた内国法人乙社（原告）は、香港に100％出資のK社を設立しました。K社は当初ビル賃貸事業を営んでいましたが、その後、保有するビルを原告等に売却し、売却後の主な業務は、中国に対する投融資が中心となっていました。

K社は特定外国子会社等に該当していたところ、原処分庁が、K社が適用除外要件のうち、管理支配基準を満たしていないとして、K社の課税対象留保金額（旧措法66の6①）を益金の額に算入する更正処分を行い、これを不服とした乙社が、審査請求を経て本訴を提起したものです。

② 　判示事項等

「特定外国子会社等が管理支配基準を満たしているか否かは、当該特定外国子会社等の重要な意思決定機関である株主総会及び取締役会の開催状況、役員の構成、職務執行状況、会計帳簿の作成及び保管状況、その業務遂行上の重要事項を当該子会社等が自らの意思で決定しているかどうかなどの諸

1　占部裕典「タックス・ヘイブン対策税制」（「別冊ジュリスト　租税判例百選（第三版）」（1992年12月　No.120　有斐閣））99頁

事情を総合的に考慮し、当該子会社等が本店所在地国において親会社から独立した企業としての実体を備えて活動しているといえるのか否かによって判断すべきものと解するのが相当である。」（最高裁判所ホームページ）としたうえで、次のような事実を認定しています。
- K社の代表取締役Aは、原告の貿易部長を兼務していたが、香港での勤務日数は限られていたこと
- 他の取締役4名も原告の取締役を兼務していたが、香港での勤務を全く行っていなかったこと
- 取締役会は、日本において、必要に応じて取締役が集まり行われていたこと
- 香港で開催された株主総会も形式的なものであったこと
- ビルの取得及び売却の意思決定が原告にて行われていること
- ビル売却後の中国投資についての重要事項については、逐一原告の決裁のもとで行われていること
- 以上の事実関係から、K社の事業の管理の運営について、原告の管理・支配が強く及んでおり、K社の独立性の程度は低いものであったことが窺えること

　このような事実を総合考慮したうえで、K社は管理支配基準を充足していなかったというべきであると判示しています。

(3)　東京地裁平成24年10月11日判決（レンタルオフィス事件）
① 　事実の概要

　日本の居住者丙（原告）は、シンガポール法人S社の発行済株式の99.9％を保有していました。S社は精密機械部品の注文をASEAN諸国の日系企業から受注し、これを日本企業に製造委託したうえで、完成品を納入していました。S社取締役には、丙と、同社株式を1株保有しシンガポールに居住するFが就任していました。さらにS社は、Fがマネジング・ディレクターを務めるシンガポール法人E社と業務委託契約を締結し、次のサービスの提供を受けていました。

・オフィススペースのレンタル
・経理・資金決済業務等の営業支援業務の支援
・営業担当者派遣

　S社は特定外国子会社等に該当していたところ、原処分庁が、S社が適用除外要件のうち、管理支配基準を満たしていないとして、S社の課税対象留保金額（旧措法40の4①）を丙の雑所得に係る収入金額とみなす更正処分を行い、これを不服とした丙が、審査請求を経て本訴を提起したものです。

② 　判示事項等

　「適用除外基準として管理支配基準が規定されたのは、我が国に所在する親会社等から独立した企業としての実体を備えているというためには、事業の管理、支配及び運営機能面から見て独立性を有している必要があるとの考え方に基づくものであり、管理支配基準は、機能的な側面から独立企業としての必要条件を明らかにしたものである。上記のとおり、管理支配基準が機能的な側面から独立企業としての実体があるかどうかを判断する基準であるとすれば、前提として、事業を行うために必要な常勤役員及び従業員が存在していることが必要であり、かつ、特定外国子会社等の業務執行に関する意思決定及びその決定に基づく具体的な業務の執行が親会社等から独立して行われているか否かについては、特定外国子会社等の株主総会及び取締役会の開催、役員としての職務執行、会計帳簿の作成及び保管等が行われている場所等を総合的に勘案することが必要である。」として、次の事実認定等に基づき、S社が管理支配基準を満たしていたとしています。

㈠ 　事業を行うために必要な常勤役員等が存在しているか

　被告は、S社には常勤役員が存在しない旨主張し、その根拠としてFが他の法人7社の役員を兼務し、役員報酬を受領していないことを挙げました。しかし、「Fは、シンガポール在住取締役としてS社が法令・規制を遵守するために必要な各種届出や、税務申告を行い、S社の経理及び銀行取引及び為替管理を含む資金管理、営業担当者に対する指揮監督、売掛債権の督促・回収等の業務を行っていたと認められるから、S社がその本店を置くシンガポールに

取締役を置いていなかったものということはできない。」として被告の主張を退けています。

(ロ) 業務執行に関する意思決定が親会社から独立して行われているか
(a) 株主総会の開催場所について

被告は、株式保有比率が99.9％である丙が、定時株主総会に出席しないことを理由として、開催地が日本であると主張していましたが、「株主総会の招集及び開催は、シンガポールにおいて行われており、Fは株主として株主総会に参加していることが認められるところ、招集及び開催手続がシンガポールにおいて行われ、株主2名のうち1名が実際にシンガポールで参加し、その旨の株主総会議事録も作成されているのであるから、S社の株主総会はシンガポールで開催されたものと認められる。被告の主張はS社の大株主である原告の所在地を過度に重視し、大株主の所在地と株主総会の開催地とを混同するものであって、採用することができない。」としています。

(b) 重要事項の意思決定について

被告の「S社の発行済株式総数の99.9％を保有する大株主であり、かつ、S社の取締役であるという原告の立場等に着目すれば、重要事項に関する最終的な決定は、原告のみの意思決定に基づいてなされたものとみるのが自然である。」との主張に対し、裁判所は「S社の重要事項について、専ら原告のみが意思決定していたものと推認することはできない。被告の主張は、単なる推測の域をでるものではなく、採用することはできない。」としています。

③ 控訴審（東京高裁平成25年5月29日判決）

東京高裁は東京地裁の判断を全面的に認め、国側の控訴を棄却し、納税者丙の勝訴が確定しました。

4．経済産業省の国税庁に対する照会結果について

経済産業省は、株主総会等におけるテレビ会議システムの活用が、管理支配基準の適用上どのように扱われるのかについて、想定事例に基づいた照会を国税庁に行ったところ、2014年1月7日に、その結果が明らかとなりました。

結論としては、一定の状況下においては、株主や役員の一部がテレビ会議システム等の情報機器を利用して株主総会や取締役会に出席したとしても、それらは特定外国子会社等の本店所在地等で開催されたものと同様に取り扱って、管理支配基準の判定を行って差し支えないとするものです。
・開催案内の送付や議事録の作成等、株主総会及び取締役会に関連する業務は特定外国子会社等が行っていること
・特定外国子会社等の本店所在地国等に居住し、かつ、当該特定外国子会社等の専任役員として一定の権限を有しているものの一人が議長を務めていること
・株主総会の場合には、議長が当該特定外国子会社等の社内において出席していること
・取締役会の場合には、議長と他の一定の権限を有する専任取締役のいずれもが、当該特定外国子会社等の社内において出席していること

5．BEPSにおける議論と税制改正の行方

　2015年10月5日に公表されたBEPS（Base Erosion and Profit Shifting）の最終報告書には、行動計画3として外国子会社合算税制（CFC税制）の国内ルールの設計に関する提言が含まれています。

　CFC税制については、①対象外国子会社、②適用除外、③対象所得の算定、④所得計算ルール、⑤親会社所得への合算方法、⑥二重課税の排除が提示されましたが、管理支配基準については、2015年10月の最終レポートCHAPTER2：2.2.2でControlに関連する記述がみられます。CHAPTER2は、株主によるCFCに対するコントロールがprofit shiftingの要因となることについて言及していますが、コントロールの態様としては議決権以外に、経済的な支配（Economic control）及び事実上の支配（De facto control）の存在が用いられ、多くの国で合算課税の根拠とされているとしています。

　国によっては、外国子会社の重要な意思決定がどのように行われ、誰が日常の業務の指示を与えているかが検証されるとし、このような検証には、主観

的ともいえる事実関係の詳細な分析が必要になり、納税者の予見可能性を損ないかねないとの指摘も見られます。

わが国の管理支配基準は、議決権等による法的テストを経て定義されたCFCについて、合算課税の範囲を限定していくプロセスの中に組み込まれていますが、過去の租税判例を顧みた場合、わが国の外国子会社合算税制上の一つの課題として、管理支配基準の適用における客観性、納税者にとっての予見可能性の確保が挙げられるのではないかと思われます。

26 外国事業体課税

Point わが国において、法人税の納税義務者は、内国法人又は外国法人です。したがって、外国法に基づいて設立された外国事業体は、わが国租税法上の法人に該当するか否かによって課税関係が異なるため、その法人該当性の判断基準が問題となります。

外国事業体は、その設立された各国の法制度が異なり、様々な性質のものが存在しますが、わが国租税法上には、法人自体の定義規定を設けていないため、外国で設立された事業体が法人に該当するかどうかは、租税法の解釈によって決することになります。

この点について、複数の訴訟が提起され、各訴訟における下級審の判断は分かれていましたが、最高裁判所は平成27年7月17日、米国デラウェア州法に基づいて設立されたリミテッド・パートナーシップ（以下「デラウェアLPS」）が外国法人に該当するとの判決を下しました。

1．外国事業体の「法人」該当性

法人税法上「外国法人」は「内国法人以外の法人」と定義されていますが（法法2四）、「法人」自体の定義規定が置かれていないため、「法人」とは何かがまず問題となります。

この点については、租税法以外の分野からの借用概念として租税法上の意義を考える方法が確立されています。借用概念とは、他の法分野において用いられている意義に基づいて解釈された租税法上の意義をいい、主として民商法等の私法の分野からの借用が行われます[1]。また借用概念について、そ

---

1 金子宏『租税法（第20版）』（弘文堂）117頁参照。これに対して、他の法分野では用いられておらず、租税法が独自に用いている概念を「固有概念」といいます。

れを他の法分野で用いられているのと同じ意義に解すべきか（統一説）、それとも徴収確保ないし公平負担の観点から異なる意義に解すべきかも問題になりますが、別意に解すべきことが租税法規の明文又はその趣旨から明らかな場合は別として、法的安定性の見地からそれを本来の法分野と同じ意義に解釈すべきとする統一説が判例・通説です[2]。

つまり、租税法上の「法人」の意義を考える際には、民商法等の私法で定められた「法人」と同じ意義に解するのが一般的であると言えます。

2. 国税庁「米国LLCに係る税務上の取扱い」

米国LLC（Limited Liability Company）については、国税庁ホームページの質疑応答事例において、「米国LLCに係る税務上の取扱い」が公表されています[3]。

その中で国税庁は下記を踏まえて、米国LLCは「米国の税務上、法人課税又はパス・スルー課税のいずれの選択を行ったかにかかわらず、原則的にはわが国の私法上、外国法人に該当する」としました。

① LLCは、商行為をなす目的で米国の各州のLLC法に準拠して設立された事業体であること。
② 事業体の設立に伴いその商号等の登録（登記）等が行われること。
③ 事業体自らが訴訟の当事者等になれるといった法的主体となることが認められていること。
④ 統一LLC法においては、「LLCは構成員（member）と別個の法的主体（a legal entity）である。」、「LLCは事業活動を行うための必要かつ十分な、個人と同等の権利能力を有する。」と規定されていること。

---

[2] 統一説・独立説・目的適合説等の見解の対立があります。独立説は、私法において用いられている概念であっても、租税法上の独自の意義を与えられるべきとする見解であり、目的適合説は、租税法においても目的論的解釈が妥当すべきであって、借用概念の意義は、それを規定している法規の目的との関係において探求すべきとする見解です。

[3] 質疑応答事例法人税関係（外国法人）3. https://www.nta.go.jp/shiraberu/zeiho-kaishaku/shitsugi/hojin/31/03.htm

国税庁は、米国LLCについて「我が国の私法上、外国法人に該当する」と回答し、私法上の意義以外の判断基準を示していませんので、法人を借用概念としたうえで、統一説を採用しているものと考えられます。

　同回答は、法人該当性に関して国税庁が公表した唯一の見解であることから、米国LLCだけでなく、LPSやその他外国事業体の税務上の法人該当性を判断するうえでも、実務上参考とされているものです。しかしながら、上記①から④の全てに該当すれば法人該当性があるといえるのか、そのうち一つでも該当すれば法人該当性があるのか等詳細な運用は明確ではなく、外国事業体の法人該当性については、さらに裁判例が積み重ねられてきました。

3．外国事業体の法人該当性に係る裁判例
(1) 複数の裁判例

　外国事業体の法人該当性については、複数の訴訟において、次のように異なる基準が示されていましたが、平成27年7月17日最高裁判所は、デラウェアLPSが、後述する二つの基準により、法人に該当すると判示しました。

ニューヨークLLC	さいたま地裁（平19.5.16）法人格（実質判断）⇒法人該当	東京高裁（平19.10.10[4]）法人格（実質判断）⇒法人該当	上告不受理
バミューダLPS	東京地裁（平24.8.30[5]）法人格+損益帰属主体性⇒法人該当せず	東京高裁（平26.2.5[6]）法人格+損益帰属主体性⇒法人該当せず	上告不受理
デラウェアLPS	大阪地裁（平22.12.17[7]）「法人」の属性具備⇒法人該当	大阪高裁（平25.4.25[8]）法人格（実質判断）⇒法人該当	上告不受理
	東京地裁（平23.7.19[9]）法人格+損益帰属主体性⇒法人該当せず	東京高裁（平25.3.13[10]）法人格（実質判断）⇒法人該当	上告不受理
	名古屋地裁（平23.12.14[11]）法人格+損益帰属主体性⇒法人該当せず	名古屋高裁（平25.1.24）法人格+損益帰属主体性⇒法人該当せず	最高裁（平27.7.17）法人格+権利義務帰属主体性⇒法人該当

4　訟務月報54巻10号2516頁
5　http://www.courts.go.jp/app/files/hanrei_jp/994/082994_hanrei.pdf

(2) 判断基準

下級審では主として、外国事業体の法人該当性について、次の2つの判断基準を用いていました。

① 法人格付与基準

LLCやLPSの租税法上の「法人」該当性について、上記裁判例はおおむね借用概念の統一説に立っているものと考えられます。すなわち、租税法上の「法人」は私法上の「法人」と同義に解すべきであり、ある事業体が私法上の「法人」とされる根拠は、「法人法定主義により法人格を付与する旨の実体法上の規定がある」[12]ことであるとしています。そして、外国事業体が租税法上の「法人」に該当するといえるためには、内国法人が法人法定主義による実体法上の規定の有無により形式的に判断するのと同様に、まず、「当該外国の法令の規定内容から、その準拠法である当該外国の法令によって法人とする（法人格を付与する）旨を規定されていると認められるか否か」[13]によって判断すべきとしました。

② 損益帰属主体性基準

この基準は、わが国の租税法が、法人の事業から生じた所得について、法人を納税義務者とし、構成員課税を行わないのは、当該法人が法律により法人格を付与されて、構成員とは別個の権利義務の主体とされ、損益の帰属すべき主体（その構成員に直接その損益が帰属することが予定されない主体）としてその設立を認められたからであり、外国事業体についても、損益帰属主体（その構成員に直接その損益が帰属することが予定されていない主体）として設立が認められたといえるかどうかにより、法人に該当するかどうかを判定すべきであるとする基準です。

---

6 http://www.courts.go.jp/app/files/hanrei_jp/434/084434_hanrei.pdf
7 判例時報2126号28頁
8 http://www.courts.go.jp/app/files/hanrei_jp/705/083705_hanrei.pdf
9 http://www.courts.go.jp/app/files/hanrei_jp/986/081986_hanrei.pdf
10 http://www.courts.go.jp/app/files/hanrei_jp/680/083680_hanrei.pdf
11 http://www.courts.go.jp/app/files/hanrei_jp/402/082402_hanrei.pdf
12 東京高裁平26年2月5日判決、名古屋高裁平成25年1月24日判決等
13 東京高裁平26年2月5日判決

この基準は、外国法人の特殊性、すなわち諸外国の法制・法体系の多様性、外国における「法人」概念の多様性から、法令の文言から形式的に法人該当性を判断することに加えて、「当該事業体を当該外国法の法令が規定するその設立、組織、運営及び管理等の内容に着目して経済的、実質的に見れば、明らかに我が国の法人と同様に損益の帰属すべき主体（その構成員に直接その損益が帰属することが予定されない主体）として設立が認められたものといえるかどうかを検討すべき」[14]とするものです[15]。

(3) デラウェアLPS最高裁判決

　前述の通り米国LLCについては、わが国の税務上は外国法人として取り扱うことが国税庁ホームページにおいて公表され、裁判所の判決においても、この取扱いが定着しています。しかし、国税庁はLPSが法人に該当するかどうかの取扱指針等は公表しておらず、裁判所の判断も分かれていたため、最高裁の判断が待たれていたところでした。

　この点、最高裁は名古屋高裁判決を破棄して、下記2つの基準により、デラウェアLPSが法人に該当すると判示しました。

① 　法人格付与基準

　設立根拠法令の規定の文言や法制の仕組みから、当該組織体が当該外国の法令において日本法上の法人に相当する法的地位を付与されていること又は付与されていないことが疑義のない程度に明白であるか否か

② 　権利義務帰属主体性基準

　当該組織体が権利義務の帰属主体であると認められるか否か、具体的には、当該組織体の設立根拠法令の規定の内容や趣旨等から、当該組織体が自ら法律行為の当事者となることができ、かつ、その法律効果が当該組織体に帰属すると認められるか否か

14　東京高裁平成26年2月5日判決
15　統一説に目的適合説を加味したものととらえることも可能である」とする見解もあります（「外国事業体課税に関する調査」2012年3月　TMI総合法律事務所　28頁、31頁）。

上記①の基準は、これまでの下級審で用いられた法人格付与基準につき、「疑義のない程度に明白」であることを付加したと考えることができます。どのような場合に「疑義のない程度に明白」であるかは、今後の事例の積み重ねに委ねられるものと思われます。

また、最高裁判所は、外国法人該当性を、「当該組織体が日本法上の法人との対比において我が国の租税法上の納税義務者としての適格性を基礎付ける属性を備えているか否か」との観点から判断するとしており、租税法上の「法人」と私法上の「法人」が同義であるかについて言及していないため、統一説を採用したか否かについては議論の余地があるものと考えられます。

上記②の基準は、下級審で採用されていた損益帰属主体性基準とは異なる基準を示すものです。原審である名古屋高裁は「我が国の私法上の法人であれば、我が国の租税法上損益の帰属主体となることが予定されているといえるが、権利義務の主体として取引行為を行い、財産及び債権債務の帰属主体となる存在であるからといって、必ずしも損益の帰属主体となるとは限らない」として、損益帰属主体性基準により法人該当性を判断すべきとして、法人該当性を否定しました。しかし、最高裁が損益帰属主体性に言及せず、同基準を用いた名古屋高裁判決を破棄したことを考慮すると、今後は法人格付与基準と権利義務帰属主体性基準を用いて、外国事業体の法人該当性を検討することになるものと考えます[16]。

4．その他留意点

外国事業体の法人該当性が問題となる場面は他にも多数あり、例えば外国子会社配当益金不算入制度が適用される「外国子会社」（法法23の2、39の2、法令78の2）やタックス・ヘイブン対策税制が適用される「特定外国子会社等」（措法66の6）はいずれも外国法人であることが前提です。さらに、外国事業体

---

[16] バミューダLPSについての東京高裁判決は、上記法人格付与基準と損益帰属主体性基準により法人該当性を否定しましたが、この判決は平成27年7月17日の最高裁による上告不受理決定により確定しています。つまりデラウェアLPSとは異なり、バミューダLPSは、法人に該当しないとされました。

が、内国法人に係る外国関係会社としての外国法人に該当すれば、その外国事業体と内国法人との取引には、移転価格税制が適用されます（措法66の6）。

　上記デラウェアLPS最高裁判決は、LPS以外の外国事業体の法人該当性判断にも影響を与えるものとも考えられますので、外国事業体を通じた海外投資又は取引については、スキームの構築に留意する必要があると思われます。

27 移転価格税制と他の国際課税制度との関係

Point 移転価格税制が適用される国外関連者との取引の取引価格と独立企業間価格との差額が損金不算入又は益金算入される場合に、他の税制が適用されることによりその全部又は一部が重複して損金不算入又は益金算入される場合には、二重課税が生じます。このような場合に、二重課税を排除する規定が置かれています。

1. 移転価格税制とタックスヘイブン対策税制の関係

内国法人が外部販売価格100の製品を国外関連者かつ特定外国子会社であるペーパーカンパニーに50で販売し、特定外国子会社が第三者に100で転売する場合を想定すると、移転価格税制の適用により外部販売価格（独立企業間価格）100と実際販売価格50との差額50が益金算入されます。ペーパーカンパニーである特定外国子会社は、適用除外[1]の基準を満たさないとすると、特定外国子会社の再販売益50は、課税対象金額[2]に含まれ、内国法人の益金に算入されます。その結果、移転価格税制とタックスヘイブン対策税制が重複適用され、二重課税が生ずる結果となります。

このような二重課税を回避するために、タックスヘイブン対策税制における適用対象金額を計算する際に、特定外国子会社と内国法人との間の取引に移転価格税制の適用がある場合には、当該取引が独立企業間価格で行われたものとして適用対象所得金額を計算することになっています（措令39の15①②）。この結果、移転価格税制を優先して適用することにより二重課税が排除されることになります。上記の例では、特定外国子会社の適用対象所得の

---

1 事業基準、実体基準、管理支配基準及び所在地域基準又は非関連者基準
2 適用対象所得金額に持分割合を乗じて計算され、合算課税される金額（措令39の16）

計算上、内国法人からの仕入れは100（独立企業間価格）で行われたものとして計算され、再販売益は0になります。

2．移転価格税制と過少資本対策税制

　国外関連者であり、かつ国外支配株主でもある外国法人に利子を支払う場合に、金利水準が独立企業間価格を超え、かつ負債残高が国外支配株主等の資本持分の3倍に相当する金額を超える場合には、移転価格税制と過少資本対策税制が重複適用されることになり、それぞれの規定による損金不算入額が計算されます。したがって、国外支配株主等の資本持分の3倍に相当する金額を超える負債に対応する利子で、独立企業間価格を超える部分は二重に損金不算入とされることになります。

独立企業間価格	独立企業間価格を超える部分	二重の損金不算入
		資本持分の3倍を超える負債に対応する部分

　　　　　　　　　　　　　　　　　　　　　資本持分の3倍

　二重課税の排除に関する規定は、法令にはありませんが、移転価格事務運営指針2-24において以下の規定があり、移転価格税制を優先適用させることになります。

> 調査に当たり、移転価格税制とともに措置法第66条の5《国外支配株主等に係る負債の利子等の課税の特例》の規定を適用する場合には、同条第1項に規定する「負債の利子等」の額の算定において、独立企業間価格を超える部分の「負債の利子等」の額を含めないことに留意する。

3．移転価格税制と過大支払利子税制の関係

　過大支払利子税制は、関連者への純支払利子等の金額が調整所得金額の50％を超える場合に、その超過金額を損金不算入にする制度です（措法66の5の2）。関連者純支払利子等の額とは、関連者支払利子等の額の合計額か

ら控除対象受取利子等合計額を差し引いた金額をいいます。

移転価格税制と過大支払利子税制の関係においても、過少資本税制との関係と同様の問題が生じます。両者の二重課税の調整規定は、法令にはありませんが、移転価格事務運営指針において、移転価格税制を優先的に適用することが以下のように定められています。

(1) 関連者支払利子等

関連者支払利子等の額とは、法人の関連者等に対する支払利子等の額で、その関連者等の課税対象所得に含まれないものをいいます。課税対象所得に含まれるとは、外国法人であれば法人税法第141条各号に掲げる国内源泉所得に該当し、総合課税の対象になることをいいます。

移転価格事務運営指針2－25(1)において以下のように規定しています。

> …「関連者支払利子等の額」の算定において、独立企業間価格を超える部分の「関連者支払利子等の額」を含めないこと

(2) 控除対象受取利子等

控除対象受取利子等合計額とは、受取利子等の額の合計額を支払利子等の額の合計額のうちに関連者支払利子等の額の合計額の占める割合で按分した金額です。

移転価格事務運営指針2－25(2)において以下のように規定し、移転価格税制を優先適用しています。

> …「控除対象受取利子等合計額」の算定において、独立企業間価格に満たない部分の「受取利子等の額」（同条＊第3項に規定する「受取利子等の額」をいう。）を含めること及び独立企業間価格を超える部分の「支払利子等の額」（同条第3項に規定する「支払利子等の額」をいう。）を含めないこと

＊租税特別措置法第66条の5の2

(3) 調整所得金額

調整所得金額は、寄附金の全額を損金の額に算入して計算した場合の所得金額に、繰越欠損金の損金算入、外国子会社配当益金不算入、受取配当等

の益金不算入等一定の規定を適用せず、かつ、関連者純支払利子等の額、損金の額に算入される減価償却費及び損金の額に算入される貸倒損失の額を加算した金額です。

移転価格事務運営指針2-25(3)において以下のように規定しています。

> …「調整所得金額」の算定において、国外関連取引が独立企業間価格で行われたものとみなして計算した場合に算出される所得の金額を基礎とすること

3．移転価格税制と外国税額控除の関係

移転価格税制の適用により増加した所得が国外源泉所得であれば、外国税額控除の控除限度額が増加します。この点について、移転価格事務運営指針2-23は、以下のように個別に判定するものとしています。

> 調査に当たり、移転価格税制とともに法第69条第1項《外国税額の控除》の規定を適用するときは、移転価格税制の適用により増加する所得について法第138条《国内源泉所得》から法第140条《国内源泉所得の細目》までの規定の適用により所得の内外区分を判定した上、同項に規定する控除限度額の計算を行うことに留意する。

しかし、実務的には個別に判定することが困難な場合があります。例えば、製造子会社との間に、原材料の販売と技術ノウハウを提供する国外関連取引が行われている場合には、両者を一体取引として扱うことが認められています（租税特別措置法通達66の4(4)-1）。

> 独立企業間価格の算定は、原則として、個別の取引ごとに行うのであるが、例えば、次に掲げる場合には、これらの取引を一の取引として独立企業間価格を算定することができる。
> (2) 国外関連取引について、生産用部品の販売取引と当該生産用部品に係る製造ノーハウの使用許諾取引等が一体として行われており、独立企業間価格についても一体として算定することが合理的であると認められる場合

増加所得が原材料の販売から生ずるのであれば国内源泉所得、技術ノーハウの提供から生ずるのであれば国外源泉所得になると考えられますが、一体取引として扱う場合には、所得源泉の内外区分が判然としません。

第4章

海外税制

28 新興国におけるPE課税

> **Point** 新興国で事業を行う場合に、出張等の短期的な滞在、出向者の活動、駐在員事務所、子会社の活動等の様々な事業活動がPE認定されることがあります。アジア新興国におけるPEに関する法令、通達、裁判例等を整理します。また、わが国税法にはない役務提供自体をPEとするサービスPE[1]の規定が新興国の国内法やわが国との租税条約には含まれている場合があるので注意が必要です。さらに、BEPS行動計画7[2]のPEの人為的回避においてもPEを広く認定しようとする傾向にあります。

1. インド

(1) インド外国法人課税

インド所得税法第5条において、インドで受領又は受領したとみなされる所得及びインドで発生した又は発生したとみなされる所得が課税対象となります。また、同法第9条において、直接又は間接的にインドにおける事業に関連する（Business Connection）所得は、インドで発生したとみなされると規

---

[1] OECDモデル条約コメンタリーパラ42.23では、①国外提供役務には適用しない、②ネットベース課税、③最小限の物理的な滞在の三つの条件を満たす源泉地国課税の代替的規定案を以下のように提示しています。
「2及び3の規定にかかわらず、一方の締約国の企業が他方の締約国で役務の提供を行う場合であって、かかる役務が、
　a) いずれの12カ月の期間においても合計183日を超えて当該他方の国内に滞在する個人を通じて行われ、かつ、当該企業のかかる期間における能動的事業活動に帰せられる総収益の50％超が当該個人を通じて当該他方の国で行われる役務から生じているとき、又は、
　b) いずれの12カ月の期間においても合計183日を超えて行われ、かつ、同一のもしくは相互に関連を有する計画のために、当該他方の国に滞在して当該役務を行っている一人以上の個人を通じて行われるときは、当該役務を行う際に当該他方の国で遂行される活動は、当該他方の国に所在する企業のPEを通じて遂行されるものとみなす。ただし当該役務が4に定める役務であって、事業を行う一定の場所を通じて行われる場合には、同項の規定に基づき当該事業を行う一定の場所をPEとはしない者に限定される場合を除く。この規定に関し、ある企業のためにある個人が行う役務は、当該役務を行う態様を他の企業が指揮、命令又は監督する場合を除き、当該個人を通じて当該他の企業が行うものとはされない。」

[2] 代理人PEの定義を拡張して、コミッショネアー等を含めること及び準備的・補助的ではないいかなる活動もPE課税の例外とはしないというPE課税の強化・拡大が提言されています。

定されています。インド国内法においては、Business ConnectionがPE租税条約におけるPEと同じ役割を果たしています。

(2) 日印租税条約

石油の探索、開発又は採掘に関連して、6か月を超える期間の役務又は施設の提供（5⑤）、在庫引渡代理人（5⑦(b)）、注文取得代理人（5⑦(c)）がPEに含まれている点で、OECDモデル条約より範囲が広くなっています。

(3) 事　　例

① 　連絡事務所（LO：Liaison Office）がPE認定された事例[3]

韓国法人Jebon Corporationは、インド準備銀行の認可を受け、バンガロールにLOを設置し、見込み客の開拓、見積書の提示、本社から提示された価格の連絡業務を行っていた。注文は本社が受け、出荷も本社から行い、本社に対して支払が行われていたが、実質的な契約交渉はLOの従業員が行っていた。LOの従業員の給与は高く、連絡事務だけではなく、販売活動にも従事していたと考えられるという理由でLOをインド韓国租税条約第7条におけるPEと認定した。

② 　子会社をPE認定した事例[4]

英国法人Rolls Royce Plc（RR）は、航空エンジン、部品をインドにおける顧客に販売していた。インド子会社Rolls Royce India Ltd（RRIL）は、親会社とのサービス契約に基づきマーケティング、技術サポート、顧客インターフェース等のサービスをRRに提供していた。RRILは、所得税法第9条におけるBusiness Connectionであり、印英租税条約第5条第1項における事業を行う一定の場所、第5条第2項(f)における注文の取得、交渉の場所であり、第5条第4項(c)における注文所得代理人であったとしてPE認定された。RRのインド顧客からの所得のうち、製造活動に帰属する部分50％、研究開発活動に

3　Jebon Corporation（2011 Karnataka High Court）
4　Rolls Royce Plc 2007 Delhi Tribunal ルーリング

帰属する部分15％はインド国外で行われているとし、残りの35％をインドにおけるPEに帰属する所得と認定した。

③　親会社従業員の出張による子会社での活動をPE認定した事例[5]

Motorola USは、インド子会社を通じて通信システムの据付作業を実施していた。Motorola USの従業員が頻繁にインドを訪れ、子会社の事務所を使用していた。子会社の事務所は、Motorola USの事業を行う一定の場所に当たると認定した。ただし、Motorola USの従業員の活動は、準備的、補助的なものに限定されていたと認定した。

④　親会社従業員の出向による子会社での活動をPE認定した事例[6]

Morgan Stanley and Co. Inc.（MSCo）は、全世界でファイナンシャルアドバイザリー、証券引受け、法人貸付業務を行っていた。インドには、子会社Morgan Stanley Advantage Services Private Limited（MSAS）があり、ITサポート、リサーチ等のバックオフィス業務をアウトソースしていた。MSCoは、MSASに社員を出向させ、MSASの業務の品質管理等の業務を行わせていた。MSASは、バックオフィスサービスの対価として、コスト＋29％のサービスフィーをMSCoから受け取っていた。出向社員の活動は、MSASへの役務提供部分とMSCoの株主活動の部分があり、前者については米印租税条約第5条2(1)のPEとなると認定した。ただし、PEに帰属する追加的所得は認定されなかった。

2．ベ ト ナ ム

(1)　外国法人課税の概要

①　PEの定義

PEについては、ベトナム企業所得税法において以下のように定義されています。サービスPEの考え方は(ハ)に規定されています。

---

[5] Motorola Communication Inc. 2005 Delhi ITAT
[6] Morgan Stanley and Co.Inc.（Civil Apeal No.2915 of 2007）

> 恒久的施設とは、外国企業がその施設を通じてベトナムにおける所得を生む事業活動を行うもので、以下の施設が含まれる。
> (イ) 支店、executive offices、工場、輸送手段、作業所、油田、ガス田、その他の天然資源を採取する場所
> (ロ) 建設作業現場、建設作業、据え付け又は組み立てプロジェクト
> (ハ) 従業員又は他の組織に所属する個人が、コンサルティングサービスを含む役務を提供する施設
> (ニ) 代理人
> (ホ) 外国企業の名において契約を締結する代表者（Representatives）又は契約を締結する権限を有しないが常習的に外国企業に製品又はサービスを提供する代表者（第2条3項）

② PEの課税所得の範囲

　企業所得税法において、恒久的施設を有する外国法人の課税所得を以下のように規定しています。国内源泉所得は、PEへの帰属の有無にかかわらず課税、国外源泉所得もPEに帰属すれば課税対象になっています。

> ベトナムの恒久的施設を有する外国企業は、ベトナム国内で生じた所得及びベトナム国外で生じ恒久的施設に関連する所得に対して納税するものとする（第2条2項(b)）。
> ベトナムの恒久的施設を有する外国企業は、ベトナム国内で生じた所得で恒久的施設に関連しない所得に対して納税するものとする（第2条2項(c)）。

(2) 日越租税条約

　第5条第4項において、12か月の間に6か月を超える期間、使用人その他の職員を通じて行う役務提供がPEに該当し、サービスPEの規定が含まれています。また、複数の関連事業が12か月の間に6か月を超えて行われる場合も含まれるものとされています。

(3) 事　例

　租税条約の解釈通達として、Circular No 133/2004/TT-BTCがあり、以下の事例が含まれます。

「① 建設現場

建設現場、据え付け工事等には、サブコントラクターを通じて行うものも含む。

例5　橋梁建設を受注した日本企業Zは、橋の骨組み建設をサブコントラクターYに5ヵ月間行わせ、橋床の建設は、Zが3カ月かけて行った。橋梁の建設に合計8カ月を要し、ZはPEを持つものと扱われる。

② サービスPE

年間183日を超える、従業員又はその他の者によるベトナムでのコンサルティングサービスを含むサービスの提供

例6　2000年にスウェーデンの航空機製造会社Dは、ベトナム航空と航空機保守契約を締結し、技術専門チームを190日間ベトナムに派遣した。DはベトナムにPEを持つものとみなされる。」

3．インドネシア
(1) 外国法人課税の概要
① PEの定義

インドネシア所得税法第2条第5項において、インドネシアで事業活動を行う、インドネシアに居住しない個人、12か月間における滞在日数が183日を超えない個人及びインドネシア国外で設立された法人であり、以下のものを含むと定義されています。

(イ) 事業管理の場所
(ロ) 支店
(ハ) 駐在員事務所
(ニ) 事務所
(ホ) 工場
(ヘ) 作業場
(ト) 倉庫
(チ) 販売活動の拠点
(リ) 天然資源の採掘
(ヌ) 石油又は天然ガスの採掘作業地域
(ル) 漁業、畜産業、農業、農園業、林業
(ヲ) 建設、据付け、組立プロジェクト
(ワ) 12か月の間に60日間超の期間に、従業員又はその他の人員によって行われるあらゆるサービスの提供
(カ) 従属代理人である個人又は団体
(ヨ) インドネシアにおいて保険料を受け取り、保険リスクを引き受けるインドネシア国外で設立され、国外に所在する保険会社の代理店又は従業員
(タ) インターネットを通じて事業を行う電子商取引業者が保有、賃貸される若しくは利用するコンピューター、電子代理又は自動機器

　サービスPEの範囲が広いことと、電子商取引をPE課税の対象としていることが特徴です。

② PEの課税所得の範囲

　所得税法第5条においてPEの課税所得は、PEの事業又はPEが所有・支配する資産から生ずる所得と規定されています。また、外国法人である親会社や関連会社がPEの事業と同様の事業活動によりインドネシアで得た所得もPEの所得として課税対象になります。さらに外国法人である親会社又は関係会社が所得税法第26条に規定する所得をインドネシアで得た場合もPEの所得として課税対象になります。

　所得税法第26条に規定する所得とは、支払時に源泉税の対象となる以下の所得です。

・配当
・利子（保証料を含む。）

・賃料、ロイヤルティー、その他資産の使用による所得
・技術サービス、経営サービス、その他のサービスの対価
・PEの税引後所得

(2) 日本インドネシア租税条約

　従業員又はその他の者が12か月の間に6か月を超えて提供する役務提供（日・インドネシア租税条約4⑤）がPEとされ、国内法の規定が踏襲されています。在庫保有し、かつ注文取得を反復的に行う代理人（日・インドネシア租税条約4(b)）が代理人PEに含まれています。

(3) 事例（外国商事駐在員事務所）

　外国商事駐在員事務所の活動について、以下の解説があります。
「外国商事駐在員事務所は、商業省によって所管される駐在員事務所で、外国企業の製品の紹介、プロモーション及び販売促進並びに製品に関する情報の提供や外国企業の製品の販売促進のための市場調査及び販売管理等を行うことができる。」[7]

　外国企業のインドネシアへの輸出額の4％を外国商事駐在員事務の所得とみなし25％の税率を乗じて、1％を税額とする源泉課税があります（PPH15）。

4．タ　イ
(1) 外国法人課税の概要

　タイ歳入法では、外国法に基づいて設立された会社又はパートナーシップがタイに事業を行う目的で従業員、代表者又は仲介人を有しており、所得又は利得を得ている場合には、当該会社又はパートナーシップは、タイで事業を行っているものとみなし、当該従業員、代表者、仲介者は、個人か法人かを問わず、代理人として申告書を提出し、納税する義務を負います（同法

---

[7] 法務省　2012年度調査報告（インドネシア・東ティモール・カンボジア）「インドネシア会社法に関する報告書」2013年3月　長島・大野・常松法律事務所　弁護士　福井 信雄

76Bis)。また、所得が計算できない場合には収入の5％で課税することが認められます（同法71）。

(2) 日泰租税条約

日泰租税条約においては、建設工事現場、建設、据付、組み立て工事及びその監督活動は、3か月を超える期間存続する場合にはPE（日泰租税条約5(3)）となり、存続期間がOECDモデル条約より大幅に短縮されています。また、使用人その他の職員を通じて役務の提供を行う場合には、単一の工事又は複数の関連工事について12か月の間に合計6か月を超える期間行われる場合にはPEとして扱われます（日泰租税条約5(4)）。さらに、代理人PEに、在庫保有代理人及び注文取得代理人も含まれ、範囲が拡大されています（日泰租税条約5(6)(b)(c)）。

(3) 事例（VAT申告とPE認定）

タイでは課税事業者の届出をしなければ、売上に対してVAT（Value Added Tax：付加価値税）を請求価格に付加することができません。タイにおける短期的なプロジェクト（1年を超え3年を超えない）について一時的な課税事業者の登録をすることが可能です。登録しない場合には、タイにおける現地調達にかかるVATを仕入税額控除することができず、追加的コストになってしまいます。しかし、課税事業者の登録をすることによりPE認定される事案が報告されています。

29 研究開発税制のグローバル化

Point 企業は、研究開発活動によって技術革新を起こし、新たな価値を形成していきます。そのため各国は、企業の研究開発活動を促進する優遇税制を導入しています。また、企業活動がグローバルに行われていることから、企業の研究開発活動を誘致すべく優遇税制を魅力的なものにしようとする国家間の競争も存在します。研究開発優遇税制には、3つのタイプがあります。研究開発活動を行うことにインセンティブを与える制度として、研究開発費の割増損金算入制度及び研究開発費税額控除制度があります。一方、研究開発活動によって取得した無形資産から生じた所得を優遇税率で課税するパテントボックス税制があります。パテントボックス税制については、研究開発活動の実態がない会社に無形資産を移転するタックスプランニングも行い得るため、BEPS行動計画5の有害税制の無効化において議論されています。

1. 割増損金算入制度

支出した研究開発費の実額ではなく、割増した金額を損金算入する制度を採用している国があります。各国が採用している割増率には、中国150%、シンガポール400%、マレーシア200%、タイ200%、インド200%等があります。

例えば、タイにおいては、研究開発サービスの認定政府機関、タイ法人、個人等の供給者（approved providers of R&D services）に支払う研究開発費は、研究開発がタイ国内で行われることを条件に、その200%を損金算入することができます。

2．試験研究費税額控除制度（わが国の例）

研究開発費の税額控除制度は、支出した試験研究費の一定割合を法人税額から控除する制度です。

わが国の試験研究費総額の税額控除制度は、その事業年度において損金算入された試験研究費に8〜10％の税額控除割合を乗じた金額を、法人税額の25％を限度として法人税額より控除する制度です（措法42の4①）。

(1) 試験研究費

試験研究費の額とは、製品の製造又は技術の改良、考案若しくは発明に係る試験研究のために要する原材料費、人件費及び経費のほか、他の者に試験研究を委託するために支払う費用などの額をいいます（措法42の4⑥一、措令27の4②）。

(2) 税額控除割合

税額控除割合は、10％です。ただし、試験研究費割合が10％未満である場合は次の算式によって計算した割合です（措法42の4①かっこ書）。

$$\text{税額控除割合} = (\text{試験研究費割合} \times 0.2) + 8\%$$

試験研究費割合は、次の算式によって計算した割合です（措法42の4⑥三）。

$$\text{試験研究費割合} = \frac{\text{その事業年度の損金の額に算入される試験研究費の額}}{\text{平均売上金額}}$$

(3) 繰越税額控除限度超過額の繰越控除制度

税額控除限度額が法人税額の25％相当額を超えるため税額控除限度額の全部を控除しきれなかったときには、その控除しきれなかった金額については平成27年4月1日以後に開始する事業年度において法人税額から控除することはできません。

研究開発の初期段階では、その成果としての収益があがらず、研究開発型

の企業では赤字になってしまう場合もあります。支払う法人税額がなければ、限度額が0になり、税額控除を行うことができません。また、限度超過額を繰り越すことができなければ、税額控除を行う機会が失われていまいます。他国の繰越期間は、米国20年、英国無期限、フランス3年繰越後に還付請求等となっています。これらと比較すると、わが国の制度は競争的とはいえません。

3．パテントボックス税制

パテントボックス税制又はそれに類似する制度は、欧州諸国や中国において導入されています。

(1) 英国パテントボックス税制

パテントボックス税制においては、特許権として成立した発明から生ずる所得は10%の軽減税率で課税されます。

① 対象特許権

特許とは、英国知的財産庁、欧州特許庁又は欧州経済領域内(the European Economic Area)の国によって付与された特許権又はその専用実施権を指します。また、パテントボックスを利用する企業は法的に特許権を有しているだけではなく、特許権の対象となった発明の開発やその製品化に重要な貢献をすることにより、適格開発業務に従事している必要があります。ただし、グループ企業のメンバーである場合には、自ら開発業務に従事している必要はなく、開発や利用に関する重要な意思決定を行い、特許権の管理を行うことで、適格開発要件が満たされます。

② 対象所得

パテントボックス税制の対象となる所得には、以下の取引から生ずる所得が含まれます。

・特許権の対象となった発明を実施した製品の販売
・特許権のライセンス
・特許権の譲渡

・特許権の権利侵害
・特許権の損害賠償、保険金等、その他の補償金
③　対象所得の所得計算

　パテントボックス税制の対象となる所得の計算は、以下の3つのステージと6つのステップからなります。

> ステージ1 ：特許権の対象となった発明の利用に関連する所得（IP所得）の認識

　　ステップ1　事業収入合計額の算定
　　ステップ2　事業収入合計額に対するIP収入割合の算定
　　ステップ3　事業所得合計額から金融所得・費用及び税額控除の対象となるR&D費用を加減算した調整事業所得の計算

> ステージ2 ：特許権がなくても得られると想定される通常の所得（routine profit）の控除

　　ステップ4　通常の所得（ルーティン費用控除合計額×10％マークアップ×IP収入割合）の算定及び適格残余利益（Qualified residual profits :QRP）（事業所得－通常の所得）の算定

> ステージ3 ：ブランドやその他のマーケティング無形資産に関連する所得の控除

　　ステップ5　マーケティング無形資産報酬（Marketing assets return）の算定（QRPが3百万ポンド以下かつ過去に無形資産報酬を算定したことがない場合には、簡便法の選択を行うことができる。また、重要なマーケティング無形資産がない場合には、0とすることができる。その他の場合は、仮想ロイヤルティー（notional marketing royalty : NMR）と実際のマーケティング無形資産ロイヤルティー（actual marketing royalty : AMR）の差額により算定。AMR>NMRの場合は0）。
　　ステップ6　IP所得（QRP－無形資産報酬）の算定。簡便法の場合にはQRPの75％又は1百万ポンドのいずれか少ない方。

英国税務当局のホームページ[1]には、以下の計算事例が掲載されています。

〈事例〉

事業収入（内IP収入）	1,000（700）
R&D費用	50
R&D追加控除	50
その他費用	650
事業所得	250

ステップ1：　　事業収入合計額　　1,000
ステップ2：　　IP収入割合　　　　70%（700/1,000）
ステップ3：　　調整事業所得　　　210（300×70%）
　　　　　　　　　　　　　　　　　250（事業所得）+50（R&D追加控除）=300
ステップ4：　　通常の所得　　　　46（650×10%×70%）
　　　　　　　　適格残余利益　　　164（210－46）
ステップ5＆6：IP所得　　　　　　123（164×75%：簡便法適用）

4．BEPS行動計画5（有害税制の無効化）とパテントボックス税制[2]

　パテントボックス税制が研究開発活動の結果として得られる所得のみに適用されるために、BEPS行動計画5は、適用対象者に課する実質研究開発要件を課す方法を検討しています。最終レポートでは、価値創造アプローチ、移転価格アプローチ、ネクサスアプローチの中から、ネクサスアプローチを提唱しています。ネクサスアプローチでは、優遇税制が適用される所得は、以下の算式によって計算されます。

1　https://www.gov.uk/government/publications/the-patent-box-calculating-relevant-profits/the-patent-box-calculating-relevant-profits
2　日本経済団体連合会の平成28年度税制改正要望においてパテントボックスの導入について以下のように検討すべきであるという要望が出されています。
　「なお、欧州諸国においては近年、知的財産権に起因する所得について低税率又は所得控除を適用する、いわゆるパテントボックス税制が導入されている。パテントボックス税制はBEPS行動5で検討対象となったが、その後、英独の国際的な合意を踏まえて、許容されるパテントボックス税制の枠組みが示されたという点に注目すべきである。未導入の米国でも、議会において検討の動きがある。わが国の研究開発拠点としての立地競争力を維持・強化するためにも、当該制度の創設に向け具体的に検討を進めるべきである。」

$$\text{IP税制適用対象所得} = \text{IP資産から生ずる所得} \times \frac{\text{IP資産開発のための適格費用}}{\text{IP資産開発のための総費用}}$$

　IP資産開発のための適格費用及びIP資産開発のための総費用は以下のように定義されています。

```
a  納税者が支出したR&D費用
b  第三者への外注費用
c  IP資産取得費用
d  関連者への外注費用

IP　資産開発のための適格費用= a+b
IP　資産開発のための総費用= a+b+c+d
```

　ネクサスアプローチにおいては、研究開発費に含まれる自らの研究開発活動にかかる費用の比率をIP資産から生ずる所得に乗ずることにより、自らの研究開発活動により取得したIP資産から生ずる所得を算定して、優遇税制を適用することを意図しています。

30 タイのBOI投資優遇制度における損益通算上の留意点

Point タイでは、外国資本企業の投資を誘致するための国策として、タイ投資委員会（Board of Investment、以下「BOI」）によるBOI投資優遇制度が用意されています。この優遇制度は、法人単位ではなくプロジェクト単位で付与されるため、一つの法人でBOI事業と非BOI投資奨励事業（以下、「非BOI事業」）を営んでいるケースや、複数のBOI事業を営んでいるケースが多く見受けられます。BOI事業から生じた損益通算の方法については、BOIだけでなく、タイの歳入局も税法に従ったルーリングを発表しており、歳入局とBOIの間で解釈の違いが対立したまま、未だ具体的な解決策は見出されていません。

1．BOI投資優遇制度の概要

　この制度は、研究開発拠点を自国に誘致してタイ国内の産業の活性化、高度化を推進することを目的として導入された制度であり、主に高付加価値のある産業や知的集約型産業に対して、インセンティブを付与するものです。インセンティブは、法人単位ではなく、一定の要件を満たす新規プロジェクトに対して付与されます。具体的な奨励事業は以下の7種類に分けられます。

- 農業及び農産品
- 鉱業、セラミック及び金属
- 軽工業
- 金属製品、機械設備及び運送機器
- 電子工業及び電気製品
- 化学、紙及びプラスティック
- サービス及び公共施設

対象事業の多くは、外国人事業法で規制されていない製造業ですが、外国人事業法で規制される商業やサービス業も奨励対象事業に含まれています。さらに、BOIの承認を受けることで、外国人事業法の規制解除の恩恵を受けることもできます。

BOIの奨励認可を受けた事業（BOI投資奨励事業、以下、「BOI事業」）に適用されるタックスインセンティブとして代表的なものは、以下のとおりです（投資奨励法31、34）。

- 3年間から8年間の法人所得税の免税
- 法人所得税免税後、5年間の法人所得税50％軽減
- 法人所得税の免税期間中に行う配当の免税
- 機械設備・輸出製品用原材料の輸入関税免税又は軽減
- 土地所有の認可
- 外国人の労働許可及びビザへの便宜
- 外国人事業法上の規制の排除

このようなインセンティブと、経済面でのメリットとの相乗効果で、タイは日系企業の海外拠点として人気が非常に高く、進出する日系企業の数は近年急増しています。

2．BOI事業における税務リスク

タイでは歳入法が、課税所得や税額の計算方法を規定していますが、BOIの優遇制度は、歳入法ではなく、タイ投資委員会による管理、実施のもと、投資奨励法により取扱いが規定されています。投資奨励法は、政府の政策によって行われる投資奨励に関して、他の法律に優先して適用される特別法の特徴を有しており、歳入法と投資奨励法の優先順位については、投資奨励法が優先されるべき旨が、投資奨励法第3条に明記[1]されてはいますが、BOI事業から生じた損益通算の方法については、歳入局も税法に従ったルーリングを発表しており、歳入局とBOIの間で解釈の違いが対立したまま、未だ具体

---

1 他の法律が投資奨励法における規定に反し、又は矛盾する場合にはこの法律を優先する。

的な解決策は見出されていません。以下において、それぞれの取扱いと過去の争点について整理します。

3．投資奨励法における損益通算の取扱い
(1) 一つのBOI事業のみを営んでいる法人のケース

　投資奨励法は、BOI事業から利益が生じた場合、3年間から8年間法人所得税を免除することとし、その免税期間内に欠損が生じた場合、その欠損を免税期間終了後（最大5年間）に生じた所得から控除することができると規定しています（投資奨励法31）。一つのBOI事業しか営んでいない法人の場合には、BOI事業から生じた損失は、免税期間後まで繰り越し、繰越欠損金として利益と相殺することになります。3年間の法人所得税免税後、5年間の法人所得税50％軽減が認められるケースにおいては、以下の表に掲げるとおりの繰越欠損金の使用が認められます。

事業年度	単年度課税所得	法人税額（軽減税率10％）	繰越欠損金	摘要
1	−1,000	0	−1,000	欠損金は、BOIの免税期間終了後まで繰越可能
2	300	0	−1,000	BOIによる免税期間のため税額なし
3	250	0	−1,000	BOIによる免税期間のため税額なし
4	200	100×10％＝10	−900	繰越欠損金100使用
5	100	100×10％＝10	−900	使用しない選択もできるので使用しなかった
6	500	0	−400	繰越欠損金500使用
7	300	50×10％＝5	−150	繰越欠損金250使用
8	10	0	−140	繰越欠損金10使用

(2) BOI事業と非BOI事業の両方を営んでいる法人のケース

　このケースの場合、BOI事業から生じた損失は非BOI事業の利益と相殺できるものとし、相殺後においても損失の残額がある場合には、免税期間終了後に生じた利益と相殺可能です。その際の順序は、法人税率の高い非BOI事業

の利益から先に相殺することができます。BOI事業は免税期間終了後も通常の法人税率の50％が軽減されるため、免税期間終了後に損益通算する場合においても、通常の法人税が課税される非BOI事業の利益から先に相殺したほうが法人にとっては有利な結果となります。BOI事業について３年間の法人所得税免税後、５年間の法人所得税50％軽減が認められるケースにおいては、以下の表に掲げるとおりの繰越欠損金の使用が認められます。

事業年度	課税所得		法人税額		繰越欠損金
	BOI事業	非BOI事業	BOI事業（軽減税率10％）	非BOI事業（税率20％）	
1	100	−200	BOIによる免税期間のため税額なし	0	−200
2	−60	150	BOIによる免税期間のため税額なし	0	−110[2]
3	50	40	BOIによる免税期間のため税額なし	0	−70[3]
4	40	60	4（40×10％）[4]	（60−60）×20％=0[5]	−10
5	30	50	3（30×10％）[6]	（50−10）×20％=8[7]	0

(3) 複数のBOI事業と非BOI事業を営んでいる法人のケース

投資奨励法においては、免税期間中におけるBOI事業間での損益通算の必要はありません。また、免税期間終了後も非BOI事業の利益から優先的に繰越控除が可能です。つまり、損益は、各BOI事業単位で計算すべきであり、BOI事業間での損益通算は不要とされています。BOI事業から生じた損失は、免税期間終了後まで繰越が可能であり、免税期間終了後の事業年度において生じた非BOI事業の利益から相殺することができます。BOI事業について３年間の法人所得税免税後、５年間の法人所得税50％軽減が認められるケースにおいては、以下の表に掲げるとおりの繰越欠損金の使用が認められます。

2　150−（200+60）=−110
3　40−110=−70
4　BOI事業は法人税率が50％軽減されるため、繰越欠損金を使用しないという選択を採用。
5　非BOI事業の所得60に対して繰越欠損金を使用。
6　BOI事業は法人税率が50％軽減されるため、繰越欠損金を使用しないという選択を採用。
7　非BOI事業の所得50に対して繰越欠損金を使用。

事業年度	課税所得 BOI事業(a事業)	課税所得 BOI事業(b事業)	課税所得 非BOI事業(c事業)	課税所得合計 BOI事業(a+b)	課税所得合計 非BOI事業(c事業)	法人税額 BOI事業(税率10%)	法人税額 非BOI事業(税率20%)	繰越欠損金
1	3,000	−2,000	1,000	BOIによる免税期間	−8	BOIによる免税期間	−	−1,000
2	2,500	−1,500	2,000	BOIによる免税期間	−9	BOIによる免税期間	−	−500[10]
3	800	−1,800	600	BOIによる免税期間	−11	BOIによる免税期間	−	−1,700[12]
4	1,000	100	2,300	1,100[13]	600[14]	110(1,100×軽減税率10%)	120(600×法人税率20%)	0

4　歳入局における損益通算の取扱い

　歳入局も、かつてはBOIと同様の見解を示していましたが、2009年2月13日にルーリングNo.38/2552を公表し、BOIとは異なる以下の2つの見解を示しました[15]。

> (1)　複数のBOI事業を営み、法人税免税の恩恵を受けている法人において、同一事業年度にBOI事業から利益と損失が生じている場合には、両者を合算して純損益を計算しなければならず、それでも損失が残っている場合に限り、非BOI事業の利益と相殺するか、免税期間終了後の事業年度に繰り越すことが可能である。
> (2)　BOI免税期間終了後に使用可能な繰越欠損金を有しており、法人税の50％軽減の恩恵を受けている法人における、当該欠損金の使用順序は、まずは、軽減税率が適用されているBOI事業から生じた利益から相殺するものとし、それでも損失が残った場合に限り、非BOI事業から生じた利益から相殺することができる。

8　1,000（c事業）−2,000（b事業）＝−1,000（課税所得は0、差引1,000は欠損金として繰越し）
9　2,000（c事業）−1,500（b事業）−500（繰越欠損金）＝0
10　2,000（c事業）−1,500（b事業）−1,000（繰越欠損金）＝−500
11　600（c事業）−1,800（b事業）＝0（差引1,200は欠損金として繰越し）
12　600（c事業）−1800（b事業）−500（繰越欠損金）＝−1,700
13　1,000（a事業）＋100（b事業）＝1,100
14　2,300（c事業）−1,700（繰越欠損金）＝600
15　歳入局はタイ国租税委員会に意見を求めタイ国租税委員会は歳入局の見解を支持した。一方でBOIはタイ国政府協議会に意見を求め、タイ国政府協議会からはBOI側の見解を支持するとの回答を得ている。

以上の歳入局の見解によれば、上記3．(3)の計算結果は以下の表に掲げるとおりとなります。

事業年度	課税所得 BOI事業（a事業）	課税所得 BOI事業（b事業）	課税所得 非BOI事業（c事業）	課税所得合計 BOI事業（a+b）	課税所得合計 非BOI事業（c事業）	法人税額 BOI事業（税率10%）	法人税額 非BOI事業（税率20%）	繰越欠損金
1	3,000	(2,000)	1,000	BOIによる免税期間	1,000	BOIによる免税期間	200（1,000×20%）	0
2	2,500	(1,500)	2,000	BOIによる免税期間	2,000	BOIによる免税期間	400（2,000×20%）	0
3	800	(1,800)	600	BOIによる免税期間	—16	BOIによる免税期間	—	−400
4	1,000	100	2,300	700[17]	2,300	70（700×軽減税率10%）	460（2,300×法人税率20%）	0

法人税額で比較するとBOIの見解では345であるのに対し、歳入局の見解では、1,695となることから、両者の見解の違いが法人税額に与える影響は大きいことがわかります。

歳入局はこのルーリングに基づき、電子機器部品の製造及び販売を行うN社の過年度の申告書の繰越欠損金の額について更正を行いました。N社は複数のBOI事業と非BOI事業を営んでおり、それぞれ利益と損失の両方が生じていました。歳入局はルーリングに基づき、複数のBOI事業がある場合には、まずBOI間で損益通算する必要があると指摘しました。N社はBOI事業から生じた損失を非BOI事業の利益から控除していたため、歳入局の指摘により非BOI事業から利益が生じることなり、600万バーツ以上の所得が生じることになりました。N社は不服審判所に申立てを行いましたが、不服審判所は歳入局の見解を支持したため、中央租税裁判所に提訴しました。中央租税裁判所は、投資奨励法の特典は、法人単位に与えられるものではなくBOI事業単位に与えられる特典であることが、投資奨励法により規定されていることから、

16　800（a事業）−1,800（b事業）＋600（c事業）＝−400（課税所得は0、差引400は欠損金として繰越）
17　1,000（a事業）＋100（b事業）−400（繰越欠損金）＝700

損益もBOI事業単位で計算する必要があると判示し、BOIの見解を支持したため、納税者側が勝訴しました。国側は、最高裁に上告しており、これについてまだ判決は出ていません。タイでの最高裁は5年から7年程度かかるといわれており、今後の行方が注目されています。

5. まとめ

　BOIと歳入局の見解の違いが与える法人税への影響額は大きく、BOI事業を営んでいる法人にとって、今後の対応の仕方を検討するきっかけとなる裁判となりました。裁判がまだ終結されていないことから、どちらが優先されるべきなのか明確にされておらず、納税者の予測可能性は不確実なままです。両者の方法の違いによる影響額を試算したうえで、どちらの方法に従った処理をするか、事前に入念な検討が必要となります。

31 タイ新投資奨励政策とアジア諸国のタックスインセンティブ

Point 2014年12月にタイ投資委員会（BOI）が新投資奨励政策を発表し、2015年1月1日以降の申請から適用されています。

　旧制度と新制度との大きな違いは、旧制度の奨励対象業種から多くの業種が除外されたことと、ゾーン別の恩典が廃止されたことです。新制度では、(1)業種別の投資恩典（Activity-based Incentive）と(2)タイ国民が受けるメリットを根拠とした追加投資恩典（Merit-based Incentive）の2種類となりました。奨励対象となる7業種（①農業及び農産品、②鉱業、セラミックス、基礎金属、③軽工業、④金属製品、機械、運輸機器、⑤電子・電気機械産業、⑥化学工業、紙及びプラスチック、⑦サービス、公共事業）に変更はありませんが、業種ごとにグループA（A1からA4）とグループB（B1・B2）に分類され、業種の重要度に応じてグループごとに恩典の内容が定められています。

　メリットによる追加投資恩典は、国や産業発展に貢献する活動に対する投資を奨励するために追加的に付与されるもので、具体的には、①国の競争力向上、②地方への投資分散、③工業用地開発に寄与する投資に対して、それぞれ恩典の内容が定められています。

1．タイ投資奨励政策

(1)　新制度の恩典内容[1]

　恩典の内容は、以下のようにまとめられます。

1　出典：BOI（タイ投資委員会）資料「新投資奨励政策（2015-2021）」、「投資委員会布告　第2/2557号　投資奨励政策および基準」

区分	業種別の恩典		メリットベースの恩典			工業用地開発
	法人税免除	その他	競争力向上 一定割合又は一定額以上の研究開発や研修等を行った場合	地域分散 所得が低い投資奨励地域、特別経済開発区等に立地した場合		工業団地又は奨励される工業地区に立地する場合
A1	8年（免税額の上限なし）	・機械の輸入関税の免除（B2を除く） ・輸出向け生産品の原材料及び資材の輸入関税1年免除（期間延長あり） ・その他、税務以外の恩典（土地所有許可、ビザの優遇、外貨海外送金許可等）	—	法人税免除期間満了後、さらに5年間法人税を50％免除	・運送費、電気代、水道代を10年間2倍控除 ・増加償却	—
A2	8年（投資金額が免税額の上限）		・対象投資金額を免税限度額に追加			
A3	5年（投資金額が免税額の上限）		・収入に対する一定の投資費用の割合に応じて、法人税の免除期間を1～3年間追加 ・対象投資金額を免税限度額に追加	法人税免除期間を3年間追加		法人税免除期間を1年間追加
A4	3年（投資金額が免税額の上限）					
B1	—					—
B2	—					

(2) **業種別の恩典**

　業種の重要度に応じてグループA（A1−A4）及びB（B1−B2）に属する業種に分けられています。グループAに属する業種には、法人所得税の免除恩典、機械及び原材料に関する恩典、非課税恩典が付与されていますが、グループBに属する業種は、法人税の免除恩典は受けられません。

(3) **メリットベースの追加恩典**

① 競争力向上のための追加恩典

　国又は産業に有益な活動に対する更なる投資促進を目的として、以下の投

資又は費用が支出された場合には、法人税免除額及び免除期間の延長等の追加恩典が付与されます。追加恩典の対象金額は、下記事業への投資額が限度となります（下記㈑の場合は投資金額の200％）。

㈑ 技術・イノベーションの研究開発：自社研究開発、国内における外注又は海外機関との共同研究開発

㈐ タイ投資委員会（以下、「委員会」）が同意する、技術・人材開発基金、教育機関、専門訓練センター、国内にある研究開発機関及び科学技術分野の政府機関への寄附

㈜ 国内で開発された技術の知的所有権の購入とライセンス料

㈡ 高度な技術訓練

㈭ タイ国籍者が登録資本金の51％以上の株式を保有している国内の原材料・部品メーカーの開発：高度な技術訓練及び技術支援

㈥ 製品及びパッケージのデザイン：自社、又は委員会が同意する国内における他者への業務委託

上記投資又は費用の額等により、追加恩典内容は以下のように区分されます。

㈑ 投資又は費用の合計が最初の3年間における収入の1％以上、又は2億バーツ以上のどちらか（低い方）であった場合：法人税免除期間1年延長（合計8年間まで）

㈐ 投資又は費用の合計が最初の3年間における収入の2％以上、又は4億バーツ以上のどちらか（低い方）であった場合：法人税免除期間2年延長（合計8年間まで）

㈜ 投資又は費用の合計が最初の3年間における収入の3％以上、又は6億バーツ以上のどちらか（低い方）であった場合：法人税免除期間3年延長（合計8年間まで）

さらに、技術・イノベーションの研究開発のための投資・費用が支出された場合には、追加免除される法人税額は投資金額の200％に引き上げられます。

② 地域分散への追加恩典

委員会が定める投資奨励地域に立地した場合は、以下の追加恩典が付与されます。

(イ) 法人税免除期間を3年延長（合計8年間まで）。8年間法人税が免除されるグループA1又はA2は法人税免除期間満了後、さらに5年間法人税を50％減税。

(ロ) 運送費、電気代、水道代の2倍を、奨励事業の収入発生日より10年間控除することができる。

(ハ) 通常の減価償却以外に、インフラ設置・建設費の25％を、奨励事業の収入発生日より10年間のうち、任意の年度において控除することができる。

③ 工業用地開発への追加恩典

工業団地又は奨励されている工業区に立地する場合、法人税免除期間が1年追加されます。ただし、免除期間は合計で8年間までとなります。

(3) 生産効率の改善のための追加恩典（特別奨励措置）

奨励事業は奨励期間中にわたり、以下の機械の輸入関税が免除されます。
- 研究開発に使用される機械
- 汚染防止又は除去をする機械
- 電子製品及びその部品の製造プロジェクトに使用される機械で、既存の機械の刷新や代替となるもの、又は既存事業の生産能力向上のためのもの

2．その他アジア諸国のタックスインセンティブ

アジア諸国には、以下のように法人税が減免される制度があります。

	インドネシア	ベトナム	フィリピン	マレーシア	シンガポール
法人税率	25%	20%	30%	24%	17%
法人税免除期間	・5年間から10年間（免除期間後2年間法人税率50％軽減）	・産業、プロジェクト内容により、10年間以上10％もしくは17％(*1)の優遇税率、2年間もしくは4年間免税など	・4年間から6年間（申請により最長8年間まで延長可能）・免除期間後5％の特別税率	・産業、プロジェクト内容により、5年間から10年間、法定所得の70％－100％が免税	・最長15年間
根拠法令	2011年8月15日付財務大臣規定第130号	法人所得税法	PEZA法（共和国法第7916号）	投資促進法	経済拡大奨励法
適用要件（地域・産業の限定）	・パイオニア産業（基礎金属、基礎有機化学、機械、再生資源、通信機器の5分野）・最低投資額1兆ルピア。投資計画額の10％をインドネシア国内の銀行に預けなければならない（投資開始まで引出し不可）	・奨励投資分野（大きく8分野）・奨励投資地域	・経済特区（エコゾーン）に入居したPEZA登録企業（PEZAへ申請・認可を得た企業）	・奨励事業・奨励製品	・パイオニア企業、特定適格サービス提供企業政府の裁量により決定）
間接税優遇	－	一定の物品の輸入関税・輸入税免税、付加価値税免税	輸入関税、輸出税、埠頭税、関税、国内購入品に対するVAT免税	－	－
許認可機関	インドネシア投資調整庁（BKPM）	－	フィリピン経済特区庁（PEZA）	マレーシア投資調整庁（MIDA）	経済開発庁（EDB）

(*1) 2010年1月1日より法人税率が22％から20％に引き下げられたことに伴い、優遇税率が20％から17％に修正された。既に優遇制度を適用しているプロジェクトは、2016年1月1日以降の残りの期間において17％の税率が適用される。

32 アジア地域統括会社税制比較

 経済のグローバル化に伴い、本社によるグループ全体の一括管理が難しくなっています。

グローバルな経営戦略の策定や資金・決済の一元管理、迅速な意思決定、グループ企業全体のコスト削減等が求められる状況下、海外子会社を地域ごとに管理する地域統括会社が活用されています。

シンガポール、タイ、マレーシア、フィリピンでは外資誘致策として地域統括会社に対する優遇税制が用意されており、タイとマレーシアでは、制度の見直しにより2015年より新たな制度が実施されています。マレーシアの新制度では適用事業範囲等が拡大されている半面、適用要件は厳しくなっています。一方タイの新制度は、適用事業や恩典の範囲が拡充され、適用要件も緩和されています。

1. シンガポール

(1) **地域統括会社（Regional Headquarter Award：RHQ）**

アジア太平洋地域の地域統括拠点として政府の認定を受けた企業は、適格統括活動から得られた所得の増加分に対して、3年間15％の軽減税率が適用されます。その後、3年目までに以下の要件をすべて満たした場合には、さらに2年間の延長適用が認められます。

対象所得（適格所得）には、海外のマネジメントフィー、ロイヤルティー、サービスフィー、貿易所得等が含まれます。

① 適用要件

(イ) 資本金の増加

・優遇期間の1年目終了までに最低20万シンガポールドルまで増加

・優遇期間の3年目終了までに最低50万シンガポールドルまで増加
(ロ) 優遇期間を通してシンガポールの技術教育機構が定めた国家専門資格コースを修了している熟練者が従業員の75％以上であること
(ハ) 優遇期間1年目終了までの要件
・3種類以上の統括サービスを提供すること
・3か国以上の外国に関係会社を有すること
(ニ) 優遇期間3年目終了までの要件
・10名以上の学位を有する専門家を増加させること
・上位5名の平均年収を年間10万シンガポールドル以上にすること
・年間200万シンガポールドル以上の事業支出を増加させること
・3年間の優遇期間の累計で300万シンガポールドル以上の事業支出を増加させること

(2) 国際統括会社（International Headquarter Award：IHQ）
　RHQの条件をすべて満たす会社は、さらに上位のステータスであるIHQの申請が可能になります。RHQよりも厳しい要件を満たした場合に、適格所得に対して5％又は10％の軽減税率の適用を5年から10年の期間において受けることが可能となります。具体的な税率や適用期間その他のインセンティブについては、個々の統括会社の規模やシンガポール経済への貢献度合い等により、EDB（シンガポール経済開発庁）との個別協議により決定されます。

2. タ　　イ[1]

　旧制度における地域統括本部（Regional Operating Headquarters：ROH）、国際調達事務所（International Procurement Offices: IPO）、国際調達センター（International Procurement Center: IPC）、財務センター（Treasury Center: TC）に代えて、新投資奨励策において国際地域統括本部（International Headquarters：IHQ）及び国際貿易センター（International

---
1　タイ国税局資料「国際地域統括本部＆国際貿易センター」をもとに作成

Trading Centers：ITC）の優遇制度が設けられました。

(1) IHQ

IHQとは、関連会社（直接又は間接の持分割合25％以上の企業）に対して①マネージメント又は技術サービス、支援サービス、②財務管理サービス、③オフショア貿易活動（原材料及び部品の調達、貿易に関連するサービス提供）を行うことを目的として、タイの法律に基づいて設立された会社です。

税務上の恩典を受けるためには、以下の条件を満たすことが必要です。

① 海外にある最低1社の関連会社に対して、マネージメント、技術、支援サービス、若しくは財務管理サービスを提供すること。
② 払込資本金が1,000万バーツ以上であること。
③ タイ国内で支払われる、事業関連の一般管理費用が1,500万バーツ以上であること（各会計年度）

上記要件を満たしたIHQは、15会計年度にわたり以下の優遇制度を受けることができます。ただし、いずれかの要件を満たさない年度がある場合、その年度についてはIHQの優遇措置を受けることができません。

優遇内容		対象となる収入等
法人税	免税	・海外にある関連会社からの収入（マネージメント・技術・支援サービスによる収入、ロイヤルティー、配当、キャピタルゲイン） ・タイ国を経由しない海外における商品の販売収入（OUT-OUT取引）及び国際貿易関連サービスによる収入
	20％から10％に軽減	・タイの関連会社からの収入（マネージメント・技術・支援サービスによる収入、及びロイヤルティー）
特別事業税	免税	・関連会社への貸付による総収入
源泉税	免税	・法人税免除対象収入から海外株主に支払う配当金・海外関連会社への財務 ・管理統括業務に要する資金調達のための借入金に対する支払利息
所得税	15％適用（＊）	IHQ駐在員のタイ源泉給与所得

（＊）通常の個人所得税は最大35％の累進課税

(2) ITC

ITCとは、海外の法律に基づいて設立された法人に対して、商品、原材料、部品の購入・販売並びに貿易に関連するサービスの提供を目的として、タイの法律に基づいて設立された会社です。

税務上の恩典を受けるためには、以下の条件を満たすことが必要です。

① 払込資本金が1,000万バーツ以上であること
② タイ国内で支払われる事業関連の一般管理費用が1,500万バーツ以上であること（各会計年度）

上記要件を満たしたITCは、15会計年度にわたり、タイ国を経由しない海外における商品の販売収入（OUT－OUT取引）及び国際貿易関連サービスによる収入に対する法人税、及び法人税免除対象収入から海外株主に支払う配当金に対する源泉税が免除されます。また、ITC駐在員のタイ源泉給与所得に係る個人所得税率は15％が適用されます。

3．マレーシア[2]

2015年5月以降申請分より、プリンシパル・ハブ（Principal Hub：PH）に対する優遇制度が導入され、従来の経営統括本部（OHQ）、国際調達センター（IPC）、地域流通センター（RDC）に対する優遇制度は、2015年4月30日をもって廃止されました。

(1) プリンシパル・ハブの定義

PHとは、地域・グローバルビジネスの拠点として、マレーシアにおいてリスク管理、意思決定、戦略的事業活動、貿易、財務、管理、人事等の主要機能の管理・運営・支援を行うことを目的に、マレーシアの法律に基づいて設立された企業です。

2　MIDA（マレーシア工業開発庁）資料をもとに作成

(2) 適用要件と優遇内容

優遇税率は3区分（Tier1−3）に分けて設定されており、共通の要件の他に、雇用要件や事業支出要件など、Tierごとに設定されている適用要件があります。

① 共通要件
- マレーシアの会社法に基づいて設立された法人であること
- 資本金額が250万リンギット以上であること
- 最低年間売上高が3億リンギット以上であること
- 3社以上の国外ネットワーク企業を統括していること

    ＊国外ネットワーク企業……関連会社、グループ内の子会社、支店、ジョイントベンチャー、フランチャイズ、その他契約に基づくサプライ・チェーンや事業に関係する企業

- 3種類以上の適格統括業務を行っていること
- マレーシア人に対する教育訓練制度を有していること

② Tierごとの要件と優遇措置

	Tier3		Tier2		Tier1	
適用期間	5年間	＋5年間	5年間	＋5年間	5年間	＋5年間
法人税率(*1)	10%		5%		0%	
要件	−		−		−	
・雇用要件	−		−		−	
3年以内に雇用すべき高付加価値職 の人数(*2)（3年以内に50％をマレーシア人とすることを要する）	15人（3人以上の主要管理職(*3)を含む）	申請時＋20%	30人（4人以上の主要管理職(*3)を含む）	申請時＋20%	50人（5人以上の主要管理職(*3)を含む）	申請時＋20%
・年間事業支出	3,000,000リンギット	申請時＋30%	5,000,000リンギット	申請時＋30%	10,000,000リンギット	申請時＋30%
・国外ネットワーク企業の所在地国数	3か国		4か国		5か国	
・国内のサービス利用	国内の金融機関サービス（金融及び財務）、物流、法務、仲裁サービス					
・製品売買の年間売上高(*4)	300,000,000リンギット					

(*1) 軽減税率適用対象所得は、マレーシア国内源泉所得と国外源泉所得の割合30:70と制限されている。
(*2) 高付加価値職とは、経営、分析、コミュニケーション、問題解決、IT技能等の、より高度で多様な管理・技術・専門スキルを要する職務で、最低月額給与はRM5,000とされている。
(*3) 戦略・経営を担う管理職で最低月額給与25,000リンギットとされている。
(*4) 製品売買を行う場合の追加要件

4. フィリピン[3]

(1) 地域統括本部（RHQ）

RHQは、多国籍企業の管理統轄機能を有する企業です。RHQの業務は、地域内の統括・連絡・調整センターとしての役割に限定され、フィリピン国内における事業活動を源泉とする所得を獲得すること、フィリピン国内の子会社又は支店の経営に参加すること、及び商品やサービスの販売を行うことは禁止されています。

年次申告書を提出することにより法人税は免除されます。さらに、付加価値税や地方税その他の報酬等に対する税金も免除され、RHQの従業員に対しては、給与所得について15％の軽減税率等が適用されます。

(2) 地域経営統括本部（ROHQ）

ROHQは、フィリピン国内源泉所得を稼得することが認められています。法人税率は10％の軽減税率が適用され、地方税は免税、報酬等及び一定の物品の輸入についても免税措置が設けられています。さらに、ROHQの従業員に対しては、給与所得について15％の軽減税率等が適用されます。フィリピン国内における事業活動から生じた所得を親会社に送金する場合には、支店利益送金課税として15％の税金が課されます。

---

[3] DTI（フィリピン貿易産業省）資料をもとに作成

33 フィリピンPEZA

Point フィリピンのPEZAとはPhilippine Economic Zone Authority（フィリピン経済特区庁）の略称であり、1995年特別経済区法（PEZA法）に基づき、フィリピン貿易産業省（DTI）傘下の投資促進機関として設置され、以下の政府の活動を後押しすることを目的としています。

・投資の促進　　・雇用の創出　　・輸出の増加

　これらの目的を達成するために、経済特区（ECOZONE）が設けられ、進出企業には各種優遇措置が付与されています。財政面の恩典としては法人所得税や関税の免除、一部VATの免税などがあり、その他の恩典としては外国人の雇用や外国人投資家及びその家族に対する特別ビザの付与などがあります。輸出加工区は産業を都市以外の地域に誘致し、そこで雇用を創出する必要性から、フィリピン各地に配置されています。

　また、各経済特区の管理事務所は、建築・入居許可、輸入・輸出許可の発給や特別非移民ビザの手続など、複数の異なる省庁が管轄する業務について、経済特区内の企業に対して24時間体制でワンストップサービスを提供しています[1]。

　さらに、フィリピンの若く豊富な労働力やビジネス環境（英語公用語、外資規制面、投資手続面など）を求めて、東芝、トヨタ、HOYAなどのメーカーを中心として様々な日本企業が進出しています。

　なお、2015年5月31日現在、21の農業産業経済区、216のITパーク、68の製造業経済区、2つの医療観光経済区、19の観光経済区が設けられています。

1　破格の優遇措置~PEZAの魅力~（2012年5月　一般財団法人自治体国際化協会 シンガポール事務所）1頁参照

1. 登録事業の種類及び概要[2]

　PEZAが設置する経済特区への進出企業は以下のような事業者として登録することができ、また、事業の種類によって進出企業が受けることができる優遇措置の内容も異なります。PEZA登録が認められる事業の種類及び概要は以下のとおりです。

(1)　輸出型製造業

　製品の製造、組立や加工を行う事業であり、生産物の少なくとも70％を輸出する事業をいいます。

(2)　ITサービス

　海外顧客への売上が70％以上を占めるITサービスをいい、ソフトウェアやITシステムを利用したサービスをいいます。

(3)　観光

　PEZA観光経済特区内における外国人観光客に対するスポーツやレクリエーションセンター、宿泊施設、コンベンション、文化施設、その他外国人観光客が特に関心のある活動に関する施設の設立や運営を行う事業をいいます。

(4)　医療保険サービス

　外国人患者に対して保健省によって承認された医療保険サービスを提供する事業をいいます。

(5)　輸出型農業

　農産物の生産や加工を行う事業であり、その生産物の少なくとも70％を輸出する事業をいいます。

(6)　バイオ燃料の製造

　バイオ燃料などのクリーンエネルギーの原料となる農作物の生産及び製造を行う事業をいいます。

(7)　物流及び倉庫業

　①PEZA登録企業である輸出型製造事業者に対する倉庫施設の運営、②そ

2　Philippine Economic Zone Authority ホームページ (http://www.peza.gov.ph/index.php/eligible-activities-incentives) をもとに作成

の輸出型製造事業者に対する輸出事業用等の原材料等の販売等を行う事業をいいます。

(8) 経済特区の開発・運営

(9) 施設提供事業

　PEZA登録企業である輸出型製造事業者やIT企業向けの経済特区内における工場・倉庫等の所有又は運営を行う事業をいいます。

(10) 公益事業

　経済特区内における水道光熱供給設備の保守・運営を行う事業をいいます。

2．財政面の優遇措置の内容[3]

　主要なPEZA登録事業に係る財政面の優遇措置の内容は以下のとおりです。

登録事業	優遇措置
輸出型製造業及びITサービス	① 法人所得税の免除（ITH） 　非パイオニア事業については4年間、パイオニア事業については6年間（一定の要件を満たす場合には、最長8年まで延長可）又は拡大事業については3年間の法人所得税の免税期間が付与されます。 ② 5％特別税の適用 　法人所得税の免税期間終了後、一切の国税及び地方税の代わりに一定の総所得の5％の特別税が適用される5％総所得課税期間に移行することができます（当該期間の定めはありません）。 ③ 関税等の免除 ④ 埠頭税、輸出税、輸出手数料等の免除 ⑤ 一定のVATの免税 ⑥ 地方政府への各種支払いの免除 ⑦ 工場に据え付けられ、使用されている製造設備につき、3年間の固定資産税の免除 ⑧ 拡張源泉徴収税の免除
観光	① 法人所得税の免除（ITH） 　国内投資優先計画に基づき4年間の法人所得税の免税期間が付与されます。 ② 5％特別税の適用 　上記①の事業につき、法人所得税の免税期間終了後、一切の国税及び地方税の代わりに一定の総所得の5％の特別税が適用される5％総所得課税期間に移行することができ

	ます（当該期間の定めはありません）。 ③　設備輸入に係る関税等の免除 ④　一定のVATの免除 ⑤　拡張源泉徴収税の免除
医療保険サービス	①　法人所得税の免除（ITH） 　　外国人患者からの収入につき4年間の法人所得税の免税期間が付与されます。 ②　5％特別税の適用 　　上記①の事業につき、法人所得税の免税期間終了後、一切の国税及び地方税の代わりに一定の総所得の5％の特別税が適用される5％総所得課税期間に移行することができます（当該期間の定めはありません）。 ③　医療機器等の輸入に係る関税等の免除 ④　一定のVATの免除 ⑤　拡張源泉徴収税の免除
輸出型農業	①　法人所得税の免除（ITH） 　　4年間の法人所得税の免税期間が付与されます。 ②　5％特別税の適用 　　法人所得税の免税期間終了後、一切の国税及び地方税の代わりに一定の総所得の5％の特別税が適用される5％総所得課税期間に移行することができます（当該期間の定めはありません）。 ③　農業用設備等の輸入に係る関税等の免除 ④　埠頭税、輸出税、輸出手数料等の免除 ⑤　一定のVATの免除 ⑥　地方政府への各種支払いの免除
物流及び倉庫業	輸入原材料等の税、関税及びVATの免税 ※　法人所得税の免税期間や5％総所得課税期間等の恩典は付与されません。
施設提供事業	①　5％特別税の適用 　　一切の国税及び地方税の代わりに一定の総所得の5％の特別税が適用される5％総所得課税制度の適用を受けることができます（当該期間の定めはありません）。 ②　一定のVATの免除 ③　拡張源泉徴収税の免除 ※　法人所得税の免税期間の恩典は付与されません。

3　Philippine Economic Zone Authority ホームページ（http://www.peza.gov.ph/index.php/eligible-activities-incentives/fiscal-incentives）をもとに作成

34 シンガポールの優遇税制、生産性・技術革新控除スキームの活用と注意点

Point シンガポールは生産性や技術革新を高める投資事業を奨励するために、2010年度予算案において優遇税制、いわゆる生産性・技術革新控除スキーム(Productivity and Innovation Credit Scheme：以下「PIC」) を導入しました。この制度の最大の特徴は生産性を高め技術革新を促す特定の費用について最大400％の所得控除を認めている点です。実際支出額の4倍の控除が認められるため、多くの日系企業に利用されています。ただし、事後的に一定の条件を満たさなくなった場合には、取戻し課税 (The claw-back provision) が発生するので、注意が必要です。制度の対象年度は賦課年度[1]（以下「YA」）2011からYA2018になります。

1. 対象費用

下記の6つの対象活動に係る費用（以下「特定費用」）がPICの対象です。
- IT及び自動化装置の購入又はリース
- 従業員教育訓練
- 事業に使用される知的財産権の取得又はライセンシング
- 特許、商標、デザイン及び植物品種の登録
- 研究開発
- 新製品及び工業デザインの開発プロジェクト

(1) **IT及び自動化装置の購入又はリース**

PICの適用対象となるIT及び自動化装置は大臣により定められたもの及び内

---

[1] シンガポールでは納税者の申告に基づき税務検査官が査定し、税額を決定したうえで納税者に通知する賦課課税制度が採られ、その課税が決定される年度のことを賦課年度と呼びます。シンガポールでは事業年度において発生した所得について、その翌期に課税されるのが通例ですので、法人の決算日の属する年に1を加えた年が賦課年度となります。

国歳入庁（IRAS）により承認を受けたものに限られます。前者については IRASのホームページにリストが掲載されていますが、後者については定められたリストはなく、納税者はIRASに個別に申請して承認を得る必要があります。

(2) 従業員教育訓練

外部教育訓練費用又は労働力開発庁（Workforce Development Agency：WDA）若しくは技術教育院（Institute of Technical Education：ITE）により認可を受けた社内教育訓練費用は、その全額がPICの適用対象です。一方、2012賦課年度（Year of Assessment：YA2012）よりWDA又はITEの承認を受けていない社内教育訓練費についても、年10,000シンガポールドル（SGD）を限度にPICの適用を受けることが認められています。

(3) 知的財産権の取得又はライセンシング

知的財産権については事業使用目的のものに限られ、YA2013からは知的財産権の取得費用だけでなく使用料もPICの対象に含まれることとなりました。

(4) 研究開発費

PICの適用対象となる研究開発費は、一定の資格要件を満たした研究開発プロジェクトに係る人件費及び消耗品費に限られます。当該資格要件を満たすには、所得税法（Section 2 of the Income Tax Act）に規定されている研究開発の定義を満たし、かつシンガポール歳入庁（Inland Revenue Authority of Singapore：IRAS）により規定された活動以外の活動プロジェクトであることが必要です。なお、PICの適用対象とならない活動についてはIRASのホームページにリストが掲載されています。

(5) 新製品及び工業デザインの開発プロジェクト

新製品及び工業デザインの開発プロジェクトに係る費用に対して優遇税制を受けるためには、シンガポール情報芸術文化省内の政府機関である、デザインシンガポール・カウンシルから事前に承認を得る必要があります。

2．優遇税制の内容

(1) 400％所得控除

原則として特定費用の年間支出上限のSGD400,000に対して400％の所得控除が通常の税務申告手続により控除できます。なお、下記賦課年度においては、複数の賦課年度にわたって特定費用の所得控除限度額を合計してプールすることが認められています。1賦課年度における所得控除限度額はSGD28.8百万（400,000×3×400％×6）となります。

賦課年度（YA）	特定費用の支出限度額合計	特定費用の所得控除限度額
YA2011及びYA2012（2年合計）	SGD800,000	SGD3,200,000（400％×SGD800,000）
YA2013からYA2015まで（3年合計）	SGD1,200,000	SGD4,800,000（400％×SGD1,200,000）
YA2016からYA2018まで（3年合計）	SGD1,200,000	SGD4,800,000（400％×SGD1,200,000）

売上金額がSGD10億以下又は従業員数が200人以下のシンガポールで事業を行っている個人事業体[2]、パートナーシップ[3]及び法人についてはYA2015からYA2018までは特定費用の限度額が年SGD600,000となりました。その場合、合計して使用できる各特定費用の限度額も下記のように変更となります。

賦課年度（YA）	特定費用の支出限度額合計	特定費用の所得控除限度額
YA2013からYA2015まで（3年合計）	SGD1,400,000	SGD5,600,000（400％×SGD1,400,000）
YA2016からYA2018まで（3年合計）	SGD1,800,000	SGD7,200,000（400％×SGD1,800,000）

特定費用が限度額を超えた場合、その超過額は通常ルールにて所得より控除することができます。なお、特定費用の金額はその支出により事業体が受け取る助成金を控除した後の金額になります。

---

[2] 個人事業体とは、1名又は単体の個人又は法人によって所有される法人格を有しない事業体をいいます。

[3] パートナーシップとは、2名から20名の個人又は法人のパートナーにより構成される事業体をいいます。

課税所得が所得控除額を控除しきれない場合、その控除しきれない部分は株主変動要件及び事業継続要件を満たすことにより、翌期以降に繰り越す、又は繰戻し制度を利用することにより前期の課税所得から控除する、若しくはグループリリーフ[4]により関連会社の課税所得と相殺することができます。

(2) 現 金 交 付

　課税所得が発生していない事業体にとっては400％の所得控除の恩恵を実質的には受けることができません。そこで資金繰りに窮する中小企業を支援することを目的として、400％の所得控除に代えて、現金交付を選択できる制度が手当てされています。なお、現金交付を受けるには下記の4つの要件を満たす必要があります。
- 現金交付を申請する直前の四半期の最終月に原則として3名以上のシンガポール国民又はシンガポール永住者を雇用すること（個人事業主、パートナー、株主兼取締役を除く）
- シンガポールで事業を行っていること
- IT及び自動化装置については、現金交付を選択した時点で、事業の用に供していること（2016年より適用）
- PICを適用する賦課年度に特定費用の支出（申請ごとに最低SGD400の特定費用の支出が必要）があること（2015年まで適用）

　現金交付を選択した場合、YA2011及びYA2012については、全ての特定費用のうち2年間合計でSGD200,000を限度として、その30％が現金にて交付され、YA2013からYA2018までの各年度については年SGD100,000を限度に特定費用の60％が現金にて交付されます。

---

[4] グループリリーフとは、グループ企業を1つの単体法人とみなして課税するシステムであり、グループ法人はその年度の欠損金や未控除の減価償却費を同一グループ内法人の課税所得と相殺することができます。対象法人は、いずれもシンガポールで設立された法人であり、75％以上の株式保有による親子関係又は75％以上の株式保有による親会社をもつ兄弟関係のある法人でなければなりません。

賦課年度（YA）	特定費用（総額）の限度額	現金交付限度額
YA2011及びYA2012（合計）	SGD200,000	SGD60,000（30％×SGD200,000）
YA2013からYA2018まで（各YA）	SGD100,000（各YA）	SGD60,000（60％×SGD100,000）

　いったん現金交付を選択適用すると、その現金交付の対象となった特定費用は償却費として費用計上できないうえ、400％所得控除への選択変更もできないので、400％所得控除又は現金交付どちらを選択するかについては、課税所得の発生状況なども勘案して慎重に判断する必要があります。

　なお、現金交付を受けるためには申請書を内国歳入庁に提出する必要があり、その提出は税務申告期限日を最終期日として、四半期ごとに行うことができます。交付された現金は法人税法上非課税となります。

(3)　PICボーナス

　YA2013からYA2015の間に特定費用の支出を行った一定の事業体は400％所得控除又は現金交付に加えて、支払った特定費用と同額（3年間でSGD15,000を限度額とする）の支給をボーナスとして受けることができます。なお、PICボーナスは法人税法上課税所得となります。PICボーナスを適用できる事業体は以下の要件を満たす必要があります。

① 　原則として以下の時点で3名以上のシンガポール国民又はシンガポール永住者を雇用すること（個人事業主、パートナー、株主兼取締役を除く）
　(イ)　400％所得控除を適用している場合：その賦課年度の最終月
　(ロ)　現金交付を適用している場合：現金交付を申請する直前の四半期の最終月
② 　PICボーナスを適用する賦課年度で最低SGD5,000の特定費用の支出があること
③ 　シンガポールで事業を行っていること

3. 取戻し課税 (The claw-back provision)

特定費用のうち、IT及び自動化装置及び知的財産権の取得については、最低保有期間が定められており、その保有期間を満たさない場合には、次のような取戻し課税が行われる場合があります。

(1) IT及び自動化装置が最低保有期間（1年）以内に処分された場合

300％部分を課税所得に加算します。また、当該支出額を通常の100％キャピタルアローワンス（capital allowance）として所得控除額を計上し直した場合の簿価と処分価額の差額について、簿価が処分価額より大きい場合にはバランシングアローワンス（balancing allowance）として控除され、処分価額が簿価よりも大きい場合には、バランシングチャージ（balancing charge）として所得に算入されます。

(2) 知的財産権を最低保有期間（5年）に満たないで売却した場合
① 保有期間が1年以内

300％部分を課税所得に加算します。また、通常の100％キャピタルアローワンスに計上し直した場合の知的財産権の簿価と処分価額の差額については、バランシングチャージのみ計上され、バランシングアローワンス（balancing allowance）は計上されません。

② 保有期間が2年から5年以内

300％部分は課税所得になりませんが、通常の100％キャピタルアローワンスに計上し直した場合の知的財産権の簿価と処分価額の差額については、バランシングチャージのみ計上され、バランシングアローワンスは計上されません。

⑶　知的財産権がその最低保有期間（5年）に満たないで消滅した場合又は知的財産権を保有している事業体が事業をやめる場合
①　保有期間が1年以内
300％部分のみ課税されます。
②　保有期間が2年から5年以内
課税されません。

⑷　登録した知的財産権を最低保有期間（1年）以内に処分した場合の登録費用
300％部分を課税所得に加算すると同時に、知的財産権の売却額又は過去に控除した金額のいずれか低いほうの金額が課税所得となります。

⑸　現金交付／PICボーナスの支給を受けていた場合
①　保有期間が1年以内
支給額全額を返金する必要があります。
②　保有期間が2年から5年以内
最低保有期間が1年の場合は、支給額の返金は不要になりますが、最低保有期間が2年から5年以内の場合は、対象資産の処分時相当額を返金する必要があります。

35 英国のグループリリーフ制度

Point 英国には、グループ法人間で損失を振り替えるグループリリーフ制度があります。グループリリーフ制度により、内国法人を親会社とする英国子会社の租税負担割合が低下した場合に、わが国のタックス・ヘイブン税制上の特定外国子会社等に該当することになるかどうかは、英国への直接投資の際に解決しておかなければならない税務上の論点のひとつです。

1．グループリリーフ制度の概要

英国にはいわゆる連結納税制度はなく、類似の制度としてグループリリーフ制度があります。グループリリーフ制度とは、グループ内のある会社で生じた損失をグループ内の英国法人に移転することにより、グループ会社間の損益通算を可能にする制度です。移転する法人を"Surrendering company"といい、移転を受ける法人を"Claimant company"と呼びます。グループリリーフ制度は連結納税制度と異なり、グループ会社間で損失を移転する手続であることから、「会計処理方法を統一する必要はないし、事業年度の統一も不要」、「納税義務については、各個別法人が、それぞれ固有の申告納税義務を負っており、原則として連結納税義務を負わない」[1]とされています。

2．グループリリーフ制度の適用要件
(1) 適用対象法人

グループリリーフ制度の適用対象となるグループ会社とは、一方の会社が他方の会社の普通株式の75％以上を所有する関係又は共通の親会社が両方の

1　河本幹正「連結納税制度に係る税務上の諸問題」（税大論叢35号　平成12年6月30日）43頁

会社の普通株式の75％以上を所有する場合の両子会社の関係をいいます。したがって、日本の親会社がその普通株式の75％以上を保有している英国子会社間においても本制度を適用することができます。かつてはグループリリーフ制度の適用は英国法人間のみに限って認められていましたが、2006年4月より、グループ会社の所在地国の範囲にEU加盟国が含まれることとなり、EU加盟国所在法人とグループ関係にある英国法人が一定の要件を満たした場合、EU加盟国所在法人の損失を英国法人に移転することが可能になりました[2]。ただし、英国親会社に移転した損失は、子会社所在地国では使えなくなります。

(2) 適用対象となる損失

英国において所得計算は7つのカテゴリー別に行われ、すべてのカテゴリーの損失がグループリリーフの対象になるわけではありません。グループリリーフの対象になっている損失は以下の損失に限られます。

① 事業により生じた損失
② キャピタルアローワンス超過額

英国税法においては、減価償却費の損金算入は認められていませんが、代わりに資本的支出にはキャピタルアローワンスによる損金算入が認められています。キャピタルアローワンスは原則として、資本的支出の金額の18％の金額を一課税期間の損金に算入するものですが、当該課税期間の所得の計算上使えきれなかった金額がある場合には、その使いきれなかった金額をグループリリーフ制度の対象とすることができます。なお、前期以前に使いきることができず、当期に繰り越されたキャピタルアローワンスについては適用対象外となります。

③ 事業と直接関連しない借入金から生じた損失
④ 慈善寄附金のうち、同課税期間の所得を超過した金額

慈善寄附金が、その支払われた会計期間の所得の金額を超過した場合

---

[2] マークスペンサー（Mark & Spencer）事件　Marks & Spencer Plc v. Halsey, ECJ　C-446/03

の超過額はグループリリーフ制度の対象となります。

⑤ Schedule A loss

　不動産事業を主要事業としている法人の不動産売買による損失のうち当該損失が発生した課税期間の所得の金額を上回った場合の超過額については、グループリリーフ制度の対象とすることができます。

⑥ 超過マネージメント費用

　持株会社等が支出するマネージメント費用のうち当該費用が発生した課税期間の所得を超過した金額はグループリリーフ制度の対象となります。なお、当期に繰り越された前期以前のマネージメント費用は適用対象外となります。また、生命保険会社については、マネージメント費用をグループリリーフ制度の対象とすることはできません。

⑦ 事業と直接関連しない無形固定資産から生じた損失

　事業と直接関連しない無形固定資産から生じた損失のうち、当該損失が発生した課税期間の所得の金額を上回った場合の超過額については、グループリリーフ制度の対象とすることができます。

　なお、上記④～⑦において基準となる課税期間の所得とは、①～⑦の損失を控除しないで計算した所得になります。

3．日本のタックス・ヘイブン税制との関係

　日本企業の英国子会社がグループリリーフ制度の適用を受けている場合、当該子会社が他のグループ企業から移転を受けて所得から控除した損失は、租税負担割合（英国子会社の法人税／英国の法令に基づく所得金額＋英国の非課税所得）の算定において、英国の非課税所得に該当するのかという問題があります。非課税所得に該当する場合、租税負担割合が通常時の法人税率（20％）よりも低くなる可能性があり、そのときには英国子会社は日本のタックス・ヘイブン税制上の特定外国子会社等とされます。

　この点に関しては、損失の移転を受けた英国子会社にとっては、恒久的に所得が生じないことになるため、非課税所得に該当するという考え方も生じえ

ますが、損失を移転した他のグループ会社は、将来において損失の控除が認められなくなる結果、代替的に課税されるため、非課税所得には該当しないとする考え方が示されています[3]。

---

3 「外国子会社合算課税(タックス・ヘイブン対策税制)の課税上の取扱いについて」(平成26年9月 公益社団法人 日本租税研究協会 国際課税実務検討会)

36 欧州投資と海外支店免税制度

Point 日本企業が海外進出する場合に、子会社を設立する場合と支店を設置する場合では、進出国での課税とわが国での課税の二重課税を排除する方法が異なります。子会社の場合は、子会社から受け取る配当を益金不算入とする免税方式を採っているのに対して、支店の場合には、わが国においても支店の所得を課税対象に含めた上で、外国税額控除により二重課税を排除します。海外支店所得について、英国等海外支店免税制度を設けている国があります。

1．外国税額控除方式と国外所得免除方式

国際的二重課税の調整方法には、外国税額控除方式と国外所得免除方式の二つの方法があります。

(1) 外国税額控除方式

外国税額控除方式とは、居住地国の納税者の全世界所得を課税対象に含めたうえで、源泉地国で課税された税額を居住地国の納税額から控除する方式をいいます。

この方式では、居住地国の会社がどの国に投資活動を行っても、最終的には全ての所得が居住地国の税率にて課税され、源泉地国で支払った税額は居住地国の税額から控除されるため、当該会社が全世界で納める税の総額は変わりません。

本方式を、資本輸出国の立場からみた場合、いずれの国に投資をしても、税の総額が変わらないことから、資本輸出の中立性が確保される方式とされています。

(2) 国外所得免除方式

国外所得免除方式とは、国外源泉所得を居住地国の納税者の課税対象に含めない方式をいい、海外支店免税制度はこの国外所得免税方式を具体化した制度です。

この方式の場合、居住地国の会社は国外に源泉がある所得を課税所得に含める必要がないため、源泉地国と居住地国間の二重課税は理論的には生じません。

また、資本輸入国の立場からみた場合、外国からの投資と国内からの投資を等しく扱いますので、資本輸入の中立性が確保されます。

わが国は、居住地管轄に基づいて全世界課税を行うことを課税の基本方針としているため、二重課税の排除には、原則として外国税額控除方式を採用していますが、外国子会社益金不算入制度の導入によって、部分的に国外所得免除方式も採用しています。

2．海外支店免税制度

海外支店免税制度は欧州を中心に採用されていますが、制度の内容は国ごとに若干異なります。

(1) オランダ

オランダにおいては、海外の支店が現地で稼得した所得は免税となります。

なお、海外支店損失をオランダ本店の所得と相殺することもできません。外国支店の欠損を一時的に取り込み、翌年度以降に利益が発生した場合、過去において本店に取り込んだ欠損の額までは本店で課税するという取戻しルールがあります。オランダはかつて、このような制度を設けていました[1]が、2012年の改正により外国支店の損失を本店所得と相殺することは認められなくなりました。

1　池田良一著『欧州ビジネスのためのEU税制』（税務経理協会）461頁

(2) 英　　国

　英国は国際的な二重課税を外国税額控除制度により調整していますが、支店免税制度を選択することもできるようになりました。支店免税制度を選択した場合、全ての外国支店に帰属する利益及びキャピタルゲインが英国税務上免税となり、損失は本店の利益と通算することができません。選択は支店免税制度を適用しようとする会計期間の開始の日の前日までに、又はその会計期間の中途ですることができます。経過措置として、選択日以後の最初の事業年度の開始日前6年間において（譲渡収益及び譲渡損失を除く）損失の取戻しルールがあります。免税措置の実行前6年間において海外支店が損失を計上していた場合には、当該損失の金額に達するまでの海外支店の所得は免税にはならず、当該制度の選択の効果は繰り延べられます。なお、外国支店が低税率国又は無税国（英国法人税額の75％未満とされています）に所在する場合には、人為的に所得を外国支店に流出させることを防止するために、支店免税制度を選択することは認められていません[2]。

3．欧州投資のストラクチャー
(1) 地域統括会社モデル

　日本企業が欧州地域へ進出する場合、英国やオランダに地域統括会社を設立し、地域統括会社が事業会社を所有・管理するストラクチャーが多く見受けられます。このようなストラクチャーにおいて、地域統括会社所在地国に資本参加免税制度があれば、事業子会社からの配当は、地域統括会社においては免税とされ、EU親子会社指令により事業会社所在地国においては配当にかかる源泉税が課されないため、二重課税を排除することができます。

---

[2]　グラントソントン太陽ASG税理士法人＊編著『海外税務ケース・スタディ』（税務研究会出版局　平成26年5月）395〜396頁＊太陽グラントソントン税理士法人に改称

〈統括会社＋子会社〉

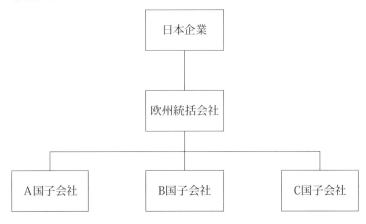

(2) 単一事業体モデル

　(1)と同様の効果は、子会社を海外支店免税制度採用国に設立し、当該子会社を地域統括会社（本店）として本店地以外の進出国にその支店を設置することによっても達成できます。各外国支店が現地で稼得した所得は海外支店免税制度により本店においては課税されず、また、支店から本店への送金は原則課税対象になりません。統括会社モデルからシングルエンティティーモデルへの組織再編は、**20**で扱ったEU合併税務指令に基づくアップストリーム合併により行うことができます。

〈単一事業体モデル〉

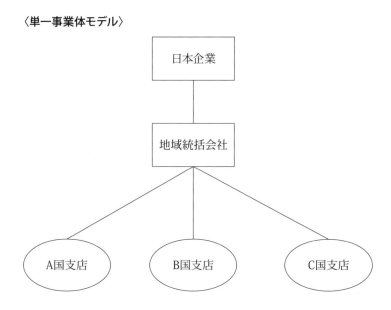

なお、統括会社の日本へ配当する場合も、本店所在地国が配当に対して源泉税を課さなければ、外国子会社配当益金不算入制度により国内においては免税となりますので（法法23の2①）、全体としては、外国支店所在地国での課税のみで終了します。

37 業績不振海外子会社からの
ロイヤルティーの徴収
── 無形資産に対する考え方の相違

Point 海外子会社が進出初期段階である等の理由により赤字であったり、業績不振であることがあります。技術援助等を行っている場合、親会社がロイヤルティーを徴収しなければ、日本で移転価格税制による課税あるいは寄附金課税を受ける一方、海外子会社がある新興国ではロイヤルティーの損金算入が認められずに二重課税が生じてしまう場合があります。

1．日本の親会社によるロイヤルティーの徴収
(1) 法令・通達・事務運営指針における取扱い

　移転価格税制において、国外関連者から支払を受ける対価の額が独立企業間価格に満たないときは、当該国外関連取引は、独立企業間価格で行われたものとみなされます（措法66の4①）。また、国外関連者に対する寄附金は全額損金不算入となります。その上で、法人が国外関連者から資産の販売等に係る対価の支払を受ける場合において、当該法人が当該国外関連者から支払を受けるべき金額のうち当該国外関連者に実質的に資産の贈与又は経済的な利益の無償の供与をしたと認められる金額があるときには、租税特別措置法第66条の4第3項の適用があるとされています（移転価格事務運営指針2－19）。一方、法人が国外関連者に対して財政上の支援等を行う目的で国外関連取引に係る取引価格の設定、変更等を行っている場合において、当該支援等に法人税基本通達9－4－2《子会社等を再建する場合の無利息貸付け等》の相当な理由があるときには、租税特別措置法第66条の4第3項の規定の適用がないこととされています（移転価格事務運営指針2－19（注））。

> （法基通9―4―2）
> 法人がその子会社等に対して金銭の無償若しくは通常の利率よりも低い利率での貸付け又は債権放棄等（以下……「無利息貸付け等」という。）をした場合において、その無利息貸付け等が例えば業績不振の子会社等の倒産を防止するためにやむを得ず行われるもので合理的な再建計画に基づくものである等その無利息貸付け等をしたことについて相当な理由があると認められるときは、その無利息貸付け等により供与する経済的利益の額は、寄附金の額に該当しないものとする。

　また、無形資産の使用許諾取引等について調査を行う場合には、無形資産の法的な所有関係のみならず、無形資産を形成、維持又は発展（以下「形成等」という。）させるための活動において法人又は国外関連者の行った貢献の程度も勘案する必要があることと規定されています（移転価格事務運営指針2―12）。

(2)　**課税事案**

　大手百貨店の移転価格課税に関する以下のプレスリリースがあります。修正申告を行い、争訟手続にはなっていないため、事案の詳細は不明です。

　「…当社は、タカシマヤ・シンガポールの経営が安定した時点より商標使用料等を徴収するとして、平成16年度の法人税定期調査において国税当局に説明した経緯がありました。平成19年度に至り、同社の累積損失解消の目処が立ったので、平成19年3月より徴収を開始しましたが、国税当局は今回、移転価格税制に則り、過年度分が未徴収であるとして、課税を求めてきた次第です。」
（株式会社髙島屋　平成20年4月4日　News Release「移転価格税制調査の結果について」より抜粋）

　上記(1)の基準からは、シンガポール子会社が法人税基本通達9―4―2に規定されている状況にあったのかどうか及びシンガポール子会社の商標権等

の価値を形成、維持又は発展（以下「形成等」という。）させるための活動における貢献の程度がどのように評価されたのか等が議論のポイントになったと推測されます。

2．新興国における無形資産及びロイヤルティーについての考え方

　無形資産の使用許諾等によりロイヤルティーを受け取る親会社がある先進国とロイヤルティーを支払う子会社がある新興国では、無形資産やロイヤルティーについての考え方が異なるように思えます。以下、新興国の考え方をいくつか紹介します。

(1)　無形資産の陳腐化

　無形資産の価値は、時間の経過とともに陳腐化し、ロイヤルティーを支払い続ける合理性がないという議論があります。国連移転価格マニュアルの国別実務中国編において以下のように述べられています。

> パラグラフ10.3.4.2
> 多国籍企業は、中国の関係会社の事業の初期段階において、事業立ち上げのために無形資産を提供することがある。無形資産の提供は、世界的ブランドネーム、技術ノーハウやビジネスプロセスのような様々な形態をとる。時間の経過とともに、中国の関係会社は、中国における事業から技術や経験を取得し、多国籍企業の本来の無形資産の改良に貢献することもある。このような場合、中国の関係会社が追加的利益を得ることができるか、またどのように追加的利益を計算するかが問題となる。
> パラグラフ10.3.4.3
> 例えば、中国の関係会社が、事業を開始した10年前の2002年に製造プロセスの使用の対価として3％のロイヤルティーをチャージされていたとして、10年後の2012年にその無形資産が同様の価値を提供し続けているか再検討せずに、同じロイヤルティーを支払い続けることは合理的ではないかもしれない。中国の関係会社が10年間で製造活動を行い、試行錯誤をして製造プロセスを改良した場合が特に該当する。中国関係会社は、親会社にロイヤルティーを支払い続けるべきか、中国子会社が開発し、グループ企業と共有している無形資産の対価を受け取ることができるかについて問題提起するものである。

(2) 中国におけるロイヤルティー損金算入制限

　2015年3月に海外関係会社に対して支払われるサービスフィー、ロイヤルティーの損金算入を制限する以下の内容の公示が出されています[1]。

「海外関係会社に無形資産使用の対価としてロイヤルティーを支払う場合、各関連者が無形資産の価値形成に貢献した程度を考慮することにより、各関連者が受け取ることができる経済的利益を決定するものとする。無形資産の法的所有権を有しているのみで、価値形成への貢献をしていない当事者に支払われるロイヤルティーは独立企業間原則に基づいてなく、課税所得算定において損金算入されない。」

(3) 新興国におけるロイヤルティー損金算入制限

　無形資産は、超過収益力の源泉であり、赤字であり超過収益力が発現していない以上、損金算入を認めないという実務が多くあるようです[2]。

「ロイヤリティの支払いは利益への対価であるという考え方により、現地子会社が赤字の場合や利益が十分に出ていない場合には、ロイヤリティの支払いに見合うだけの便益を享受していないという理由で、現地子会社が支払ったロイヤリティを損金処理することが否認される場合がある。このようなケースは、中国やインドで、近年多く指摘されている。インドネシアでも、かつては盛んに指摘された。（近年は比較的減少。）」

1　中国国家税務総局公示2015年16号第5項
2　経済産業省貿易経済協力局貿易振興課「新興国における課税問題の事例と対策」平成25年9月6頁

38 新興国におけるロイヤルティー及びサービスフィーの損金算入制度

Point 日本の親会社が保有しているソフトウェア、デザイン等の著作物や製造ノウハウ等の無形資産を海外子会社が使用する場合には、その使用許諾の対価としてロイヤルティーが支払われます。

また、グループ会社間で役務が提供された場合には、その対価としてマネジメントフィー、経営指導料、サービスフィー、コンサルティングフィーなどが支払われます。

日本の税法上、ロイヤルティーについては、その無形資産に価値があり、使用の対価が適正（独立企業間価格）である限り、支払ロイヤルティーの損金算入は認められます。サービスフィーについては、サービス提供の実体があり、その対価が独立企業間価格であれば損金算入が認められます。新興国においても、法令上は同様の取扱いがされる場合が多いですが、税務調査等では損金算入が否認されるケースが散見されるため注意が必要です。

1．新興国におけるロイヤルティーの損金算入の制限

(1) 各国の取扱い

① タイ、インド、インドネシア、ベトナム、

対価性があり、取引価格が独立企業間価格である限り損金算入が可能です。

② ブラジル

ロイヤルティーの送金及び損金算入には、ライセンス契約のブラジル特許庁（INPI）への登録が要件となっています。

③ 中国

原則として、収益との関連が認められる費用は、その金額が独立企業間価

格である限り、課税所得の計算上控除することができますが（企業所得税法8）、2015年3月18日に「企業の国外関連者への費用支払に係る企業所得税の問題に関する公告」（国家税務総局公告2015年第16号）が公布され、国外関連者へのロイヤルティーの支払は独立取引の原則に従ったものでなければ認められない旨が規定されました（企業所得税法41）[1]。

当該公告において、ロイヤルティーの損金算入否認の判断基準として以下のようなケースが挙げられています。

(イ) 価格の算定根拠の明記

独立企業間価格で取引がされていない場合や、移転価格税制に基づく価格の算定方法が明記されていない場合

(ロ) 支払先の実体

機能やリスク負担がない等、支払者が実質的な経営活動を行っていない場合

(ハ) 無形資産の価値創出への貢献

支払先が無形資産の法定所有権を有しているのみで、その価値創出に貢献していない場合

価値創出への貢献度の分析（価値貢献テスト）は、以下のような要素が基準とされます。

無形資産に対する開発、価値向上、維持、保護、応用、普及に果たしている機能と使用した資産、負担しているリスク、投資金額、人的資源等

(2) 損金算入否認例[2]

① 子会社が赤字の場合（中国、インド、インドネシア）

ロイヤルティーは利益に貢献する対価であるという前提の下、子会社に利益が生じていない場合には、ロイヤルティーの損金算入が否認される場合が

---

1 企業所得税法第41条（特別納税調整に関する規定）では、企業と関連者との取引が独立取引の原則に従っていないため、企業又は関連者の課税所得を減少させているような場合には、税務当局は合理的な方法により調整を行うことができるとしています。

2 マネジメントフィーの損金算入否認事例を扱った報告書として「新興国における税務人材の現状と課税事案への対応について」経済産業省（2015年3月）があります。

あります。このような取扱いの背景には、無形資産の本質は、超過収益力の源泉であり、超過収益力が発現していない無形資産の価値を認めない考え方があります。

② 長期間技術提供を受けている場合（中国、インド、インドネシア、タイ）

長期にわたって同じ技術の提供を受けている場合、長期間にわたり技術を使うことにより、技術ノウハウを内部化することができるため、新たな技術革新がないかぎり、同額のロイヤルティーを長期間にわたり支払い続ける意味がないという考え方があります。技術が陳腐化しており利益に貢献していない、現地にノウハウが十分にあるため技術提供を受ける必要がない等の理由により、損金算入が否認される場合があります。

③ 国内法による規制（中国、ブラジル）

国内法上、ロイヤルティーの支払をする場合に契約書の提出又はロイヤルティー料率の登録等が義務付けられている場合があります。その登録に際し、法令にはない様々な制限により送金が規制され、損金算入ができない場合があります。

④ 他者からブランドを購入した場合（インド）

親会社の買収企業が所有していたブランドなど、親会社が直接的にそのブランドを創造又は価値の向上をさせていない場合には、ブランドから生じる利益に対しての貢献が認められないとして、ブランド使用料の損金算入が否認される場合があります。

⑤ 知的財産権以外に対する支払（インドネシア）

関係当局への登録状況や証明書により、知的財産権等に対するロイヤルティーであることが証明できない場合には、損金算入が否認される可能性があります。

2．新興国におけるサービスフィーの損金算入の制限

(1) 各国の取扱い

① インド、インドネシア

サービスフィーの支払について損金算入が制限されることはありませんが、金額算定は移転価格の観点から決定されることが必要です。特に海外の関係会社への支払の場合には、独立企業間価格でなければなりません。

② ベトナム

サービスフィーの支払者の事業に直接関係しており、かつ、その支払が妥当であると認められる場合には損金算入することができます。

③ マレーシア

サービスフィーが所得の獲得に関係する費用である限り損金算入することができます。

④ 中国

「企業の国外関連者への費用支払に係る企業所得税の問題に関する公告」（国家税務総局公告2015年第16号）において、企業に直接又は間接の経済的利益をもたらさないサービスに対する費用は損金算入が認められないことが明文化されています。国外関連者に支払われるサービスフィーが、支払者に対して経済的又は商業的価値を提供する役務提供に基づいているか否かを判断するために、6つの受益者テスト（真実性、必要性、受益性、価値創造性、重複性、対価性の有無を判断）が導入されました。これによりサービスフィーの実質と支払の妥当性が否定されれば、サービスフィーの金額やマークアップ率の算定根拠にかかわらず、損金算入は認められないこととなります。

(2) 損金算入否認例[3]

① 株主活動に対する支払（中国[4]、インド、インドネシア）

親会社が子会社の経営を管理・サポートするのは株主として当然であるとい

---

[3] サービスフィーの損金算入否認事例を扱った報告書として「新興国における税務人材の現状と課税事案への対応について」経済産業省（2015年3月）があります。

う見解の下、グループ内役務提供の対価、特に管理費や経営指導料、マネジメントフィーなどは否認される場合があります。

② 役務提供の内容が不明確な場合（中国[4]、インド、インドネシア）

役務内容が不明確で支払の必要性が認められない、対価の合理性が立証できないという理由から否認されるケースがあります。現地法人が国外関連者の提供するサービスにより得る利益について、具体的に証明するための資料等を提示できない場合には、損金算入を否認されることがあります。

③ 重複業務に対する支払（中国[4]、インド）

自社が行っている業務と重複するサービスを受けている場合には、国外関連者の提供するサービスにより経済的・商業的価値の提供を受けていないとみなされ、サービスフィーの損金算入が否認されることがあります。

④ 子会社が赤字の場合（中国[4]、インド）

サービスフィーは経済的・商業的価値に対する対価であるという前提の下、子会社に利益が生じていない場合には、サービスフィーの損金算入が否認される場合があります。

4　中国では、第16号公告により損金不算入である旨が明文化されました。

39 米国税務申告書における国外関連者情報の開示

Point 日本の企業にとって米国は世界で最も大きな市場の一つです。米国に進出する日系企業の連邦税申告書(Form1120)には、必ずと言っていいほどForm5472という様式が添付されています。また、この様式の姉妹版であるForm5471という様式もあります。これらの様式は、日本の法人税申告書でいうところの別表17(4)「国外関連者に関する明細書」に相当する様式ですが、Form5472及びForm5471による報告義務と報告すべき内容は、IRC (Internal Revenue Code：内国歳入法) によって厳格に規定されており、報告漏れに対してはペナルティが課されます。詳細な情報開示が求められることと、報告を怠った場合のペナルティの金額を日本の別表17(4)と比較すると、厳格な開示義務が課されていることがわかります。

1. Form5472 －関連者との取引報告義務－

(1) 目的と報告義務

米国の移転価格税制は、国内外の関連者を問わず全ての関連者取引を対象とします。連邦政府は、米国法人の関連外国会社から関連者間の取引情報を収集するため、関連者と取引を行う一定の米国法人及び米国支店に対して、関連者との取引内容をIRS(Internal Revenue Service：内国歳入庁) に報告し、その記録を保存することを義務付けています。

(2) 報告義務者

外国法人及び外国人によって直接又は間接的に少なくとも25%以上を所有されている米国法人、又は米国で事業を行う外国法人の米国支店は、Form5472の報告義務者とされています。報告義務者の事業年度中に、国外

及び国内の関連者と一定の取引がある場合、その取引について報告しなければなりません。Form5472は報告義務者と取引がある関連者毎に作成する必要があります。

国外及び国内の関連者は、次のように定義されています。

① 報告義務者の外国株主（直接又は間接的に25％以上所有）
② 報告義務者の関連者グループに属する者
③ ①の関連者グループに属する者

なお、関連者には報告義務者と同じ連結連邦法人税申告書を提出する法人は含まれません。

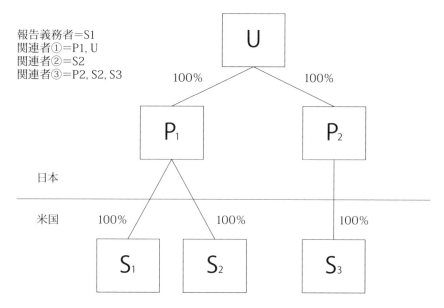

関連者の例として、上図の米国法人S1を報告義務者とする場合、S1の完全親会社である日本法人P1及びUは、「①報告義務者の外国株主」としてForm5472の作成対象となります。米国兄弟会社のS2は、「②報告義務者の関連者グループに属する者」及び「③報告義務者の外国株主の関連者グループに属する者」として報告義務があります。米国従兄会社のS3は、「③報告義務者の外国株主の関連者グループに属する者」として報告義務の対象とな

ります。

　報告義務者が、次のいずれかに該当する場合には、Form5472を提出する必要はありません。

① 関連者と棚卸資産等の仕入・販売等、賃貸借、ロイヤリティー、手数料、知的財産権の譲渡等、利子等の金銭的取引及び非金銭的取引のいずれもない場合

② 国外関連者を支配する米国居住者で後述するForm5471を提出する場合（Form5471においてすべての報告すべき関連者取引を報告する場合）

③ 外国貿易法人としての資格を有する関連会社でForm1120-FSC（U.S. Income Tax Return of a Foreign Sales Corporation）を提出する場合

④ 米国内に恒久的施設を有さない外国企業で適時にForm8833（Treaty-Based Return Position Disclosure Under Section 6114 or 7701(b)）を提出する者

⑤ 連邦税法第883条により総所得が免税とされる外国企業で、883条及び887条による申告要件を適時かつ完全に満たしている者

⑥ 報告義務者及び関連者の両方が米国居住者に該当せず、それらの取引がいずれの事業年度においても発生しないこと

　また、報告義務者が連結納税グループ[1]に属する場合、その共通の親会社が連結Form5472を添付しなければならないとされており、これにより報告義務者の報告義務は満たされるため、報告義務者はForm5472を提出する必要はありません。

(3) **報告内容**

　Form5472は6つのパートから成り、報告すべき内容は232頁以下のとおりです。

1　80％以上の議決権及び株式価値を直接所有している共通の親会社である米国法人が存在する企業集団をいう（IRC1501条）。

230

(参考 Form 5472)

Form 5472 (Rev. 12-2012) Page **2**

Part III Related Party (see instructions)

Check applicable box: Is the related party a ☐ foreign person or ☐ U.S. person?
All reporting corporations must complete this question and the rest of Part III.

1a Name and address of related party	1b(1) U.S. identifying number, if any
	1b(2) Reference ID number (see instructions)

1c Principal business activity ▶	1d Principal business activity code ▶

1e Relationship—Check boxes that apply: ☐ Related to reporting corporation ☐ Related to 25% foreign shareholder ☐ 25% foreign shareholder
1f Principal country(ies) where business is conducted 1g Country(ies) under whose laws the related party files an income tax return as a resident

Part IV Monetary Transactions Between Reporting Corporations and Foreign Related Party (see instructions)

Caution: *Part IV* **must** *be completed if the "foreign person" box is checked in the heading for Part III.*
If estimates are used, check here ▶ ☐

1	Sales of stock in trade (inventory)	1	
2	Sales of tangible property other than stock in trade	2	
3	Platform contribution transaction payments received	3	
4	Cost sharing transaction payments received	4	
5a	Rents received (for other than intangible property rights)	5a	
b	Royalties received (for other than intangible property rights)	5b	
6	Sales, leases, licenses, etc., of intangible property rights (e.g., patents, trademarks, secret formulas)	6	
7	Consideration received for technical, managerial, engineering, construction, scientific, or like services	7	
8	Commissions received	8	
9	Amounts borrowed (see instructions) a Beginning balance _____ b Ending balance or monthly average ▶	9b	
10	Interest received	10	
11	Premiums received for insurance or reinsurance	11	
12	Other amounts received (see instructions)	12	
13	**Total.** Combine amounts on lines 1 through 12	13	
14	Purchases of stock in trade (inventory)	14	
15	Purchases of tangible property other than stock in trade	15	
16	Platform contribution transaction payments paid	16	
17	Cost sharing transaction payments paid	17	
18a	Rents paid (for other than intangible property rights)	18a	
b	Royalties paid (for other than intangible property rights)	18b	
19	Purchases, leases, licenses, etc., of intangible property rights (e.g., patents, trademarks, secret formulas)	19	
20	Consideration paid for technical, managerial, engineering, construction, scientific, or like services	20	
21	Commissions paid	21	
22	Amounts loaned (see instructions) a Beginning balance _____ b Ending balance or monthly average ▶	22b	
23	Interest paid	23	
24	Premiums paid for insurance or reinsurance	24	
25	Other amounts paid (see instructions)	25	
26	**Total.** Combine amounts on lines 14 through 25	26	

Part V Nonmonetary and Less-Than-Full Consideration Transactions Between the Reporting Corporation and the Foreign Related Party (see instructions)

Describe these transactions on an attached separate sheet and check here ▶ ☐

Part VI Additional Information

All reporting corporations must complete Part VI.

1	Does the reporting corporation import goods from a foreign related party?	☐ Yes	☐ No
2a	If "Yes," is the basis or inventory cost of the goods valued at greater than the customs value of the imported goods?	☐ Yes	☐ No
	If "No," **do not** complete **b** and **c** below.		
b	If "Yes," attach a statement explaining the reason or reasons for such difference.		
c	If the answers to questions 1 and 2a are "Yes," were the documents used to support this treatment of the imported goods in existence and available in the United States at the time of filing Form 5472?	☐ Yes	☐ No
3	During the tax year, was the foreign parent corporation a participant in any cost sharing arrangement?	☐ Yes	☐ No
4	During the course of the tax year, did the foreign parent corporation become a participant in any cost sharing arrangement?	☐ Yes	☐ No

Form **5472** (Rev. 12-2012)

① パートⅠ：報告義務者の情報
   （法人名称、住所、主たる事業所在地等、報告金額及び件数の総計等）
② パートⅡ：25％以上所有外国株主の情報
   （25％以上直接保有外国株主の名称及び住所等、最上位25％以上間接保有外国株主の名称及び住所等）
③ パートⅢ：関連者の情報
   （関連者（外国人か米国人か）の名称と住所、主たる事業所在地等）
④ パートⅣ：関連者との金銭を伴う取引の種類とその取引高
   （米国内の関連者との取引は記載不要）
⑤ パートⅤ：関連者との金銭を伴わない取引がある場合、別紙にその内容を記載する。
   （米国内の関連者との取引は記載不要）
⑥ パートⅥ：追加情報
   （外国関連者から商品を輸入している場合、外国親会社が費用分担契約に参加している場合等）

(4) 報告期限及び提出先

　Form5472は、米国連邦税申告書の申告期限（申告期限を延長している場合はその延長した申告期限）までに、申告書に添付してIRSに提出しなければなりません。なお、2014年12月23日以前に終了する事業年度については、Form5472を申告書と別に提出しても差し支えないとされていましたが、2014年12月24日以後に終了する事業年度については、いかなる場合においても、申告書と併せて提出しなければならないこととされました。

(5) 罰　　　則

　報告義務者が申告期限までに規定に則したForm5472を提出しなかった場

合、1件につき10,000ドルのペナルティが課されます。提出したForm5472の内容が不完全であった場合は、Form5472を提出しなかったものとみなされます。また、報告義務者が記録を保存しなかった場合にも、年度ごとに10,000ドルのペナルティが課されます。

連結納税グループの各メンバーは、共通の親会社が提出するForm5472について上記のような不備がある場合、それぞれが報告義務者として10,000ドルのペナルティを負う責任があります。

IRSよりForm5472未提出の旨の通知がされ、その後90日以内にForm5472を提出しない場合は、関連者毎に10,000ドルのペナルティが課されます。さらに、90日を過ぎると30日経過毎に10,000ドルのペナルティが加算されます。

2．Form5471 －海外子会社に関する取引報告義務－

(1) 目的と報告義務

外国法人が米国外で稼得した国外所得に対しては、米国では課税されません。そのため、米国納税者が軽課税国に法人を設立するなどして、米国から軽課税国に所得を移転することも考えられます。米国市民及び外国法人の役員又は株主である居住者に対して、IRC6036条及び6046条における特定の外国法人について報告事項をIRSに報告し、その記録を保存することを義務付けています。

(2) 報告義務者

Form5471では、報告義務者を次の5つのカテゴリーに区分し、報告義務者のカテゴリーによってForm5471の記載が異なります。

① カテゴリー1

米国市民及び居住者で、外国人的持株会社の役員又は外国人的持株会社の10％株主がカテゴリー1として分類されていましたが、2004年米国雇用創出法（American Jobs Creation Act of 2004）が施行され、これにより2005年1月1日以降に始まる課税年度からは報告義務が廃止さ

れました。
② カテゴリー2
外国法人の役員である米国市民又は居住者であり、かつ
  (イ) 米国人が10％の株式所有条件[2]を満たす場合、若しくは
  (ロ) 米国人が追加で10％以上の外国法人の株式を取得した場合
③ カテゴリー3
  (イ) 米国人で新たに外国法人の株式を取得し、10％株式所有条件を満たすこととなった場合
  (ロ) 既に10％株式所有条件を満たす米国人で、新たに外国法人の株式を取得した場合
  (ハ) 自社専属保険会社の条項（IRC953c）で外国法人の米国株主と規定される米国人
  (ニ) 10％株式所有条件を満たす者が米国人になった場合
  (ホ) 10％株式所有条件を満たす米国人が、外国法人の株式を譲渡することで株式所有条件を満たさなくなった場合
④ カテゴリー4
米国人で、外国法人の課税年度中に少なくとも30日以上継続してその外国法人を支配（外国法人の全ての議決権付株式の50％超保有、又は株式価値全体の50％超保有）していた場合
⑤ カテゴリー5
外国法人の米国株主（外国法人の株式の議決権総数の10％以上を所有する米国人）で、被支配外国法人[3]の課税年度中に少なくとも30日以上継続してその株式を所有し、かつ、同課税年度末において株式を所有している場合

---

2 株式所有条件とは、米国人が(a)外国法人の株式の価値のうち、その10％以上を所有、又は(b)外国法人の全ての議決権付株式を合計し、その10％以上を所有することをいいます。
3 被支配外国法人（CFC）とは、米国株主により支配される外国法人で、その課税年度のいずれかの日において、全ての議決権付株式の50％超、又は株式価値全体の50％超を直接又は間接に所有される外国法人をいいます。

なお、カテゴリーによって米国人（U.S. person）の定義が異なります。複数のカテゴリーに該当する場合には、報告義務者は各カテゴリーによって求められる記載事項のすべてを報告しなければなりません。IRSの「Instructions for Form5471」によると、米国人（U.S. person）の定義は以下のとおりです。

○カテゴリー2・3・5
① 米国市民又は居住者
② 米国パートナーシップ
③ 米国法人
④ 米国遺産財団及び信託財団（外国遺産財団及び信託財団とみなされないもの）

○カテゴリー4
① 米国市民又は居住者
② 連邦税法6013条(g)項の選択により、米国居住者とみなされる者
③ 連邦税法6014条(h)項の選択により、米国居住者とみなされる者及び課税年度末に婚姻により米国市民又は居住者となる者
④ 米国パートナーシップ
⑤ 米国法人
⑥ 米国遺産財団及び信託財団（外国遺産財団及び信託財団とみなされないもの）

(3) **報告内容**

報告内容は報告義務者のカテゴリーによって異なり、IRSの「Instructions for Form5471」によると、カテゴリー毎の提出すべき様式と報告内容は次頁の表[4]のとおりです。

4　IRSホームページの表を翻訳して作成。

報告様式	記載内容	報告義務者のカテゴリー				
		1	2	3	4	5
Form 5471の1頁目 Schedule Aより上の部分	報告義務者の名称、住所、課税年度開始日、外国法人の名称、設立日、主たる事業の所在地、事業内容等		✓	✓	✓	✓
Schedule A	外国法人の株式の種類と発行株式数			✓	✓	
Schedule B	米国株主の情報、所有する株式の種類及び株式数等			✓	✓	
Schedules C, E, and F	外国法人の損益計算書、税金の明細、貸借対照表				✓	✓
Schedule G	その他の情報		✓	✓	✓	✓
Schedule H	当期利益剰余金				✓	✓
Schedule I	外国法人から得る株主所得の要約				✓	✓
Separate Schedule J	外国法人の累積利益剰余金				✓	✓
Separate Schedule M	外国法人と株主、又はその他関係者との取引情報				✓	
Separate Schedule O, Part I	米国役員の氏名、住所、株式取得日等		✓			
Separate Schedule O, Part II	米国株主の氏名、住所、申告書の種類、持分取得及び処分日等			✓		

(4) 報告期限及び提出先

　Form5471は、所得税申告書等の申告期限（申告期限を延長している場合はその延長した申告期限）までに、申告書に添付してIRSに提出しなければなりません。

(5) 罰　　　則

　申告期限までに必要な情報を記載したForm5471を提出しなかった場合、年度毎に対象外国法人1件につき10,000ドルのペナルティが課されます。IRSよりForm5471未提出の旨の通知がされ、その後90日以内にForm5471を提出しない場合は、10,000ドルのペナルティが課され、さらに90日を過ぎると

30日経過毎に10,000ドルのペナルティが加算されます。各未提出の対象外国法人につき、ペナルティは最高で50,000ドルです。

40 委託製造、来料加工、進料加工、マキラドーラ

Point 海外生産の方式として、機能・リスク管理の観点から委託製造方式が採用されることがあります。さらに、現地優遇税制の利用を目的として、中国では来料加工や進料加工、メキシコではマキラドーラといった特殊な製造形態が採用されることがあります。これらの形態にはタックス・ヘイブン対策税制や移転価格税制などの国際税務上の問題が生ずることも考えられますので、事前に入念なプランニングが必要です。

1．委　託　製　造

　グローバルに事業を展開する多国籍企業では、製造から販売までの一連の商流（サプライチェーン）を、機能・リスク管理の観点から効率的に管理する必要があります（サプライチェーンマネジメント）。ここでは、製造面におけるサプライチェーンマネジメントとして、委託製造に着目します。

　委託製造において委託者は、製造委託先と委託製造契約を締結し、製造委託先は委託者のために製造・加工サービスを提供します。典型的には、製造委託先は、委託者から無償供与される原材料の加工業務のみを行いますので、原材料や仕掛品、製品の所有権は委託者に帰属します。在庫リスク、研究開発リスク、製品保証リスクを委託者が負担するため、委託者は製造業務から生じる大部分の利益を享受します。一方、製造委託先は委託製造契約に基づき加工に要した費用をコストプラス方式等で委託者から収受するのが一般的です。

2. 来料加工と進料加工

(1) 概　　要

　来料加工においては、輸出入業務取扱権を有する中国企業が、加工契約相手先（典型的には香港法人）から原材料や部品等を無償で輸入し、さらに技術者の派遣を受け入れて技術指導を受けます。中国企業は製造した製品を全て加工契約相手先へ出荷した上で、製造に要した加工費・工場賃貸料・土地使用料・管理費用等を加工契約相手先へ請求します。

　進料加工においては、輸出入業務取扱権を有する中国企業が、加工契約相手先から原材料や部品等を有償で輸入し、代金を支払います。中国企業は製造した製品を国外に輸出し、輸出代金を受領します。

　一般的な加工貿易を行う場合には、原材料を海外から輸入する際、中国では輸入関税と増値税を支払わなければなりません。しかし、来料加工貿易、進料加工貿易として税関の認可を得た場合には、原材料を輸入する際の輸入関税と増値税が免除されることから、日系製造業企業による中国進出形態として広まりました。

(2) 来料加工におけるタックス・ヘイブン課税問題

　来料加工においては、製造設備は日本から香港子会社へ輸出され、香港子会社はその設備を中国企業に搬入します。原材料、部品は日本若しくは香港から無償で中国企業に送られ、工場で加工を加えられた製品は、香港子会社を経由して、日本その他の外国へ輸出されます[1]。このような形態は、香港子会社が中国に設置した工場において行う製造業の一面を有しています。香港子会社の主たる事業が製造業であるならば、香港において製造行為が行われていないとして、タックス・ヘイブン対策税制における合算課税の適用除外基準である所在地国基準を満たさないとする解釈が生じえます。一方、香港子会社は、中国の来料加工工場で生産された製品を輸入して、各国に輸出するのですから、卸売業であるとの解釈も生じえます。この場合、合算課税の適

1　香港では国内源泉所得のみが課税対象とされるため、通常、製造益を課税所得から除きます。

用除外基準には非関連者基準が適用されますので、売上高若しくは仕入高のいずれかのうち50％以上の取引を非関連者と行っていれば非関連者基準を満たし、その他の適用除外基準も満たしていれば合算課税は行われません。

⑶　製造業か卸売業か

　所在地国基準又は非関連者基準のいずれが適用されるかは、香港子会社が営む事業を、原則として日本標準産業分類（総務省）の分類を基準として判定することとされています（措通66の6－17）。日本標準産業分類によると、製造問屋（自らは製造を行わないで、自己の所有に属する原材料を下請工場などに支給して製品を作らせ、これを自己の名称で卸売するもの）は卸売業に該当することから、上記の来料加工の形態における香港子会社は製造問屋として卸売業に該当するという考え方があります。

　一方、香港子会社が来料加工工場の財務・人事・労務管理にも関わっているような場合には、香港子会社が来料加工工場自体を賃借して、自ら製造行為を行っているとの事実認定が可能となります。この事実認定が妥当であるならば、製造工程は本店所在国である香港ではなく、中国にあるため、所在地国基準を満たさないとして、合算課税の対象となる考え方があります。

　来料加工における香港子会社の営む事業が製造業に該当するのかは最終的には香港子会社による来料加工工場への関与状況に関する事実認定の問題になるものと考えられます。

3．マキラドーラ

⑴　概　　要

　マキラドーラとは、メキシコにおけるIMMEXプログラムと呼ばれるインセンティブプログラムに登録する法人のうち、外国法人から原材料や部品の貸与を受け、また機械設備等の貸与を受け、それらを用いて委託加工のみを行う法人をいいます。IMMEXプログラムの下で事業活動を行う資格を得た企業は、輸入時の輸入関税や付加価値税（IVA）の支払が減免されます。

典型的には米国親会社がメキシコと米国との国境沿いにのびる地区にメキシコ子会社を設立し、米国親会社が生産設備や原材料をメキシコ子会社に貸与し、メキシコ子会社は現地の安い人件費を活用して加工し、全量を米国親会社に出荷する事業形態です。日系企業も電気・自動車メーカーを中心にこの制度を利用しています。

(2)　マキラドーラにおける恒久的施設と移転価格
　マキラドーラでは、製品の製造に使用される資産として生産設備や原材料を備えています。これらの資産を備えることにより、外国法人がメキシコに恒久的施設を有しているとみなされる可能性があります。しかし、次のいずれかに該当することにより、移転価格税制の規定を満たしているとみなされる場合にはマキラドーラは外国法人の恒久的施設とはみなされません。
①　事前確認制度（APA）が締結されていること。
②　セーフハーバー規定を満たすこと。すなわち、マキラドーラの課税所得が次のいずれかのうちいずれか大きい額を超えること。
　・外国法人が所有する生産設備及び棚卸資産を含め、マキラドーラで使用される総資産6.9％
　・マキラドーラの活動にかかる運営コストの6.5％

41 米国製造業所得特別控除

> **Point** 米国製造業所得特別控除（Domestic Production Activities Deduction：DPAD）は、米国内の経済活動、雇用の促進を目的として、一定の課税所得の9％を所得控除することを認める制度（IRC199）で、2005年から実施されています。この制度を適用する場合、申告書にForm8903を添付する必要があります。
>
> なお、2009年以降開始事業年度から、石油関連事業については所得控除率が3％に縮小されています。米国で製造活動を行う日本企業の米国子会社にもよく使われる優遇措置です。米国子会社の実効税率を引き下げる効果があります。

1．DPADの概要と控除限度額

DPADは(1)適格国内製造活動所得（Qualified Productions Activities Income、以下「QPAI」という。）と、(2) DPADを適用せずに計算した調整総課税所得（Adjusted Gross Income）のうち少ない方の金額の9％を所得からの控除する制度です。

DPADは適用事業年度のW-2に記載された給与支払総額の50％を上限としており（IRC199(b)）、DPADを適用するためには、十分な雇用を維持していることが必要とされています。

2．適格国内製造活動所得（QPAI）

(1) QPAIの定義

QPAIは(i)適用事業年度の国内製造活動総収入（Domestic Production Gross Receipts：DPGR）が、(ii)当該DPGRに配分される売上原価と当該

DPGRに適切に配分されるその他の費用、損失、所得控除（DPADを除く。）の合計額を超える金額です（IRC199(c)）。DPADはQPAIの9％が限度であり、適用事業年度にQPAIが全くない場合にはDPADを申告することはできません。

一定の要件を備えたS corporation（株主課税法人）又はパートナーシップの場合、法人レベルでQPAIを計算し、株主又は出資者に配賦することが可能となっています。配賦を受けた株主又は出資者は、他の所得とこの配賦額をForm 8903上で合算し、DPADを申告することとなります。

(2) 国内製造活動総収入（DPGR）

DPGRとは、次の①～③から得られる総収入をいいます。

① 次のような資産のリース、レンタル、ライセンス、販売、交換その他の処分
　(イ) その全部又は重要な部分を米国内で製造、生産等した適格生産資産（個人が所有する土地建物を除く有形固定資産、コンピュータソフトウェア、サウンドレコーディング、以下「Qualifying Production Property」という）
　(ロ) 適格フィルム
　(ハ) 米国内で生産された電気、天然ガス、飲料水
② 米国内での事業活動として行われる不動産の建設
③ 米国内での事業活動として行われる不動産の建築設計その他建築サービス

ただし、次のような活動はDPGRには含まれません。
・事業活動の遂行に帰属しない行為
・小売施設で提供する飲食物の販売
・電気、天然ガス、飲料水の伝送、送電
・土地のリース、レンタル、ライセンス、販売、交換その他の処分
・カスタマーサポート、テクニカルサポート、通信サービス（電話、オンラインその他類似のもの）

⑶ 事業総収入（Gross Receipts）

事業総収入（Gross Receipts）とは、売上総収入、サービスの対価収入（事業者が給与として得た所得は含まれません）、付随的に生じた収入（事業用資産の売却等）を言います。

⑷ 事業総収入の配分（Allocation of gross receipts）

事業総収入はDPGRとそれ以外の収入に配分する必要があります。配分方法に決められたルールはありませんが、DPGRを適切に抽出するための合理的な方法である必要があります。なお、事業総収入のうちDPGRが占める割合が５％未満の場合、DPGRを抽出せず全ての事業総収入をDPGR以外とすることが可能です。これとは反対に、事業総収入に占めるDPGRの割合が95％以上の場合、全ての事業総収入をDPGRとすることも可能です。

⑸ 売上原価（Cost of Goods Sold）

DPAD限度額の計算において、売上原価とは、顧客に対する売上原価及び事業活動の過程において譲渡又は処分した在庫品以外の資産の調整原価を言います。

⑹ 売上原価の配分（Allocation of cost of goods sold）

売上原価についても事業総収入同様、合理的な方法によってDPGRとそれ以外の売上原価に配分する必要があります。その際、上述した事業総収入の配分方法と異なる方法を使用することは、通常は合理的な方法とはされませんが、例外的に、その配分方法がさらに適切な方法であると認められる場合には、異なる方法を使用することが認められています。

なお、中小法人用の簡易配分法（下記⑺①参照）を用いる場合、売上原価及びその他経費の区分の全てにおいて簡易配分法を用いることが可能です。

(7) その他経費の配分

その他経費をDPGRとそれ以外に配分する際には、3通りの方法が認められています（①中小法人用簡易配分法、②簡便法、③セクション861法）。ただし、いかなる方法においても、営業純損失及び事業遂行と関連のない経費についてはDPGRに配分することはできません。

① 中小法人用簡易配分法

簡易区分法は、売上原価とその他経費の総額について、事業総収入に占めるDPGRの比率によって、DPGRとその他に配分します。

この方法は下記要件に該当する事業者にのみ使用が認められている限定的な方法です。

(イ) 農業従事者で発生主義会計を免除されている者
(ロ) 直前3年間の平均年間総収入が500万ドル以下であること
(ハ) Rev. Proc. 2002-28に定められた現金主義会計が認められている者

② 簡便法

簡便法は、その他経費の総額について、事業総収入に占めるDPGRの比率によって、DPGRとその他に配分する点は上記の中小法人用簡易配分法と同じですが、売上原価の配分にはこの方法を使用することができません。

この方法は下記要件に該当する事業者にのみ使用が認められています。

(イ) 事業年度末の事業用資産の合計が10万ドル以下であること
(ロ) 直前3年間の平均年間総収入が100万ドル以下であること

③ セクション861法

この方法を使用する者に特に制限は設けられていません。IRC 861は国内源泉所得について定めており、この配分に従ってその他経費をDPGRとそれ以外に配分します。

(8) 調整総課税所得（Adjusted Gross or Taxable Income）

DPADはDPADを適用せずに計算した調整総課税所得の9％を上限とします。DPAD適用年度に調整総課税所得がない場合、DPADを適用することはで

きません。

⑼　Form W-2給与

①　Form W-2給与のDPGR配分

　　DPADは適用事業年度のForm W-2に記載されたDPGRに配分する給与支払総額（セーフハーバー給与額）の50％が上限です。Form W-2の給与支払がない事業年度はDPADを適用することはできません。

　　DPGRに配分する給与額の計算方法は、下記の３つの中から１つの方法を選択します。

　㈤　中小法人用簡易配分法

　　　この方法は上記２⑺①と同様です。

　㈥　簡便法

　　　経費の配分方法につき、簡便法又はセクション861法を選択している場合、DPGRに配分する給与額は、当期の課税所得計算の際に使用した給与総額のうちのQPAIの計算に使用した給与総額の比率で算定します。

　　　簡便法又はセクション861法を使用している場合、DPGR配分給与額の算定に使用する配分方法と、QPAIの算定に使用する配分方法は一致している必要があります。

　　　この方法によりDPGR配分給与総額を算定した場合、この算定給与額のうち売上原価に係るものについては、その状況に応じた合理的な方法により売上原価に配分します。

　㈦　その他状況に応じた合理的方法

　　　全ての事実、状況を勘案した合理的方法で給与額を計算します。

第4章 海 外 税 制　　247

42 多国籍企業のタックス・プランニングと無形資産の国外移転

> **Point** 多国籍企業のタックス・プランニングとして、アップル、グーグル、アマゾン等の米国IT企業のタックス・プランニングが新聞等で紹介されています。これらの米国IT企業のタックス・プランニングの最初のステップは、費用分担取極(Cost Contribution Arrangement：CCA)を用いて無形資産を米国から海外子会社に移転する取引です。CCAの概要及びBEPS最終レポートでの改正点を解説します。

1. タックス・プランニングの概要

OECDのUPDATE: BASE EROSION AND PROFIT SHIFTING (BEPS：税源浸食と利益移転)の ANNEX Cにおいてタックス・プランニングの事例がいくつか紹介されています。その一つが「E-commerce structure using a two-tiered structure and transfer of intangibles under a cost contribution arrangement」です。次頁の図のように、Country A、Country B、Country C、Country Dをそれぞれ米国、アイルランド、英国領バミューダ、オランダと読みかえれば、ほぼグーグルのタックス・プランニングと同一です。このタックス・プランニングは、いくつかのタックス・プランニングを組み合わせることにより、一つのグローバル・タックス・プランニングになっています。グローバル・タックス・プランニングは以下の構成要素に分解することができます。

(1) 米国法人による費用分担取極を利用した無形資産のアイルランド法人1への移転

　　グーグルは、費用分担取極についてIRSとAPAを締結していたと言われています。

(2) ダブルアイリッシュ・ウイズ・ダッチサンドイッチというストラクチャー（手

段）によるアイルランドにおける法人税負担の最小化

　アイルランド法人1に所得が蓄積されますが、アイルランド法人1は、英国領バミューダで管理支配されているため、アイルランドの税法上、外国法人となり、その国外源泉所得は、アイルランドでは課税されません。したがって、オランダ法人がアイルランド法人1に支払うライセンスフィーは、アイルランドにおいて課税対象にはなりません。また、ライセンスフィーがオランダ法人を経由してアイルランド法人2からアイルランド法人1に支払われるため、アイルランド法人2が直接アイルランド法人1に支払う場合に課される源泉税を回避できます。

(3)　チェックザボックスルールにより、アイルランド法人2とオランダ法人をdisregarded entityとして扱うことによる米国CFCルールの回避

　アイルランド法人2とオランダ法人は、米国税務上、アイルランド法人1の支店とみなされ、これらの法人間の取引は認識されません。したがって、アイルランド法人1が顧客との取引を行い、能動的な事業活動に従事していることになり、蓄積された所得は、CFC税制（外国子会社合算税制）の対象にはなりません。

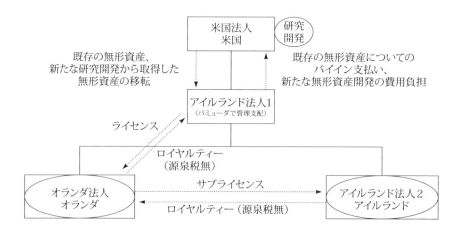

以下、(1)の費用分担取極を利用した無形資産の国外移転について紹介します。

① コストシェアリング契約

　コストシェアリング契約（「費用分担契約」ともいう）とは、その契約の参加者が、特定の無形資産を開発するために必要な費用を分担し、その成果に対する持分をその費用分担額に応じて取得する契約です。コストシェアリング契約は、無形資産の国外移転の手段として用いられています。国外の関係会社が無形資産の開発費用を分担すれば、国外での権利を低税率国の関係会社に取得させることができるからです。アップル、グーグル等の著名な企業もこの仕組みを利用しています。低税率国にある関係会社が契約に参加していれば、その参加者が取得する権利を外部ライセンスして得られる収入や権利を使用して製品を販売して得られる収入に対する所得課税が低く抑えられます。米国では、内国歳入法第482条（移転価格税制）及び関連する財務省規則において規定されています。OECD移転価格ガイドラインにおいては、第8章の費用分担取極（Cost Sharing Arrangements）において、わが国では移転価格事務運営指針2－14、2－15にOECD移転価格ガイドラインに準拠した規定があります。

2－14　費用分担契約とは、特定の無形資産を開発する等の共通の目的を有する契約当事者（以下「参加者」という。）間で、その目的の達成のために必要な活動（以下「研究開発等の活動」という。）に要する費用を、当該研究開発等の活動から生じる新たな成果によって各参加者において増加すると見込まれる収益又は減少すると見込まれる費用（以下「予測便益」という。）の各参加者の予測便益の合計額に対する割合（以下「予測便益割合」という。）によって分担することを取り決め、当該研究開発等の活動から生じる新たな成果の持分を各参加者のそれぞれの分担額に応じて取得することとする契約をいい、例えば、新製品の製造技術の開発に当たり、

法人及び国外関連者のそれぞれが当該製造技術を用いて製造する新製品の販売によって享受するであろう予測便益を基礎として算定した予測便益割合を用いて、当該製造技術の開発に要する費用を法人と国外関連者との間で分担することを取り決め、当該製造技術の開発から生じる新たな無形資産の持分をそれぞれの分担額に応じて取得することとする契約がこれに該当する。

② 米国におけるコストシェアリング裁判例

　米国においては、コストシェアリング契約に関する詳細な財務省規則や裁判例があり、わが国と比較してコストシェアリング契約に関する実務の蓄積が進んでいます[1]。

　国外関連者との間で締結したコストシェアリング契約に基づく費用の分担や持分の取得は、国外関連取引に該当します。既に形成された無形資産がある場合に、コストシェアリング契約に加わりたいとする企業は、既存の無形資産の一部の移転を受けることになるので、移転持分に対する補償を権利者に支払わなければなりません。この支払をバイ・イン支払といいます。バイ・イン支払金額を低くすることができれば、低コストで無形資産を国外に移転できることになります。独立企業間価格としてのバイ・イン支払額は、無形資産の国外への移転コストであり、その金額がどのように決定されるかは重要な意味を持ちます。2009年12月10日に米国租税裁判所が下した判決は、バイ・イン支払についての独立企業間価格の算定方法についてでした。ソフトウェア開発・製造・販売を行う米国法人 Veritas Software Corp（以下、「V社」という）はアイルランドにある子会社 Veritas Ireland（以下、「VS社」という）とコストシェアリング契約を締結し、既存の無形資産及び

---

[1] 「日本では一般的に、国外関連者との間で研究開発の委託・受託契約は日常的に行なわれているが、移転価格税制上の費用分担契約はそれほど活発ではない。これは、日本に所在する親会社において知的財産権を集中管理する傾向があること、また、事業上の正当な理由なく無形資産を軽課税法域に移転させる動機が乏しいこともあるが、予想便益割合に基づき費用を配分するというCCAの手法自体、不確実性を感じるということも理由の1つであると考えられる。」2015年5月29日一般社団法人 日本経済団体連合会税制委員会企画部会 BEPS行動8（費用分担取極）に係わる公開討議草案に対する意見

欧州・アジアにおけるV社保有に係る商標等の使用権をVS社に付与しました。そのバイ・イン支払に係る無形資産の価値算定につき、V社はCUT法(日本の独立企業間価格算定方法では、「独立価格比準法と同等の方法」に相当する)を採用していましたが、課税当局であるIRSは、ディスカウント・キャッシュフロー法によるインカムアプローチを算定方法として用いて更正処分を行いました。租税裁判所の判決では、V社が採用したCUT法とその比較対象取引を是認し、その移転された無形資産価値についての具体的な算定方法を明らかにしました。

③ BEPS最終レポートにおける費用分担取極

2015年10月15日に公表されたBEPS行動計画8－10最終レポートにおいてOECD移転価格ガイドライン改訂案が示され、費用分担取極の改訂案も含まれています。費用分担取極により軽課税国の関係会社に無形資産を移転することができれば、軽課税国に所得も移転し、価値形成や経済活動が行われる場合で所得を認識するというBEPSの基本的な考え方とは異なる結果をもたらす可能性があります。

(イ) 費用分担取極の定義

費用分担取極は、無形資産・有形資産又は役務の開発、製造、取得にかかる貢献・リスクを共同で分担する契約上の取極とされています。分担する対象が費用から貢献・リスクに最終レポートでは変更されています。独立企業原則の適用により、成果に対する持分をその費用分担額に応じて取得することになるため、名目的に費用負担だけして、貢献・リスクを負担しない当事者は、便益を享受できないことになります。

(ロ) 費用分担取極の参加者

共通の利益という考え方が費用分担取極の基本原則であることから、参加者は、費用分担取極から利益を得るという合理的な期待を有しない者は参加者とはされません。また、負担するリスクを管理しておらず、管理する資金力を持たない者は、参加者とはされません。参加者は、リスクを取るかどうか判断する機会において、実行、延期の意思決定及びどのようにリス

クに対応するかの意思決定をする能力を有し、実際に意思決定を行っていることが必要です。

43 メキシコ税制アップデート

Point メキシコの税務の特徴は、多くの日系企業が悩まされている事務手続の煩雑さにあります。納税義務のある申告者や書類の数が、日本のそれよりも多いだけでなく、電子データによる提出が義務付けられているものもあるからです。また、法人が支出する費用については、移転価格税制の観点から、損金算入要件が厳格化されているものもあります。以下、2014年から2015年にかけて公表された税務に関する新たな制度や規定で主なものについて紹介します。

1. 一時輸入に係る付加価値税の免除申請

　メキシコでは、保税加工を行う場合の一時輸入に対し輸入関税や輸入付加価値税（以下、「IVA」という）の優遇と税務事務の手続を簡素化する制度として、IMMEXプログラム[1]というものがあります。従来このIMMEXに認定された企業はプログラム登録と同時に輸入IVAが免除されていました。しかし、2014年度のIVA法及び生産・サービス特別税（以下、「IEPS」という）法の改正により、IMMEX、マキラドーラ、保税倉庫、その他の輸入制度によって行われた商品の一時輸入については、2015年1月1日以降、IVA及びIEPSが課税されることとなりました。したがって、これまでどおりIVA等免税の恩恵を受ける、又は免税の恩恵を新たに希望する場合には、メキシコ税務当局（以下、「SAT」という）に対して免除申請を行い、SAT発行の証明書を取得することが必要です。

　免税申請の種類については、「A、AA、AAA」の3タイプがあり、それぞれ取得要件やメリットが異なりますが、SATの規定に基づく在庫管理を行ってい

1　輸出製造・マキラドーラ・サービス産業振興プログラムのこと。承認管轄はメキシコ経済省です。

ることや社会保険に加入している従業員が最低10名以上いること等が必要となります。国内取引に係る未収IVAについては通常よりも早期に還付されます。

2．固定資産取得に係るIVA還付期間短縮措置

　メキシコのIVA申告は月次で行われます。月次確定申告により支払IVAが受取IVAを上回り還付ポジションになった場合、①将来発生する納付ポジションIVAとの相殺、②法人所得税や源泉税等の他税目納付額との相殺、③現金還付のいずれかを選択できます。③については、申告書とは別に還付申請書の提出が必要となります。IVA法上、申請から40営業日以内にSATは還付又は却下の通知をすることになっていますが、実務上はSATによる詳細な調査や過度の資料依頼により法令通りに還付されることはありません。

　そのような中、2014年10月16日の官報公示により、新たな還付期間短縮措置が公表されました。仕入や製造に関する固定資産投資を行う納税者で、月次の還付IVAが100万ペソ以上であること、固定資産投資により発生した支払IVAが還付対象IVAの50％以上であること、新規にメキシコで使用される等の条件を満たすことにより、2回目以降の還付承認が20営業日に短縮されます。

3．プロラタ費用の損金算入

　プロラタ費用とは、多国籍企業グループ内において、研究開発費用やシステム統一費用を分担するために各関連企業に割り当てられた費用のことです。メキシコ所得税法28条ⅩⅧでは、プロラタ費用の全額が損金不算入と規定されています。しかし、2014年10月16日に公示された税務運用細則[2]の修正により、以下の要件を満たすことでプロラタ費用の損金算入が可能となりました。

　⑴　その費用が厳格に必要不可欠であることの証明ができること
　⑵　メキシコとその費用を請求する法人所在地国との間に租税条約に関する情報交換規定が存在すること

---

[2] 各種税法・施行令適用に関する管理・手続規定を定めたもので、日本でいう税法基本通達のような位置付けにあります。毎年公表され、その年度中にも数回の追加・修正が行われます。

(3) その費用に関するサービスを実際に提供されていることの証明ができること
(4) その費用の額が移転価格スタディーに基づく独立企業間価格の範囲内であること
(5) その費用とそれに対応する便益についての合理性を証明できること
(6) その取引に関する契約書及び情報があること
(7) その費用について、企業グループ全体の支出状況の詳細を明らかにする情報・書類を保存していること

以上のように、定められた要件は高レベルかつ複雑であり、多くの納税者にとって、これらの要件を満たした上でプロラタ費用を損金算入することは、実務的に相当の困難を伴います。したがって、現実には、前述の損金算入要件を満たすことができる納税者はごくわずかであると考えられます。

4．会計情報の電子報告義務

2015年1月以降、メキシコで納税義務のある法人及び個人事業主（前年度収入が200万ペソ以下の個人事業主は除く）は月次及び年次会計情報の電子報告義務があります。2015年1月分から強制適用されるのは、金融機関や2013年度の収入が400万ペソ以上である納税者に限られていましたが、2016年1月分からはすべての法人に報告義務があります。

会計情報はすべて電子データで登録・管理する必要があり、すべての勘定科目の期首残高・期中取引高・期末残高が記載された月次試算表を対象月の翌々月3営業日まで（個人事業主は翌々月5営業日まで）に提出します。なお、年次試算表は所得税課税所得計算のための税務調整事項と共に翌年4月20日まで（個人事業主は翌年5月22日まで）に提出します。

5．税務関連情報申告書の提出義務

税務関連情報申告書（以下、「DISIF」という）とは、スペイン語でDeclaración Informativa sobre su Situación Fiscalといいます。2014年税

制改正により税務監査[3]の適用が任意となったことにより、税務監査の適用を受けない法人や一定の条件を満たす法人については、このDISIFを翌年6月30日までにSATに提出する義務があります。税務監査ではその法人を監査する公認会計士が税務監査報告書を提出することとなっていますが、DISIFはその法人がSAT指定のフォームに記入し、直接提出します。

　DISIF提出義務のある法人は、直近事業年度の累積収入が644,599,005ペソ以上である法人、株式上場している法人、外国法人又は非居住者と取引がある内国法人（直近事業年度における取引額が30,000,000ペソ以下の場合を除く）等です。

　以上、2014年から2015年にかけて新設された制度や規定について述べてきましたが、メキシコでは年に1度の税制改正以外にも通達レベルの改正が頻繁にあるため最新情報には留意しておく必要があります。

---

[3] 前年度収入が1億ペソ以上、前年度総資産額が7,900百万ペソ以上、前年度月平均従業員数が300人以上のいずれかを満たす法人は税務監査の適用を選択できます。監査人である会計士を通じて税務監査報告書を提出し、内容に疑義がない場合には、その法人に対して税務調査は実施されません。

第4章 海外税制

44 米国REITの変遷とFIRPTAの改正

Point 不動産物件への投資にはまとまった資金が必要であるだけでなく、投資物件の選択・管理が収益性に強く影響し、換金するための流動性も低いなど、高リスクであり、経済的余裕や専門的知識が必要です。一方、REIT（不動産投資信託）への投資は、専門家が管理する不動産ポートフォリオへの小口・分散投資の性質を有するため、投資リスクを軽減することができます。このため、株式投資とともに、高い流動性・譲渡性も備えている金融商品として、一般的な個人投資家に広く理解されています。さらに、REITは、配当を支払うことによって、REIT自体を非課税とする税務的優位性を持つため、その株式投資には高い利回りが期待されています。

リーマン・ショック後、一部の都市を除いて、かつての米国不動産投資熱は薄れたように思われますが、外国不動産投資家の中では、米国を2016年も継続して、最も安定していて安全かつ資産価値上昇の期待できる不動産市場と考える傾向が根強いようです[1]。さらに、近年の資本市場においてREITに関する話題は絶えません。ひとつは、伝統的な不動産業界以外から登場してきた新しい種類のREITです[2]。また、最近のREITスピン・オフも、その是非でメディアを賑わせています[3]。

2015年12月18日、米国オバマ大統領により署名され施行された Protecting Americans from Tax Hikes Act of 2015（PATH Act）には、REITの歴史、多様化、スピン・オフなどに関する条項についての改正項目が含まれています。さらに、外国投資家の米国不動産投資売却に対し厳しい源泉徴収を課してきたFIRPTA税制にも関連した改正が行われています。

---

1 2016 Association of Foreign Investors in Real Estates（AFIRE）Foreign Investment Survey, Jan. 4, 2016

1. 米国REITの発祥・税制・多様化の歴史

　REITの歴史は、「法人」での不動産保有が、州議会で承認された特定の物件に限られていた18世紀後半米国マサチューセッツ州に遡ります。特定の物件に限られていたのは当時の州法では、投資目的で不動産を保有する形態として「法人」は相応しくないと考えられていたことが背景にあります。19世紀になると、不動産を投資のために保有できる「マサチューセッツ州信託」の法律が整い、「信託」の形態をとるREITが多数登場しました。さらに「法人」と違い「信託」は押し並べて非課税でした。ところが、1935年に米国連邦最高裁が、REITの定款に延長期間がなく、経営陣にも法人同様の経営権を委ねることから、「法人同様に所得税の対象となる」と判決を下したことにより、以降REITの人気は一気に下火になりました[4]。

　その後、REITが再び着目されたのは、冷戦・朝鮮戦争等のさなか、住宅開発、オフィス・ビル、工場、ホテル、高速道路、航空インフラ整備の資金需要が拡大された時代でした。アイゼンハワー大統領による政府は、当時富裕層に限られていた不動産ポートフォリオ投資の機会を、個人投資家に広げるのを名目とし、不動産マーケットにより多くの資本をもたらそうと、REIT税制を制定しました。この1960年税制は19世紀のREITの特徴を踏襲し、REITは信託として組織され、配当を行うことにより法人所得税を免除され、経営はTrustee（受託者）が行い、株式は自由に交換・譲渡でき、少なくとも100人の株主で構成されるとしました[5]。

　1960年REIT税制の立法並びに、1986年までの税制改正の趣旨は、REITの主な所得を、不動産資産の保有などに基づくPassiveな所得に限定し、

2　American Tower（携帯電話基地局）, Iron Mountains（データ・ストレージ）, Lamer（電光掲示場）, Equinix（データ・センター）など。さらに、鉄道、ドック（船渠）、埋立地、高速道路運賃受渡場所、橋、パイプライン、送電所などの業種で可能性が議論されている。

3　Cyrus One, Daren Restaurants ("Oliver Garden"), Caesar's Entertainment Corp., Macy's, McDonald's, MGM Resorts International, Hilton　非課税スピン・オフへのIRS合意を得た企業、あるいは、計画を断念した企業。

4　36-1 USTC 9020, Morrissey et al. v. Comm., Dec. 16, 1935

5　Mutual Fundなどの事業体であるRegulated Investment Companies（RICs）と同様な税務上の優位性をREITにも与え、REITを、小口からの投資も可能な「不動産を専門に投資する投資ファンド」として扱う意図があります。

Activeな事業を営むことはしないというものでした。例えば、サービス、顧客のために頻繁な資産の売買を行うディーラーなどの活動は、REITの立法趣旨から逸脱するものとされました。したがって、REITとして適格であるためには、次のような制限が設けられました。

- 年間総所得のうち95％が、配当、利息、不動産からの賃貸料、証券や不動産物件の売却益などの「Passive」な所得に限られます。さらに、総所得の75％は、不動産、モーゲージ、モーゲージ担保証券、他のREITの保有などに起因したものに限られます。

- REITの資産は、「diversified, passive investment in real estates」として数種類の条件を満たさなければなりませんが、REIT事業の変遷においては、その総資産に対して、「Active」な商業活動をするTaxable REIT Subsidiaries（TRS）の占める許容範囲の枠が、度々議論されてきました。1999年になると、REITが他の不動産業者と競合するため、テナントからの付加価値の高いサービスの要求に応えざるを得なくなり、サービス所得の制限を受けないTRSの活用が、議会によって容認されました[6]。また、モーゲージREITでは、リスクの高い証券化事業などをTRSで行うものもあります。1999年以来、TRSの価値をREITの総資産の20％までに制限していたものを、2008年のリーマン・ショック以降、20％から25％に拡大し、より緩やかな規制となりました。

- TRSの利用に関し、移転価格や、過少資本税制問題も発生しました[7]。これは、REITとTRS間の取引が、非課税の事業体（REIT）と、課税対象の事業体（TRS）との取引と見なされるからです。したがって、TRSの課税所得を不当にREITへ移転させるような非第三者価格取引は、Prohibited Transactionとされ、他の損失との相殺も認められず、100％の税率で課税されるルールが制定されました。

6　S. Rep. No. 106-120 at 144（1999）、REIT Modernization Act of 1999など。
7　過少資本税制とは、米国子会社への融資や、債務保証などを行う日本企業にも適応することで知られている内国歳入法第163(j)条、いわゆるアーニングス・ストリッピングスのルールのことです。

- Prohibited Transactionには、顧客のために頻繁に資産を売り買いするディーラーとしての資産売却益も含まれます。これも同様に、売却損や他の損金との相殺が認められず、Prohibited Transactionsの総売却益に100％の税額で課税されます。REITは、その投資家の利益を守るため、激しく変わる資本市場・経済環境に応じて適宜、投資ポートフォリオを調整する必要が出てくる一方、REITが主に「Passive」な所得を得ることを期待されているので、高頻度・多額のポートフォリオ資産の売買をすると、Prohibited Transaction Taxを課されてしまう危険があります。ディーラー取引とされるかどうかの判断には、事例があまりなく判断が微妙となるため、議会は、後述するSafe Harbor基準を設けています[8]。

2．REITの多様化、スピン・オフ：企業価値と税務リスク

(1) 新しい種類のREITの発生：REIT Conversion

近年のREITで目覚しいのは、1960年の立法時には想定していなかった種類の「不動産」を保有するREITの出現です。例えば、刑務所、巨大な広告などをする電光掲示板、森林、カジノ等です。さらに、2000年代になると、携帯電話の基地局、オプティカル・ファイバー・ネットワーク、クラウド・コンピューティングのデータ・センターなどを保有するREITが出現しました。「データ・センターREIT」若しくは「クラウドREIT」は、注目される成長産業であることに加え、REITを選択することによる節税効果を利用した高利回りの魅力的な投資先として注目されました[9]。

REIT多様化の立役者は、REIT Conversionによる企業価値向上を唱える投資家支援コンサルタントとされる一方、影の立役者として、内国歳入法が、REIT資産テストにおいて「Real Estate Assets」を「Real Property」と定義しているのみで、何が「Real Property」であるか、具体的に定義してなかった

---

[8] Safe Harborの条件に合致すれば、Prohibited Transactionとは判断されないという安全ガイドラインといえるものです。これに合致しないからといって、自動的にProhibited Transactionとされるわけではありません。

[9] REIT Conversion を許可する行政判断を申請する企業が2012年頃から急速に増えたとされています。

という立法的事情を挙げるむきもあります。現行の財務省規則はReal Propertyを「土地、整地、建物、建物に恒久的に付属する構造物など」と定めていますが、特定の資産がREIT資産テストに適格となるかは、かねてからIRSの行政判断に委ねられてきました。

　伝統的な不動産事業を越えてREIT税制の恩恵を広げた行政判断に対して、それらの「非伝統的な不動産事業」が、もともと1960年のREIT税制の立法趣旨に含まれていなかったことから、拡大するREIT Conversionが、「法人税を回避する税務戦略を是認している」との批判を受けることになります。IRSは2013年にREIT Conversion に関する行政判断を暫定的に停止し、内部検討の末、2014年に規則案を出すことになりました[10]。さらに、同年12月、Dave Camp下院議員によりREIT Conversionを阻止するTax Reform Act of 2014も提案されましたが、立法には至りませんでした。

(2) REIT スピン・オフ

　低い投資利回りの資産市場において、コングロマリット（複合企業）型の事業展開を行う企業よりも、専門事業に特化する企業の株価が高評価されるトレンドのなか、C-Corporation（C株式会社）から不動産子会社を非課税でスピン・オフさせ、REIT選択により、より高い企業価値評価を狙おうとするREITスピン・オフの計画を検討している企業がこのところ急増しました[11]。ここで、C-Corporation が一旦不動産をREITへ売却し、REITからリースさせる方法（Sales-Lease Back）などにより現行の事業形態は実質的に継続できます。

10　財務省規則1.856-10.
11　投資家支援コンサルタントの提言の役割が大きいと考えられます。

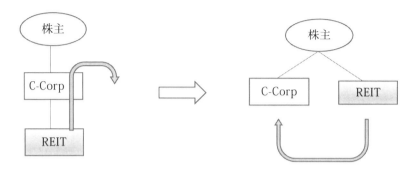

　スピン・オフは内国歳入法第355条の複数の条件を満たさなければ、非課税の取扱いを受けられません。一つは、「スピン・オフされた法人が、以前のActive Businessを継続しなければならない」という条件です。「Active Business」とみなされるためには3分の2以上が「Passiveな投資資産」であってはなりませんが、不動産はその「Passiveな投資資産」に含まれていませんでした[12]。さらに、2001年のIRSルーリングによって、REITの賃貸業でも「Active Businessを継続する」条件を満たし、REIT非課税のスピン・オフを達成する道が開かれていました[13]。さらに、IRS（内国歳入庁）はPrivate Letter Rulingsで、「Active Businessの継続」がTRS（Taxable REIT Subsidiaries）の活動によっても満たされるような行政判断も行っていました[14]。REITが非課税となるため、スピン・オフ後の賃貸所得は課税させずに投資家に直接還元されるため、以前より企業価値が上がるというわけです。しかし、C-Corporationによって間接的に保有されるREIT株式と、直接投資家が保有するREIT株式の価値が違うのだとすれば、スピン・オフの前にC-Corporationレベルで課税されるべきではないのかという疑問が生じます。スピン・オフの報道によって株価が上昇したという事例が存在する一方、独立後のREITが、リース収益を拡大するためにフランチャイズに過大な経済的負担をかけ、強いては本業の業績に影響してくるリスクなどから、スピン・オフを断念した事例なども報道されています[15]。

12　Sec. 355(g)
13　Revenue Ruling 2001-29
14　Priv. Ltr. Rul. 201337007

3. 2015年税制改正がREITに与える影響

PATH ActのREIT及びFIRPTA税制の主要改正内容には、次の項目が含まれています。

・REIT スピン・オフ

2015年12月7日以降、REITは原則として非課税のスピン・オフに関わることはできません[16]。スピン・オフをした会社も、親会社も以後10年間REITの選択をする資格を失うことになります。ただし、例外が2つ認められていて、(i)両者がともにREITである場合はそのステータスをスピン・オフによって失うことはないこと、また、(ii)3年以上REITに保有されていたTRSを、REITからスピン・オフさせることはできることになっています。

ただし、PATH Actによって、C-CorporationからのREITへのConversion（転換）自体ができなくなったわけではありません。通常課税対象であるC-Corporationにあった含み益を持つ資産が、REIT Conversion等で非課税であるREITなどに移転する場合、即座に含み益に対して課税をされないためには、一定期間それらの資産を保有する必要がありますが、PATH Actによって2015年以降に始まるREIT選択税務年度から、保有期間が10年から5年へ短縮されました。この改正により、REIT Conversionは、むしろ以前より容易になったと解釈できます[17]。

・REIT資産テストについて

REIT総資産に含まれるTRS価値の許容範囲を、現在の25%から、リーマン・ショック以前の20%に再び縮小します。REITの総資産テストは、毎4半期末に行われるので2018年以降に始まる税務年度の第一四半期末からの変更となります。

---

15 Hilton Worldwide Holdings Inc. は、IRSから既にPriv. Ltr. Rul. の合意を得ており、PATH Actの最終案によって非課税のスピン・オフは阻止されないとのWall Street Journalの報道のあった2015年12月16日の株価終値は、前日より5.2%上昇しました。McDonald's の決断の経緯に関するWSJ記事は、2015年8月25日, 2015年10月15日, 2015年11月10日など。

16 事前にIRSと交渉をしている案件には、この有効日の影響を受けません。

17 Sec. 1374(d)(7). 2015に始まる税務年度以降からでのREIT Conversionに有効。

・TRSからREITへのサービス

　2016年以降に始まる課税年度で、TRSからREITへのサービスが第三者価格へと調整される場合はProhibited Transactionとなり、100％の課税対象となります。

・Prohibited Transactions Tax – Safe Harborのガイドライン

　REITの「資産売却がディーラーとして行われたかどうか」の判断は微妙になるため、ガイドラインとして、以下の条件すべてを満たせば、Prohibited Transactions Taxの対象外とするSafe Harborを設けていました。

⑴　２年間以上の保有期間後に売却されること
⑵　売却資産の税務簿価に含まれる過去２年間の支出額合計が売却価格の30％を超えないこと
⑶　次の３つの条件のいずれか１つに該当すること
　①　年間に７つを超える売却を行わないこと
　②　年間に売却された資産の税務簿価合計は、期首REIT総資産の10％以下であること又は
　③　年間に売却された資産の市場価格が、期首REIT総資産の市場価格の10％以下であること
⑷　賃貸資産を売却した場合には、２年間以上の保有期間を経過していること
⑸　上記（3）の条件を満たさない場合は、宣伝広告・顧客開拓費用の大半が請負人によって請求されたものであり、REIT自体がそのような所得を得ていないこと

　PATH Actは、2016年以降に始まる課税年度で、上記⑶の条件を、①年間に売却された資産の税務簿価合計は、過去３年間平均REIT総資産の10％以下かつ期首総資産の20％以下であること、あるいは②過去３年間の平均総資産の市場価格の10％以下かつ期首総資産の市場価格の20％以下であることのいずれかに該当することとし、要件を緩和しました。

4. FIRPTA税制の改正

　米国不動産の投資市場においては、かねてから、約35年前に制定されたForeign Investment in U.S. Real Property Tax Act（FIRPTA）源泉税が、不必要に外国資本を遠ざけているのではないかという議論がなされてきました。

　1970年代後半、外国資本による米国不動産投資から得られる利益が、米国不動産保有法人の株式を売却するなどの手段で、合法的に米国課税を回避しているという考え方が広まっていました。この例は、不動産の売却益は当地国で課税されるのに対し、株式売却益は株主の居住国で課税されるという基本的ルールを利用したものでした。1980年のFIRPTAの施行によって、米国不動産保有法人株式の売却益は課税対象とされることになったと考えられますが、FIRPTAでは、原則的に、売却価格に対して一律源泉課税が行われるため、実際の株式売却からの課税所得を計算すると過剰な源泉税が課税されることも多くなります。還付請求には米国所得税申告書の提出が必要なうえ、同一の所得が居住地国でも課税されることを仮定すれば、二重課税になるが可能性もあります。したがって、米国投資家に比べると、外国投資家による米国REIT投資の税引後投資利回りは低下し、厄介なペーパーワークに悩ませられることにもなります。このような背景から、1980年FIRPTA税制発足当時から、REIT株式売却までの過去5年間、保有率が5％未満であった株主についてへの源泉税は免除されていました。

　例えば、National Association of Real Estate Investment Trusts（NAREIT）によると、過去7年近くFIRPTA改正を推し進める変遷がありました。PATH ActにおけるFIRPTA改正は、外国資本のPublic REITへの投資を促す目的の条項と、FIRPTA源泉税率を上げる増税条項が含まれています。

(1) REIT株に関するFIRPTAのルール改正

　2015年の税制改正では、Public REIT株式の場合、FIRPTAの対象とならな

ない外国投資家の株式保有率の枠を、5％から10％まで引き上げました。
- 現在のルールでは、REIT株式の50％以上が米国居住者により保有されていれば、株式の売却がFIRPTAの対象にならないが、「米国居住者によるコントロール」を判定するテストで、5％未満のPubic REIT株式保有者は、その居住国に関係なく自動的に「米国居住者」とし、テストを簡略化しました。
- 年金ファンドなどは「Qualifying Foreign Pension Funds」の条件を満たせば、Public REIT株式の保有（及び米国不動産権益への直接投資）に関してもFIRPTA対象外とされます[18]。
- 米国と租税締結国の資本市場で取引されている外国投資法人（Foreign Collective Investment Vehicle）の投資家が、直接・間接的にREIT株を10％を超えて保有する場合、投資法人を通して保有するREIT株に対してはFIRPTAの対象外となります[19]。
- これらの条項は2015年12月18日より後に起こる売却・分配について有効となります。

(2) FIRPTA源泉税率一般の改正

- PATH Act は、外国投資家がUnited States Real Property Interest（USRPI又は米国不動産利権）を売却する場合の「Amount Realized」に対して課される源泉税率を、2016年2月16日より後の売却について、10％から15％に引き上げました。
- 米国不動産保有会社（US Real Property Holding Company, USRPHC）が行う分配の全額あるいはその一部、又は株式償還を行う場合の源泉税率も、同様に10％から15％に引き上げました[20]。
- 一方、パートナーシップなどが、USRPIの売却益に基づく課税所得を外国パートナーに配分する場合に課される35％の源泉税率への変更はありません。

---

18 ただし、それらのファンドが、パートナーシップなどを通じて賃貸用不動産物件などに直接投資をする場合は、PATH Actによる改正前と同様、米国事業所得が発生し米国課税対象となります。したがって、REITを通しての米国不動産投資は、この面でも有効といえます。
19 J-REIT等もCollective Investment Vehicleと考えられます。

・なお、個人住宅についての売却に関しては、現行の非課税源泉税枠を、税務上の売却価格「Amount realized」の300,000ドルまで、源泉徴収率10％の枠を300,000ドルから1,000,000ドルまでに据え置いていましたが、1,000,000ドルを超える売却について、2016年2月16日より後の売却については、源泉徴収税率を10％から15％へ引き上げました。

① USRPIの交換・売却への源泉徴収

「Amount Realized」というのは、いわば税務上の売却価格で、USRPIと交換に受け取った現金や他の資産の価値のみならず、USRPIが担保になっていた負債を買手が引き受けた分も含めた額です[21]。ここで、(i)のFIRPTA源泉は、原則的に、「売却益」に対して課されるものではありません。したがって、含み損を抱えたまま売却せざるを得ない場合でも、売手が何もしなければ、源泉税を差し引かれてしまうことになります。2015年の法律改正では、その税率を15％に引き上げています。源泉徴収義務というのは、買手が売手に支払を行う前に、対価から税金を差し引いて税務当局に納税する責任であり、源泉を怠ると罰金の対象となります。FIRPTAや他の源泉徴収のルールでは、源泉の免除、減額での源泉は、確固とした証拠がない場合は、最高額を源泉することが義務付けられており、リスクを負ってまで源泉税を減らして売手により多く支払う理由はありません。ただし、FIRPTAのルールは、以前から、適格であれば源泉の免除・減額のプロセスが細かく定められていますので、不要な源泉税を徴収されないよう売手のほうからFIRPTAプロセスを理解して、事前に買手に働きかける必要があります[22]。

・FIRPTAのルールにより、米国不動産から生ずる利益は、米国源泉の事業所得（US Effectively Connected Income 又は「US ECI」）とされ、ほかに米国事業を持たない非居住者や外国法人であっても、個人であれば課税所得

---

20 USRPHCとは、過去5年間に米国不動産による価値が、一日でも法人の価値の50％を超えたことがある米国法人。
21 資産の交換／売却などで免除になった非遡及負債は、負債免除益（Cancelation of Indebtedness Income又はCOD Income）ではなく、売却価格の一部とされることに注意する必要があります。
22 例えばWithholding Certificateの発行を、事前にIRSに申請するなどです。

に応じ、法人であれば損益にかかわらず米国所得税申告の対象となります。事業所得は、損金や繰越欠損金などとの相殺後の課税所得の額に応じて段階的な税率で課税されます。したがって、過剰に源泉されてしまった場合は、米国所得税申告で還付請求することになりますが、還付に要する期間を考慮すれば、キャッシュ・フロー上は源泉の軽減又は免除を受けることが望ましいものと考えられます[23]。

② USRPHCである法人などからの分配についての源泉徴収

PATH Actは、USRPHCである法人からの分配に関しても、FIRPTAの対象とならない外国投資家のPublic REIT株式保有率の枠を、5％から10％まで引き上げました。

そのPublic REIT株に対するFIRPTA免除枠に入らない場合の法人からの分配は、通常、そのE&P（税務上の利益）の部分までは「配当」として、次に、株主の税務簿価までは「減資」として、さらに残りの分配が「キャピタル・ゲイン」と分類されるため、複数の源泉徴収ルールの対象となりました。

まず、「配当」部分は、FIRPTAではなく、FDAP Income として原則として米国源泉の対象とされますが、租税条約の恩恵によって免税、減税される可能性があります。一方、「減資」部分は非課税とされます[24]。さらに、「キャピタル・ゲイン」となる部分は、米国不動産売却益としてFIRPTA源泉税の対象になります。源泉徴収方法としては、E&Pの有無にかかわらず全額を「配当」とみなす方法、「配当」「減資」「キャピタル・ゲイン」の分類をして源泉税を計算する方法などがあります[25]。

PATH Actによって、外国投資家に、FIRPTA源泉税をおそれることなくPublic REITへの投資できる枠が広がりましたが、より大きな資本関係をもっての米国不動産子会社への投資はFIRPTA源泉税が引き上げられたため、特

23　2,000,000ドルを超える還付請求はJoint Committee of Taxation の審査を得るという追加的なプロセスが加わりますので、さらに時間がかかると予想されます。試算をすると、13,400,000ドル程度の売却価格の15％で、2,000,000ドルの源泉税の計算となります。

24　FDAP Incomeは、「Fixed or Determinable Annual or Periodic income」の略。利息、ロイヤルティー、賃貸料などで、国内法・租税条約等で免税とされなければ、米国源泉のFDAP Incomeは源泉税の対象となる。

25　財務省暫定規則1.1441-3T

に、減資・Debt Financed Distributionなどの場合に、キャッシュフローを向上させるためのプランニングが必要になったといえます。

第5章

BEPS

45 アップルの節税戦略[1]

Point 昨今、デジタル業界の間で主流になりつつあるタックス・ストラテジーがあります。その節税方法は、無形資産を売るデジタル業界ならではのもので、業界のビジネス形態を想定していなかった時代に作られた税法の隙をかいくぐることによって、可能となっているといっても過言ではありません。

名だたるIT関連企業が、このタックス・ストラテジーを実践する中、ニューヨーク・タイムズ紙が2012年にアップルの節税戦略をとりあげており[2]、米国に納付する税額をミニマイズしようとする姿勢が物議を醸しています。また、同時に節税戦略が具体的に記述されており、テクニカルの面でも興味を惹く内容となっています。

2012年度のアップルの所得は456億ドル（1ドル＝80円換算で3.65兆円）でした。そのような巨大な所得をもってタックス・プランニングを行うと効果も絶大で、アップルは、実に、毎年数十億ドルの節税を成し遂げています。このような結果を実現させるために、アップルが駆使している数々の節税法の中から主なものを、州レベルとグローバル・レベルにおいて紹介します。

1. 州税節税戦略

アップルの本社はカリフォルニア州クパティーノ市にありますが、アップルの銀行残高と株価が急上昇していった2006年に、ネバダ州リノ市に、会社の現金を運用・投資することを目的とした子会社、ブレバーン・キャピタルを設立し

---

1 本稿は、渡辺久美子「アップルの節税戦略－ニューヨークタイムズの記事を読む」2012年7月月刊国際税務（32巻7号）の記事を基礎にしています。
2 「How Apple Sidesteps Billons in Taxes」
http://www.nytimes.com/2012/04/29/business/apples-tax-strategy-aims-at-low-tax-states-and-nations.html?_r=1&ref=business

ました（因みにブレバーンとは、りんごの1品種で甘酸っぱいのが特徴です。）。アップルのiPhoneやiPadの売上の一部はブレバーン・キャピタルの管理下にある銀行口座に振り込まれ、後にその現金は株、債権などに投資されています。投資運営が、ネバダ州で行われていることにより、投資から生じるキャピタルゲインは、ネバダ州に直接割り当てられます。しかしながら、ネバダ州ではキャピタルゲインに対して課税がないので、結果的に、カリフォルニア州の8.84%の高税率を逃れるだけではなく、この部分の州税を完全に回避することになります。

　わが国においては、地方税法において税率、課税標準等が統一的に規定されており、どの地道府県、市町村に会社が設立されようと、あるいは事業所が設置されようと税負担が変わることは基本的にありません。

　一方、米国においては、各州が州税法を制定しているため、税率、課税標準等も州により異なります。したがって、複数の州にわたって事業を営む米国法人にとって、所得がどの州に配分されるかにより、州税の負担は大きく異なり、そこにタックス・プランニングの機会が生まれることになります。

　シスコ、ハーレーダビッドソン、マイクロソフトを含む数多くの会社がネバダ州に子会社を設置し同様の節税恩典を受けています。また、デラウェア州に子会社を設けて、同じような節税を行っている会社も多くあります。

2. グローバル節税戦略

〈ストラクチャー図〉

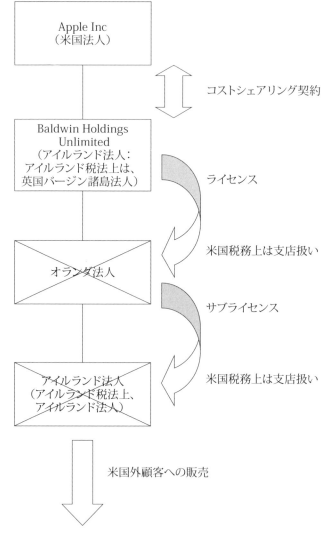

 アップルが使っているストラクチャーは、ダブルアイリッシュ・ウイズ・ダッチサンドイッチ (Double Irish with Dutch Sandwich) と呼ばれるもので、他のIT企業でも使われています。このストラクチャーの効果は、(1)無形資産の

移転やその無形資産を使用して製造・販売される製品から得られる所得に対して、米国での課税を回避（繰延べ）できること、及び(2)アイルランドの低税率（12.5％）を享受できることです。

このストラクチャーを理解する上で、米国税法上のいくつかの重要なルールを理解する必要があり、以下それらのルールについて解説します。

(1) コスト・シェアリング

米国法人が無形資産を外国法人に移転する場合、税務上は、当該無形資産の将来の使用収益、処分から生ずる所得に対応する対価で売却したものと扱われます。一方、米国法人と外国法人がコストシェアリング契約のもとに、無形資産を共同開発する場合には、開発された無形資産の米国内での権利を米国法人が所有し、米国外での権利を外国法人が所有することが可能になります。

アップルのデザインやパテント開発のほとんどが、米国で行われているにもかかわらず、その費用をアイルランドの子会社が負担することによって、無形資産の米国外の権利の所有権は、アイルランド子会社にあるとされます。したがって、無形資産の移転について、米国での課税は発生せず、当該無形資産を使用して製造した製品を米国外の顧客へ販売することによって得られる収益は、アイルランドで課税対象になり、米国法人税率の35％ではなく、アイルランドの12.5％が適用されます。2004年においては、アップル全世界売上の3分の1以上がアイルランドで課税されています。

(2) ダブル・アイリッシュ

このタックス・プラニングを達成するには、アイルランド法人を2つ（第1アイルランド法人、第2アイルランド法人）必要とするため、この名前がつけられています。アップルは、このストラクチャーを編み出した先駆者的な存在です。

アイルランドの税法によると、管理支配機能のある国を、その法人の「税務上の居住国」とするため、アイルランドで設立された法人でも、税務上はアイ

ルランド以外の国を居住国とすることができます。アップルの第1アイルランド法人は、アイルランドで設立されたのにもかかわらず、管理支配機能をタックス・ヘイブンの英国領バージン諸島（ＢＶＩ）に置くことにより、税務上はＢＶＩを居住国とする法人と扱われることになります。この第1アイルランド法人は、ボールドウィン・ホールディングス・アンリミテッドという名前で、この法人によって、アップルの巨額の所得がタックス・ヘイブンに移転されることになります（因みにボールドウィンも、りんごの1品種で輸送中の耐久性が高いことで知られています。）。この第1アイルランド法人が、上記のコスト・シェアリングを経て、米国で開発された無形資産を所有することになります。そして、第1アイルランド法人は、第2アイルランド法人にその使用権をライセンシング（有料での使用許諾）します。

　第2アイルランド法人は、無形資産の使用権を持っているために、この無形資産を使用して得られる収益を世界中から受け取ることになります。第1アイルランド法人とは異なり、第2アイルランド法人は、税務上もアイルランド法人であるので、他国から受け取る無形資産に対する所得は、アイルランドで課税されることになります。しかしながら、第1アイルランド法人へ支払う使用料の損金算入後の比較的少ない所得のみが、アイルランドで課税される（税率12.5％）ことになります。また、アイルランドには他の先進国のように厳格な移転価格税制が存在せず、第2アイルランド法人から第1アイルランド法人への所得移転に対し課税されることは比較的少ないと言われています。

　第1アイルランド法人が第2アイルランド法人から受け取った使用料所得は、米国に持ち帰ると米国において課税対象になるので、ＢＶＩに蓄積させておき、2004年米国雇用促進法にあったような配当非課税などのタックス・ホリデーが再度利用可能になるのを辛抱強く待つことになります。

　また、米国を親会社とする二つのアイルランド法人間の取引から生ずる所得は、わが国の外国子会社合算課税制度（タックスヘイブン対策税制）に相当するサブパートＦ項の対象になり[3]、米国で即時に課税される可能性があります。そこで、第2アイルランド法人を「check-the-box（事業形態の選択）」条項を

使って支店扱い（disregarded entity）にしておくことにより両法人間の取引は同一法人内の取引として税務上のインパクトをなくし、サブパートFの適用を免れることが可能となります。

(3) ダッチ・サンドイッチ

上記のダブル・アイリッシュと併用することによって、より節税効果を増すのが「ダッチ・サンドイッチ（オランダ法人を真ん中に挟む）」です。

前項の第1アイルランド法人（税務上はBVI法人）は、まずオランダ法人に無形資産の使用権をライセンスし、そしてオランダ法人がその使用権を第2アイルランド法人（税務上もアイルランド法人）にサブライセンスさせます。したがって、第2アイルランド法人はサブ・ロイヤリティーをオランダ法人へ、そしてオランダ法人はロイヤリティーを第1アイルランド法人へ支払うことになります。もし、オランダ法人を間に入れず、第2アイルランド法人から直接第1アイルランド法人（BVI居住法人）へロイヤリティーが支払われる場合には、その支払は源泉徴収の対象になります。しかし、アイルランド－オランダ租税条約と欧州連合（EU）の加盟国間ルールにより、第2アイルランド法人からオランダ法人へのサブ・ロイヤリティー、オランダ法人から第1アイルランド法人へのロイヤリティーの支払は、いずれも源泉税の対象外となります。そして、オランダ法人から第1アイルランド法人へ支払われるロイヤリティーは、前項と同じくタックス・ヘイブンにおいて、ゼロ課税を受けることになります。

また、前項では第2アイルランド法人を「check-the-box」条項を使って支店扱いにしましたが、同じくオランダ法人も支店扱い（disregarded entity）にすることによって、米国の税務当局からは第1アイルランド法人以外の取引は見えなくなることになります[4]。

これらのタックス・プランニングを実施した結果、アップルは全世界実効税率

---

3 サブパートF所得は、概ね関連者との取引により生ずる所得及び投資活動から生ずるようなパッシブ所得の二つのカテゴリーからなる。

9.8%と米国での推測節税額の24億ドルを手に入れています。ＩＴ業界以外の法人の平均実効税率が24%とされるなか、このギャップを米国政府が将来どのように埋めにかかるか、とても興味があるところです。

---

4 第1、第2アイルランド法人、オランダ法人の米国税務上及びアイルランド税務上の取扱いを整理すると以下のようになる。

	アイルランド	米国
第1アイルランド法人	BVI法人	アイルランド法人
オランダ法人	オランダ法人	第1アイルランド法人オランダ支店
第2アイルランド法人	アイルランド法人	第1アイルランド法人アイルランド支店

46 タックス・ヘイブン税制の方向性
—— BEPS Action 3

> **Point** わが国は1978年にタックス・ヘイブン税制(外国子会社合算税制)を創設しましたが、外国子会社配当益金不算入制度の導入に伴い、当初の制度目的の一つとされた外国子会社のからの配当促進は失われました。多くの国は、わが国の外国子会社合算税制に相当するCFC税制(281頁参照)を有していますが、政策目的は多様であり、税制も多岐に及びます。BEPS行動計画3は、親会社の所在する国から、子会社が所在する国・地域への所得移転を効果的に防止するための共通ルールを要素毎に勧告したものです。各国は、それらの要素を取捨選択し、BEPS防止に効果的なルールを策定することが期待されています。わが国のタックス・ヘイブン税制が、対象所得を最終報告書で議論されているアプローチを用いて特定するように改正されることになれば、コンプライアンスコストが増大することが予測されます。

1 タックス・ヘイブン税制とは
(1) 制度創設の経緯

タックス・ヘイブン税制は、海外子会社の所得を、親会社等の株主の所在する国において課税する制度です。わが国においては、1978年の租税特別措置法等の改正において、法人株主と個人株主に分けて立法化されました(措法40の4、66の6等)。

タックス・ヘイブン税制の基本的考え方は、1977年12月20日に税制調査会が内閣総理大臣に提出した「昭和53年度の税制改正の答申」において触れられています。「答申」は『近年、我が国経済の国際化に伴い、いわゆるタックス・ヘイブンに子会社等を設立し、これを利用して税負担の不当な軽減を

図る事例が見受けられる」と指摘し、税負担の公平という見地から「我が国においても昭和53年度において所要の措置を講ずることが適当である」と述べています。また「答申」は、タックス・ヘイブン税制について、次のような基本的考え方に基づき立法することが適当であるとしています。

「(イ)　いわゆるタックスヘイブンに所在する海外子会社等に留保された所得のうち、その持分に対応する部分を親会社の所得に合算して課税することとする。

(ロ)　いわゆるタックスヘイブンとしては、法人税が全くないか若しくは我が国法人税に比しその実効税率が著しく低い国又は国外源泉所得を非課税としている国等を対象とする。

(ハ)　その所得が合算課税の対象となる海外子会社の範囲については、内国法人又は居住者が全体として発行済株式総数（出資総額）の50％を超える株式（出資）を直接又は間接に保有する海外子会社等とする。ただし、税負担の不当な軽減を防止するというこの制度本来の趣旨にかんがみ、少額の持分【編注：10％未満の持分保有者】を保有するに過ぎない株主は合算課税の対象外とすること。

(ニ)　正常な海外投資活動を阻害しないため、所在地国において独立企業としての実体を備え、かつ、それぞれの業態に応じ、その地において事業活動を行うことに十分な経済合理性があると認められる海外子会社等は適用除外とする。」

（税制調査会「昭和53年度の税制改正に関する答申」より抜粋）

以上の基本的な考え方から、制度創設当時のタックス・ヘイブン税制には、海外子会社等を利用した租税回避行為の防止と、海外子会社からの配当促進という2つの目的があったことが読み取れます。

(2) 平成21年度税制改正

　平成21年度税制改正では、海外子会社が蓄積した利益の国内への還流を目的とする外国子会社配当益金不算入制度が創設されました。改正により、わが国の法人税制が、国内で生じた所得のみを課税対象とする領域（Territorial）主義に部分的に移行したとの見方も生まれました。

　タックスヘイブン税制においても、外国子会社配当益金不算入制度の創設に伴う改正が行われ、特定外国子会社等が支払う配当を、合算所得の計算上控除しないこととなりました。改正により、制度創設時に想定されていたタックスヘイブン税制の2つの目的のうち、海外子会社からの配当促進の目的は姿を消し、海外子会社等を利用した租税回避行為の防止だけが残ったものと考えられます。

2　BEPSプロジェクト

(1)　BEPS報告書（Addressing Base Erosion and Profit Shifting）

　OECD租税委員会は、2013年2月にBEPS報告書を公表しました。報告書の背景には、多国籍企業のBEPS戦略が、多くの場合、合法的であることを認めたうえで、BEPSに追い付いていない国際課税ルールの見直しが迫られているとの問題意識があります。

　CFC税制（Controlled foreign company rule）に関しては、同報告書のChapter 4　Key tax principles and opportunities for base erosion and profit shiftingにおいて、国際課税原則におけるanti-avoidance ruleの一つとして位置付けられています。各国のCFC税制によっても、CFC税制が存在しない国にグループの親会社を所在させるインバージョンによって、CFC税制が目的とする租税回避行為の規制が無力化する問題点等が指摘されています。

(2)　BEPS行動計画（Action Plan on Base Erosion and Profit Shifting）

　OECD租税委員会は、2013年7月にBEPS行動計画を公表しました。行動計画では、2015年12月までに15の行動計画に関する報告書を公表することとさ

れました。CFC税制に関しては、行動計画3（外国子会社合算税制の強化）として、各国が最低限導入すべき国内法の基準について勧告を策定することとされました。行動計画3は、BEPSに対して効果的なCFC税制の構築を各国に提言することを目的としています。

(3) 行動計画3討議草案の公表

OECD租税委員会は、2015年4月にBEPS行動計画3の討議草案（STRENGTHENING CFC RULES）を公表しました。

◆CHAPTER 1

CHAPTER 1においては、各国のCFC税制の設計に当たり考慮すべき政策課題として次のような点が論じられています。

① CFC税制の目的

多くの国において、CFC税制が、親会社の居住地国からの課税所得の流出を防止することを目的としているとした上で、領域主義を採用する国家では、海外の所得が課税対象外となることから、CFC税制の適用が限定的になることを示唆しています。一方、全世界所得課税国では、CFC税制の目的として長期にわたる課税繰延べの防止が重要な政策課題となるとしています。

② 他国企業との競争力の均衡について

CFC税制を有する国に設立された法人の子会社とCFC税制を有しない国の子会社には、最終的な税負担に差異が生じます。この不均衡の克服がCFC税制の課題の一つとされています。

③ コンプライアンスコストについて

CFC税制の運用コストが、BEPS防止に見合う効果があるかどうかが、検証されなければならないとされています。

④ CFC税制のBEPS抑止効果

CFC税制は、BEPSを抑止するためのものであり、歳入増を目的として設計されてはならないとしています。

⑤ CFC税制の射程範囲の限定

第5章 BEPS　　283

CFC税制は、親会社の居住地国の課税権を確保するだけのものではなく、第三国からの課税ベースの移転を対象とする制度設計も可能ですが、後者については、BEPSプロジェクトの目的を超えるものだとされています。

⑥　二重課税の排除

CFC所得が、源泉地で課税される場合には、二重課税が生じますので、その排除の仕組みが検討されなければならないとされています。

⑦　移転価格税制との関係

CFC税制は、移転価格税制と同一の所得を課税範囲とすることがあります。両者は補完関係にあるべきと考えられますので、CFC税制の設計に当たっては、移転価格税制との関連を検討する必要があるとされています。

◆CHAPTER 2

CHAPTER 2 では、CFC税制の基礎的要素（building block）として、次の7つの項目が検討されました。

①　Definition of CFC：対象法人の定義

CFCを法人に限定せず、パートナーシップ、信託、恒久的施設にも適用することを提言しています。これらの事業体が、CFCsによって支配されている場合や、親会社の居住地国において、親会社とは異なる課税主体として取り扱われている場合があるからです。

②　Threshold requirement：適用除外基準

BEPSのおそれのない法人をCFCルールの適用から除外するための基準です。

③　Definition of control：管理支配の定義

利益移転は、親会社による外国子会社に対する管理支配が存在しなければ実現しません。この管理支配の態様には、法的支配（Legal control）、経済的（Economic control）、実質的（De facto control）、連結会計上の支配（Control based on consolidation）があることが述べられています。

④　Definition of CFC income：課税対象所得の定義

CFCの如何なる所得を課税対象とすべきかの問題です。

⑤　Rules of computing income：課税対象所得の計算ルール

　CFCの所得計算を、現地のルールと親会社の所在地国のいずれのルールを適用するかの問題です。

⑥　Rules for attributing income：所得の帰属ルール

　CFC所得が計算された後において、その所得を親会社等に帰属させるためのルールが、(i)納税義務者の範囲、(ii)各納税義務者の課税対象金額、(iii)課税時期、(iv)課税される所得の種類、(v)適用税率の各ステップに分けて検討されています。

⑦　Rules to prevent or eliminate double taxation：二重課税の排除ルール

　CFC所得との二重課税について、次の調整が問題になるとされています。想定される二重課税には次のようなものがあります。

(イ)　CFC所在地国による課税と、親会社によるCFC課税との二重課税

(ロ)　単一のCFCに対して、複数のCFC税制が適用された場合の二重課税

(ハ)　CFC税制が適用された所得からの配当、及びCFC税制が適用された所得を有するCFC株式を親会社が譲渡した場合に生ずるキャピタルゲインとの二重課税

(4)　最終報告書の公表

① 　最終パッケージと報告書の概要

　2015年10月5日に最終報告書がまとめられた最終パッケージが公表されました。行動計画3に係る最終報告書の内容は討議草案を基本的に踏襲したものとなっています。

　最終報告書は、各地域によりルールの政策目的が多様であることを認めつつ、効果的な外国子会社合算税制の構成要素について勧告しています。勧告はミニマム・スタンダードではなく、それらを実施しようとする各地域が、納税者による外国子会社への所得移転を効果的に防止できるルールを確実に持てるように策定されたものだとしています。

報告書は、知的財産、サービスや電子商取引等の足の速い所得によって引き起こされる既存の外国子会社合算税制に係る課題を特定するとともに、各地域が、この点に関する適切な政策を反映できるようにするものだとされています。この勧告においては、外国子会社合算税制が、移転価格税制やその他のルールを補完するものとして、BEPSに対抗するうえで、引き続き重要な役割を担うことが強調されています。

② 最終報告書の内容

最終報告においては、CFC税制を次の6つの主要な構成要素に分解して、それぞれについて勧告しています。

(イ) 対象外国子会社（Rules for defining CFC）

対象外国子会社は、関連者・非関連居住者により、法的・経済的持分を直接・間接に50％超保有されている法人事業体とされ、その中には、課税事業体として取り扱われる組合等も含まれるとしています。

(ロ) 適用除外（CFC exemption and threshold requirements）

CFC税制は、対象子会社が、親会社の居住地国の実効税率を著しく下回る税負担を負っているにすぎない場合にのみ適用されるべきであるとしています。

(ハ) 対象所得の定義（Definition of CFC income）

次のアプローチ等を単独又は複合的に用いて対象所得を定義するとされています。

a. カテゴリーアプローチ（Categorical analysis）

法的形式に基づいて分類された、配当（Dividends）、利子（Interest）、保険所得（Insurance income）、販売・サービス（Sales and services income）、使用料・その他のIP所得（Royalties and IP income）等を対象所得として定義するアプローチです。

b. 実質アプローチ（Substance analysis）

実質的な経済活動を伴わなかった所得を対象所得として定義するアプロー

チです。実質的な経済活動を伴うかどうかは、所得を得るために実際に必要となった事業施設やスキルのある従業員の有無により判定するとされています。

c. 超過利潤アプローチ（Excess profits analysis）

軽課税国にある外国子会社の所得のうち、通常所得を超える超過利潤を対象所得として定義するアプローチです。

d. 課税所得の計算ルール（Rules for computing income）

親会社の所在地国の法令に基づき計算することが勧告されています。

e. 合算割合（Rules for attributing income）

納税者のCFCに係る保有割合に応じた合算課税が勧告されています。

f. 二重課税排除（Rules to prevent or eliminate double taxation）

二重課税が生ずる具体的場面として、イ）CFC所得が子会社と親会社双方に課税される場面、ロ）同一のCFC所得が複数のCFC税制の課税対象とされる場面、ハ）CFCが支払う配当原資が既にCFC税制により株主に対して課税済みである場面等が想定されています。

さらに移転価格税制とCFC税制の同時適用にも、二重課税の懸念があるとされており、二重課税排除の必要性が述べられています。

47 PEの人為的回避
──BEPS Action 7

> **Point** BEPS行動計画7においては、PEの定義を見直すことにより、代理人の名で契約を締結する問屋（コミッショネアー）を代理人PEに含めること、PEの例外とされる準備的・補助的活動の定義を変更することにより、商品の引渡しや購入のみを行う活動でも、準備的・補助的活動でない場合には、PEの例外とされないことが検討されました。
>
> わが国においても外国企業が日本子会社をリミテッドリスクディストリビューターとして子会社と問屋契約やコストプラスサービス契約を締結することが見受けられます。今後の動向を注視していくことが必要です。

恒久的施設（Permanent Establishment：PE）の二国間租税条約及び各国の国内法の定義は概ね類似していますので、ここでは、OECDモデル租税条約におけるPEの定義を概観し、現行のPEの定義の問題点とこれに対応する形で議論されたBEPS行動計画7を紹介します。

1．OECDモデル租税条約によるPEの定義

「恒久的施設」とは、事業を行う一定の場所であって企業がその事業の全部又は一部を行っている場所をいう（OECDモデル条約5①）と定義した上で、PEを次の3つの種類に区分しています。

(1) 事業を行う一定の場所

「恒久的施設」には、特に、次のものを含むとされています（OECDモデル条約5②）。

① 事業の管理の場所

② 支店
③ 事務所
④ 工場
⑤ 作業場
⑥ 鉱山、石油又は天然ガスの抗井、採石場その他天然資源を採取する場所

(2) 建築工事現場等

建築工事現場又は建設若しくは据付けの工事については、12か月を超える期間存続する場合には、恒久的施設を構成するものとされています（OECDモデル条約5③）。

(3) 契約締結代理人

企業に代わって行動する者が、一方の締約国内で、当該企業の名において契約を締結する権限を有し、かつ、この権限を反復して行使する場合には、当該企業は、その者が当該企業のために行うすべての活動について、当該一方の締約国内に恒久的施設を有するものとされます（OECDモデル条約5⑤）。いわゆる代理人PEです。

ただし、企業は通常の方法でその業務を行う仲立人、問屋その他の独立の地位を有する代理人（いわゆる独立代理人）を通じて一方の締約国内で事業を行っているという理由のみでは、当該一方の締約国内に恒久的施設を有するものとはされません（OECDモデル条約5⑥）。

2．代理人PE

(1) PE認定の回避

上記(3)の現行OECDモデル租税条約における代理人PEの定義においては、下記のような方法でPE認定を回避できる点が問題視されました。

① 問屋スキーム

わが国の商法上、問屋とは、自己の名をもって他人のために物品の販売又は買入れをすることを業とする者と定義されています（商法551）。すなわち、

問屋は自己の名義で取引を行い取引の相手方に対する権利義務の主体となりますが（商法552①）、その取引による損益は委託者に帰属します（商法552②）。問屋の収入は、取次の引受けに対して委託者が支払う手数料となりますが、問屋は自己の名をもって活動するため、上記代理人PEの定義から外れ、PE認定の回避が試みられています。

② 契約締結の補助者

代理人に契約を締結する権限を付与しなくとも、他人間の契約締結に至る実質的な活動に尽力する者を起用することによって、本人間の契約締結が可能となる場合があります。このような契約締結に至る実質的な活動を行う者が、形式的な代理権を付与されていないことを利用して、PE認定の回避が試みられています。

わが国の商法・会社法上は、他人間の法律行為の成立に尽力する単なる事実行為を行う媒介代理商（商法27、会社法16）が、このような契約締結の補助者に該当するものと考えられます。

③ 関連企業

一方の締約国の居住者である法人が、他方の締約国の企業を支配している場合であっても、それだけの事実のみによっては、支配されている企業（関連企業）は、PEとはされません（OECDモデル条約5⑦）。したがって、関連企業に上述した独立代理人の実態を備えさせることにより、PE認定の回避が試みられています。

(2) 代理人PEの定義の変更

上記のようなPE認定の回避に対応するため、行動計画7の最終報告書では下記の内容が勧告されました。

① 問屋スキームに対応するため、契約者名基準に加え、他の企業（本人）が所有する物品を販売する契約等を行う者も代理人PEに加えること
② PE認定が行われる代理人の活動に、契約の締結につながる主要な役割を果たすことを追加

③ 専ら関連企業[1]のために業務を行う者を独立代理人の定義から除外

3．PEの例外とされる準備的・補助的活動
(1) OECDモデル租税条約による規定

恒久的施設とされない一定の場所として、次のことを行う場合は、「恒久的施設」に当たらないものとされています（OECDモデル条約5④）。

① 企業に属する物品又は商品の保管、展示又は引渡しのためにのみ施設を使用すること。

② 企業に属する物品又は商品の在庫を保管、展示又は引渡しのためにのみ保有すること。

③ 企業に属する物品又は商品の在庫を他の企業による加工のためにのみ保有すること。

④ 企業のために物品若しくは商品を購入し、又は情報を収集することのみを目的として、事業を行う一定の場所を所有すること。

⑤ 企業のためにその他の準備的又は補助的な性格の活動を行うことのみを目的として、事業を行う一定の場所を保有すること。

⑥ ①から⑤までに掲げる活動を組み合わせた活動を行うことのみを目的として、事業を行う一定の場所を保有すること。ただし、当該一定の場所におけるこのような組合せによる活動の全体が準備的又は補助的な性格のものである場合に限る。

(2) PE認定の回避

上記、現行のOECDモデル租税条約における準備的・補助的活動の定義においては、下記のような方法でのPE認定の回避が問題視されました。

① 商品の引渡しや購入のみを行う場所等は、その活動が企業の本質的活動であっても上記規定に該当するものとしてPE認定が回避されること

---

[1] 関連企業とは、50％超の株式を直接、間接に保有する関係、若しくは同一の者によって50％超の株式を保有される関係であることがBEPS最終報告で明らかにされました。

② 各場所の活動をPEと認定されない活動に分割することによって、PE認定が回避されること

(3) 準備的・補助的活動の定義の変更

上記のようなPE認定の回避に対応するため、行動計画7の最終報告書では下記の内容が勧告されました。
① 商品の引渡しや購入のみを行う場所等は、その活動が企業の本質的活動であってもPEに該当しないとする解釈に対応するため、現行OECDモデル租税条約第5条第4項a)からf)（上記3(1)①〜⑥）で挙げられる活動が準備的・補助的活動でない場合にはPE認定の例外としないこと
② 活動の細分化によるPE認定回避に対応するため、関連会社間で各場所が相互に補完的な活動を行う場合は、各場所を一体の場所とみなしてPE認定を行うこと

4．その他の論点

建設工事現場についてその契約を細分化することによるPE回避が考えられますが、この点については、行動計画6における主要目的テスト（Principal Purpose Test：PPT）において対応することとされました。また、PEに帰属する所得の問題については、今後の検討課題とされています。

48 評価困難な無形資産
── BEPS Action 8

> **Point** 無形資産の国際取引については、企業グループ内での恣意的な対価の設定により、高税率国から低税率国への所得を移転する等の租税回避が問題とされてきました。このような国際的所得移転を防止するために、先進各国は移転価格税制の整備を行ってきましたが、特許等の無形資産には比較可能な独立企業間取引が存在しないことが多く、適正な移転価格の算定が困難な場合が多くありました。BEPSの最終報告書においては、無形資産の広範で明確な定義、無形資産に関連する利益配分の確保、評価の難しい無形資産に係る移転価格税制及び特別措置の策定に加え、税務当局の立場から、納税者の価格決定が独立企業間価格であるかの検討に際して直面する問題について述べられています。最終報告に基づきOECD移転価格ガイドラインの改訂が行われ、無形資産関連取引に係るガイダンスが示されることにより、BEPS問題が防止されることとなります。

(注) 2015年10月5日にOECDから発表されました。行動8─10が「価値創造と一致する移転価格算定結果の確保」として一つのレポートとしてまとめられ、無形資産に関連しては、ロケーションセービング、集合労働力、シナジー、費用分担契約についての移転価格関連のガイダンスとなっています。

1. 無形資産の特定
(1) 無形資産の定義

無形資産をどのように定義（注）するかによって、移転価格税制では対価の算定及びの授受が必要か否かの問題が生じることとなります。最終報告書では、無形資産は「有形資産又は金融資産でないもので、商業活動における使用目的で所有又は管理することができ、比較可能な独立当事者間の取引では

その使用又は移転に際して対価が支払われるような資産」と定義されています。また、移転価格の目的からは、必ずしも会計上無形資産とされるものだけでなく、資産化されず貸借対照表には反映されないが重要な経済価値を生むために支出される費用等も無形資産となります。ただし、試験研究費やマーケティング費用は必ずしも無形資産の形成等に結び付くものではないことから、無形資産が存在しており使用又は譲渡されていることが条件となります。

(注) 無形資産について、わが国の税法には定義が置かれておらず、通達等により著作権、工業所有権等のほか、顧客リスト、販売網等の重要な価値のあるものとされています。

(2) 無形資産の例示

最終報告書では、特許、ノウハウ及び商業上の秘密、商標・商号・ブランド、契約上の権利・政府の免許及びライセンス・無形資産類似の権利が例示されています。のれん及び継続企業価値については様々な意味で使われているため、一般的な定義は置かれていません。また、グループ・シナジー及び市場特有の状況は、所有又は支配できないことから無形資産とはなりません。マーケティング・インタンジブルについては、「マーケティング活動、製品又はサービスの商業的利用に関連し、製品への重要な販売促進上の価値を有する無形資産。マーケティング・インタンジブルには、商標、商号、顧客リスト、顧客との関係、独占的市場、顧客データで、顧客に商品又はサービスを提供する際に活用されるものを含みます。」と定義されることとなります（OECD移転価格ガイドラインの改訂）。

2．無形資産の移転及び使用に関する利益の配分
(1) 法的所有

無形資産を伴う移転価格のケースでは、法的所有のみでは必ずしも無形資産の使用からの収益の配分を受ける資格を有しません。どの関連企業が最終的に費用を負担し、リスクを負っているかが問題となります。したがって、法的所有者ではなくとも、無形資産の開発、改善、維持、保護、使用に関する

重要な機能を果たしている関連企業は、無形資産の価値創出への寄与に対し適切な対価の受領を期待することができることとなりますが、契約上はリスクを引き受けることとなっている関連者であっても、リスクの管理やリスクを引き受ける財務的な能力がない場合には、対価を受けることができません。無形資産の開発等に関するリスクは、リスク・コントロール機能を果たし、リスクを引き受ける財務能力を有する関連企業に配分され、そのような関連企業が収益の配分を受ける権利を有することとなります。

(2) 資金提供のリスク

無形資産の開発に対して関連企業が資金を提供している場合で、財務上のリスクは負担しているが無形資産に関連した機能をその関連企業が果たしていない場合には、関連企業は資金提供に対するリターンにリスクを調整した対価を得ることができます。関連企業が資金提供に係る財務リスクを管理していない場合には、関連企業はリスク・フリー・リターンしか受領することができません。

(3) 評価方法

無形資産が関連する取引においては、比較対象の発見が極めて困難である場合が多く、取引の時点では価格設定が難しいという問題があります。そのような状況においては、最適方法ルールにより移転価格算定方法を選定する場合、無形資産の性格、比較対象取引及び無形資産を特定し、適当な移転価格算定方法を選定して適用することに困難があります。特に、再販売基準法や取引単位営業利益法のような一面的方法や、無形資産の価値と相関のないコストベースでの評価方法は、無形資産の価値の直接的な評価には適していません。

非関連者から取得した無形資産を関連者に譲渡する場合には独立価格比準法（CUP法）が適用できますが、CUP法を適用する場合には、比較可能性について特別の配慮が払われなければなりません。比較対象がなく利益分割

法が適用される場合には、合算利益のデータが入手可能か否か、利益分割ファクターに信頼性があるかという問題があり、また、開発途上で無形資産が譲渡された場合には、譲渡後に得られる利益配分の問題が生じます。

(4) ディスカウント・キャッシュ・フロー法

比較対象がない場合の所得ベースの評価方法として、無形資産から生じる将来の所得を現在価値に割り引くディスカウント・キャッシュ・フロー法（DCF法）の使用が適当な場合があります。DCF法の適用において考慮すべき要素には、以下のものがあります。

① 財務予測の正確性
② 成長見通しに関する仮定
③ 割引率
④ 無形資産の耐用年数及び残存価額
⑤ 租税に関する仮定

3．評価困難な無形資産（Hard-To-Value Intangibles）
(1) 取引時に評価が極めて不確実な場合の独立企業間価格

無形資産は比較対象を見つけることが難しく、評価が極めて不確実な無形資産については、取得時に独立企業間価格をどのようにして決めるかという問題が生じます。この問題は、比較対象である非関連者であればどのように対応したかを参照して、納税者と税務当局が解決すべき問題です。解決方法の一つとして、すべての経済的な要素を考慮して、予測便益（ex-ante）を取引の開始時に価格設定の基礎として用いる方法があります。予測便益を決める際には、独立企業であれば将来の展開をどの程度予測できるかを考慮することとなり、予測可能な範囲で取引条件等を設定することとなります（上記2．(4)を参照）。

(2) 評価困難な無形資産

評価困難な無形資産とは、関連者間における譲渡の際に、
① 信頼できる比較対象取引が存在しない
② 取引の時点で、譲渡された無形資産から得られる将来のキャッシュフロー又は所得、あるいは無形資産の評価の前提が極めて不確実で、最終的に成功するかどうかが予測困難となっている

ものです。

(3) 実際の利益の検証

評価困難な無形資産に関しては、税務当局と納税者との間に情報の非対称性があるため、取引時において一定の条件を満たす場合には納税者の価格設定は独立企業間価格であると認めるが、実際の利益（ex-post）の検証により予測便益の価格設定が適当であったかを税務当局は検証できることとする、いわゆる「所得相応性基準」を導入しています。ただし、以下の条件の少なくとも一つが満たされる場合には、所得相応性基準のアプローチは適用されません。
① 納税者から以下の(イ)及び(ロ)が提供される場合
　(イ) 価格取極め、合理的に予測可能な出来事及びその他のリスクの考慮が適当であったか判断するために、無形資産の移転時に用いられた事前の予測、及びその実現可能性についての詳細
　(ロ) 財務上の予測と実際の結果の重大な乖離が、(a) 取引時点では関連者が予測することは不可能で、価格決定後に生じた予見できない進展や出来事によるものであること、又は、(b) 原因となった出来事が起きる確率について取引の時点での見込みが適切であったことについての信頼できる証拠
② 無形資産の移転が事前確認（APA）の対象である場合
③ ①(ロ)における財務上の予測と実際の結果について、いかなる乖離も取引時点の価格の20％以下である場合

④ 当該無形資産が非関連者収益を初めて生み出してから、③の要件を満たしたまま5年間が経過した場合（それ以降の年後について適用免除）

49 ハイブリッドミスマッチの効果の無効化
――BEPS Action 2

> **Point** 各国はそれぞれの国内法において金融商品や事業体に関する課税ルールを有していますが、それらのルールは租税条約により修正される場合があったとしても、クロスボーダー取引において各国の税制の相違を利用した租税回避的な行為を規制すべき手段はありませんでした。行動計画2は、クロスボーダー取引や海外投資自体を制約するものではなく、ハイブリッドミスマッチがBEPSのツールとして使用されることを抑止するための共通ルール作りを各国に勧告するものです。

1 ハイブリッドミスマッチの効果の無効化とは

ハイブリッドミスマッチとは、金融商品や事業体に対する複数国間での税務上の取扱いの差異です。この種のミスマッチを利用した多国籍企業による税負担の軽減スキームが実行されている実態を踏まえ、国内法及び租税条約の規定の見直しを行おうとするのが、ミスマッチ効果の無効化に係るBEPS行動計画です。

2 最終報告書の概要

BEPS行動計画2の最終報告書は、2015年10月5日に、15の行動に関する最終報告書がまとめられた最終パッケージの一部として公表されました。報告書の第1部は国内法、第2部は租税条約に関係する勧告が盛り込まれています。

3 最終報告書第1部

第1部では、ハイブリッドミスマッチを、支払者国における損金算入／受取

者国における益金不算入（Deduction/No Inclusion : D/NI）、二重損金算入（Double Deduction : DD）等に類型化したうえで、その効果を無効化するための国内法上の措置を勧告しています。

具体的には、相手国との税務上の取扱いと首尾一貫性を求めるリンキングルール（Linking rule）の採用が勧告され、リンキングルールはさらに、プライマリールール（Primary rule）とディフェンシブルール（Defensive rule）に整理されています。

プライマリールールにおいて、支払者国は、受取者国の課税所得に含まれない所得に対する控除を否認します。プライマリールールが支払者国において発動されない場合には、受取者国は、ディフェンシブルールを発動し、支払者国において控除された所得を、受取者国において益金に算入します。

勧告には、国際的二重課税の排除のために措置されている外国子会社からの配当に係る益金不算入制度について、配当を支払う子会社において損金に算入される配当を、益金不算入制度の対象外とすべきとするものが含まれていますが、日本では、既に平成27年度改正において、子会社の所在地国において損金算入が認められる配当に関し、配当を受け取った日本の親会社において外国子会社配当益金不算入制度の対象としない改正が実施済みです。

また、勧告の実施に当たっては、実施ガイダンスとしてのコメンタリーを作成し、公表することとされています。

4　最終報告書第2部
(1)　両国で居住者とされる者の取扱い（Dual-resident entities）

双方居住事業体が、租税条約の振分けルールにより、租税条約の適用上、相手国の居住事業体として取り扱われる場合において、国内法上の適用上、依然として居住者として取り扱われると、国内法上の有利な取扱いと租税条約上の非居住者としての特典をいずれも享受しうることになるとされています。

このような不当な特典の享受については、国内法に「租税条約の適用上相手国の居住者とされる者は、国内法の適用上非居住者とみなす」という規定

を置くことで対応できるとされています。

(2) 両国で課税上の取扱いが異なる団体の取扱い（Treaty provision on transparent entities）

課税上透明な扱いを受ける事業体を通じて取得される所得について生ずる二重課税及び不当な特典の享受を防止するため、源泉地国側が相手国での取扱いに合わせて、相手国で居住者とされる者の所得として取り扱われる部分に対して租税条約の特典を与えることとする規定を、OECDモデル条約に追加するとされています。

(3) 国内法上のハイブリッドミスマッチルールと租税条約の関係（Interaction between part 1 and tax treaties）

国内法上の損金否認ルールの採用に当たっては、①PE帰属利得に関する具体的な課税方法（損金算入の範囲等）は各国の国内法に委ねられているため、OECDモデル条約第7条（事業利得）に反しないこと、②所得の取扱いの差異に基づくルールであれば、居住者・非居住者の区分等に基づく差別的取扱いを禁止するOECDモデル条約第24条（無差別待遇）に反することにはならないこと等が確認されています。

また、国内法上の受取配当益金不算入制度の適用停止措置は、租税条約において国外所得免除方式が採用されている場合には、国内法に対する租税条約優先の取扱いにより無効となる場合があるので、租税条約においては外国税額控除方式を採用すべきとされています。

5 わが国におけるハイブリッド事業体に関するこれまでの議論

(1) 米国LLCに係る税務上の取扱い

26（153頁）でも取り上げたように国税庁が、そのホームページにおいて公表している質疑応答事例には、米国のリミテッド・ライアビリティ・カンパニー（LLC：Limited Liability Company）について、米国と日本との税務上の取

扱いの差異に関する国税庁の考え方を明らかにしたものがあります（https://www.nta.go.jp/shiraberu/zeiho-kaishaku/shitsugi/hojin/31/03.htm）。

　回答では、LLCのわが国における私法上の取扱いを明らかにしたうえで、その私法上の取扱いを根拠に、税務上の取扱いを明らかにするものです。

　具体的には、まず、米国の税務上は、LLCごとに、法人課税を受けるか又はその出資者（メンバー）を納税主体とするいわゆるパス・スルー課税を受けるかの選択が認められているものの、以下の点を踏まえると、原則的にはわが国の私法上、外国法人に該当するものとして取り扱われるとしています。

① LLCは、商行為をなす目的で米国の各州のLLC法に準拠して設立された事業体であること。
② 事業体の設立に伴いその商号等の登録（登記）等が行われること。
③ 事業体自らが訴訟の当事者等になれるといった法的主体となることが認められていること。
④ 統一LLC法においては、「LLCは構成員（member）と別個の法的主体（a legal entity）である。」、「LLCは事業活動を行うための必要かつ十分な、個人と同等の権利能力を有する。」と規定されていること。

　次に、LLCがわが国の私法上、外国法人として取り扱われることを根拠に、LLCが米国の税務上、法人課税又はパス・スルー課税のいずれの選択を行ったかにかかわらず、原則的にはわが国の税務上、「外国法人（内国法人以外の法人）」として取り扱うのが相当であるとしています。

　ただし、米国のLLC法は個別の州において独自に制定され、その規定振りは個々に異なることから、個々のLLCが外国法人に該当するか否かの判断は、個々のLLC法の規定等に照らして、個別に判断する必要があるとしています。

　回答では、参考として、ニューヨーク州のLLCが行った不動産賃貸事業に係る収支について、構成員の不動産所得に係る所得又は損失として申告した個人に対する課税処分を正当とした判決（さいたま地裁平成19年5月16日、東京高裁平成19年10月10日判決）が参照されています。

ただし、この質疑応答は、LLC又はその構成員が日米租税条約の特典を受けられるかどうか、米国とわが国における課税客体又は所得の種類に関するミスマッチ等、BEPS行動計画における議論を踏まえたものではありません。

(2) リミテッド・パートナーシップに係る税務上の取扱い

米国デラウェア州法に基づいて設立されたリミテッド・パートナーシップ（デラウエアLPS）が、わが国の租税法上外国法人に該当するか否かが争われた訴訟で、平成27年7月17日、最高裁判所は、26外国事業体課税において解説しているようにデラウェアLPSが外国法人に該当すると判示しました。

この判決に関しては、デラウェアLPSについて「本件では、納税者は米国と日本で一貫した扱いを求めているのですが、これを日本の裁判所がわざわざハイブリッド・エンティティにしてしまうと、国際社会で否定的な評価を受けることが懸念されます。[1]」との指摘が見られます。

---

1 岡村忠生「Limited Partnershipの法人性(3)」（公益財団法人日本税務研究センター「税研」2014.3（No.174））77頁

50 タックス・プランニングの開示
── BEPS Action 12

> **Point** タックス・プランニングの開示義務は、租税回避行為を抑制するとともに、新たに出現した租税回避スキームに課税当局が速やかに対処可能となることを目指して検討されました。報告義務を課されるのは、一定のスキームのプロモーター及びその利用者です。最終報告書の取りまとめまでに、米国、英国、カナダ、アイルランド、イスラエル、韓国、ポルトガル、南アフリカにおいて開示義務制度が導入されており、これらの国の知見を踏まえた勧告が作成されています。

1 最終報告書の概要

BEPS行動計画12の最終報告書は、2015年10月5日に、15の行動に関する最終報告書が取りまとめられた最終パッケージの一部として公表されました。最終報告書の趣旨については、最終パッケージの付属文書（ANNEX）において、納税者による行き過ぎたタックス・プランニングの開示義務（Action12-RequireTaxpayers to Disclose their Aggressive Tax Planning Arrangements）として、次のように述べられています。

> 行き過ぎたタックス・プランニング戦略についてのタイムリーで包括的な関連情報の不足は、世界中の税務当局が直面する主要な課題の一つである。こうした情報を早期に入手できれば、情報に基づくリスクの評価、調査や法改正を通じて、税務上のリスクに早急に対応する機会を得ることができる。行動12に関する報告書は、義務的開示を有しない国が、行き過ぎたタックス・プランニング・スキームやその利用者の情報を早期に入手したいというニーズに合致した制度を立案するため、ベスト・プラクティスから得られるガイダンスをモジュラー形式の枠組み（a modular framework of guidance）で提供する。本報告書の勧告はミニマム・スタンダードを示すものではない。義務的開示ルールを採用するか否かは、各国の自由な選択に委ねられる。この枠組みは、既に義務的開示制度を有する国が、

その効果を高めるための参考となるように意図されたものでもある。勧告は、より有用でタイムリーな情報を入手したいという各国のニーズと、納税者の法令遵守に係る負担とのバランスを取るために必要な柔軟性を提示している。国際課税スキームに焦点を当てたルールや、税務当局のより効果的な情報交換と協力の構築・実施のためのベスト・プラクティスに基づく個別の勧告も記されている。

2　最終報告書第1章（Chapter1：Overview of mandatory disclosure）

第1章では、タックス・プランニングの開示義務の目的として、次の3つを挙げています。
・潜在的な租税回避スキームに関する情報の早期入手
・租税回避スキームの利用者・プロモーター等のタイムリーな把握
・租税回避スキームの利用に対する抑止力（deterrent）としての機能

また、タックス・プランニングの開示義務を制度化するに際しての基本原則として、次の4つを挙げています。
・ルールが明瞭であり、容易に理解できること
・コンプライアンスコストとベネフィットの乖離が少ないこと
・租税回避スキームを効果的に補足できること
・入手した情報が有効に活用できること

3　最終報告書第2章（Chapter2：Options for a model mandatory disclosure rule）

(1)　開示義務者（Who has to report?）

開示義務者には、次の2つのオプションが提示されています。
・オプションA：プロモーターと納税者の双方にそれぞれ開示義務を課す方法
・オプションB：プロモーター又は納税者のいずれかに開示義務を課す方法

(2)　開示範囲（What has to be reported?）

① 閾地テスト（Threshold requirement）

開示対象の取引範囲を定める方法として、次のオプションが提示されています。閾地テストでは、対象取引が租税回避的かどうか、対象取引の主要目的

が税の特典の享受にあるかどうかが考慮されます。
- オプションA：シングル・ステップアプローチ
  閾地を設定せず、定められた報告基準に応じて開示範囲を決定する方法です。
- オプションB：マルチステップ又は閾地アプローチ
  定められた報告基準により開示範囲を決定しますが、同時に閾地を設定して開示範囲を限定する方法です。

② スキームの報告基準（Hallmarks）

課税庁の関心事項に応じて、包括的報告基準（generic hallmarks）、個別的報告基準（specific hallmarks）が提案されています。いずれかの基準を満たした場合に、スキームは報告対象とされます。

包括的報告基準の典型には、プロモーターやアドバイザーが納税者に課す守秘義務（Confidentiality）があります。納税者が得るタックスベネフィットに応じてフィーが支払われるプレミアムフィー（Premium fee）や成功報酬（Contingent fee）等も包括的報告基準に分類されます。包括的報告基準を設けることにより、新規性のある革新的な（new and innovative）税務スキームの把握が可能になると考えられています。

個別的報告基準は、既存の租税制度に内在する脆弱性をターゲットとするスキームを報告対象とするものであり、損出しスキーム（Loss schemes）、リース・アレンジメント（Lease arrangement）、従業員信託スキーム（Employment scheme）、所得区分変更スキーム（Converting income schemes）等の例があります。

(3) 開示時期（When information is reported?）

次の2つのオプションが提示されています。
- オプションA：税務スキームが利用可能となる時期にリンクさせる方法
- オプションB：税務スキームの実行時期にリンクさせる方法

(4) スキーム利用者の特定方法（options for identifying scheme users）

次の2つのオプションが提示されています。

・オプションA：スキーム識別番号と納税者リストを突き合わせる方法
・オプションB：プロモーターが提出する納税者リストのみを用いる方法

　オプションAの運用は、①課税当局がスキーム識別番号を発行のうえプロモーターに通知、②プロモーターはスキーム利用者にスキーム識別番号を通知、③ユーザーはスキーム識別番号を納税申告書に記載といった3段階の手順を踏んで行われることが想定されています。

⑸　開示義務履行の位置付けと罰則（Consequence of compliance and non-compliance）

　対象となる税務スキームを開示したからといって、開示されたスキームに税務当局が自動的に承認を与えるわけではありません。開示義務制度を導入する際には、このことを法令上明記すべきであるとされています。

　また、開示義務制度の実効性を確保するための罰則規定が設けられるべきとされています。

4　最終報告書第3章（Chapter3 : International tax schemes）

　クロスボーダーの税務スキームは、複数の国に所在する関係者にタックス・メリットが生じ、その影響も大きいため、これまで述べた報告基準には修正が求められるとしています。修正すべき内容には次のようなものが挙げられています。

・クロスボーダースキームに焦点を当てた報告基準を設けること
・閾地テストは設けないこと
・同一支配グループ内にスキームの結果が生じる場合、又は自身がスキームの一因である場合を報告対象とすべきこと
・報告義務者が不十分な情報しか有していない場合、その納税者は、不足している情報を有していると考えられる者を特定すべきこと

5　最終報告書第4章（Chapter4 : Information sharing）

　開示義務制度により収集された情報については、JITSICネットワーク（Joint

International Tax shelter Information and Collaboration Network）による自発的情報交換の仕組みを活用するのが有効であるとされています。

6　付属文書（Annex）

付属文書E（Annex E）では、既にタックス・プランニングの開示義務制度を有する国の、制度概要が比較形式で紹介されています。以下の図表は、その抜粋です。

項目	イギリス	アメリカ	アイルランド
対象税目	個人所得税、法人税、キャピタルゲイン税、社会保険、印紙税、土地税及び相続税など	所得税（個人・法人）、相続税及び連邦税	所得税、法人税、キャピタルゲイン税、資本取得税（贈与税・相続税に相当）、VAT、社会保険料、印紙税及び物品税（関税は除く）
開示義務者	プロモーター[1]又は納税者	マテリアルアドバイザー[2]及び納税者[3]	原則としてプロモーター[4]
開示対象となるもの	税メリットを享受することを主な目的としていると考えられる特徴があるアレンジメント。 ・租税回避を表す3つの一般的特徴：守秘義務を伴うもの、税務専門家に高額の手数料を支払って行うもの、標準化された租税商品 ・租税回避スキームとしての4つの個別的特徴：損益通算、リース取引、従業員所得及び居住用不動産税（HM Revenue & Customsが規定するもの全て） ・上記とは別に土地に係る印紙税及び相続税については別途規定あり。	開示対象取引は以下の5つ。 ・IRSが租税回避の可能性があるものとして指定する取引 ・守秘義務を伴う取引 ・契約によって保護された取引 ・損益通算 ・IRSが公表した関心のある取引又は同一か類似している取引	税メリットを享受することを主な目的とする4つの特徴のうちの1つを含むアレンジメント。 ・租税回避を表す3つの一般的特徴：守秘義務を伴うもの、税務専門家に手数料を支払って行うもの、標準化された租税回避のための商品 ・租税回避スキームとして既知の個別的取引：損出し、従業員所得

ペナルティ	情報開示がされなくても、租税回避スキームの効力には影響なし。 ・一切の情報開示を行わない場合は100万ポンドの罰金。 ・申告書に記載漏れの場合も罰金あり。 ・顧客リストを提供しなかった場合は、1顧客当たり5,000ポンド。	情報開示がされなくても、租税回避スキームの効力には影響なし。 ・マテリアルアドバイザーが指定取引以外の取引開示を怠った場合には5万ドルの罰金。 ・マテリアルアドバイザーが指定取引の開示を怠った場合には、200,000ドルと報酬金額の50％のいずれか大きい金額。 ・納税者が開示しなかった場合は、節税額の75％（取引の種類に応じて限度額5,000ドルから200,000ドル）。	情報開示がされなくても、租税回避スキームの効力には影響なし。 情報開示が行われなかった場合、初回は1日当たり500ユーロの罰金。 ・プロモーターによる開示不足の場合初回で最大4千ユーロ+400ユーロ×日数によって算出される罰金。

---

1 プロモーターとは、税務に関するスキーム設計・マーケティング・管理・運営の責任者をいいます。
2 マテリアルアドバイザーとは税務に関するスキーム設計・運営・管理・販売を行う者で納税者の報告対象取引ごとにサービス提供に対して収入（5万ドル又は25万ドル以上）を得ているものをいいます。
3 アメリカの納税者は、申告書に添付する情報開示用の報告書に所定の取引の詳細及びその取引によって受けるタックス・メリットを記載しなければなりません。
4 プロモーターの定義はイギリスと同様。アイルランド国内以外のプロモーター又は弁護士等を利用する場合には納税者本人が開示義務者となります。

51 移転価格文書
── BEPS Action 13

Point 移転価格税制の執行において、税務当局はグローバルに展開する多国籍企業の活動に関する情報が必要です。特に独立企業間価格の算定には、各国の税務当局は文書化規定を導入して、関連者間取引に係る情報の入手に努めてきました。しかし、企業と税務当局との間には、入手できる企業活動に係る情報量が大きく異なるという情報の非対称性の問題がありました。この問題を解決するために、企業のコンプライアンス・コストに配慮しつつ透明性を高めることを目的として、BEPS最終報告書において、移転価格文書化に関するルールが整備されました。具体的には、合意された共通様式に従って、納税者に三種類の文書を税務当局に提供することを義務付けることとし、OECD移転価格ガイドラインの改訂、それに沿った国内法の導入、改正が図られることとなります（以下はBEPS最終報告書、財務省資料及び税制改正大綱（2015年12月16日、以下「大綱」）をもとに作成）。

1. 文書化の目的

文書化の主な目的は、次の3点です。

(1) 関連者間取引において、独立企業間価格の算定、取引条件の決定、及び取引から得られる所得を適正に税務申告するために、納税者が移転価格の検討を適切に行うことを確保すること

(2) 移転価格リスク評価を行うために、税務当局に必要な情報を提供すること

(3) 税管轄地において、課税対象となる企業が、移転価格調査を徹底的に行うために役立つ情報を税務当局に提供すること

これらの目的は、各国が移転価格の文書化ルールを導入する際に考慮され、納税者もまた、税務申告及び取引時点での移転価格税制に係るコンプライアンスが守られているかを評価することが求められます。

2．移転価格文書を構成する3つのレポート

文書化の目的を達成するために、標準化されたアプローチとして、マスターファイル、ローカルファイル及び国別報告書の三層構造の3つのレポートが規定されています。

(1) マスターファイル

マスターファイルは、多国籍企業グループ事業の全体についての定性的な情報を示すものです。税務当局が移転価格リスクを評価するために、グローバル事業活動、全体的な移転価格ポリシー、グローバルな所得配分及び経済活動についての情報を企業が提供します。

マスターファイルの提供は、多国籍企業グループの構成事業体である内国法人又は恒久的施設を有する外国法人（複数ある場合には代表する1社）が提供義務者となり、最終親事業体（構成事業体のうち、他の構成事業体を支配するものをいいます。以下同じ。）の会計年度終了の日の翌日から1年を経過する日までに税務署長に提供しなければなりません。ただし、直前会計年度の連結総収入金額が750百万ユーロ未満（わが国税法においては1,000億円未満）の多国籍企業グループについては提供義務が免除されます。

マスターファイルに記載する項目には、以下のものがあります。
① グループの組織構造
　・組織図（グループ企業の法的所有関係及び事業を行う企業の場所）
② 事業の説明
　・事業の概要
　　－ 重要な事業利益の要因
　　－ 上位5品目、売上の5％以上のいずれかに該当する製品又はサービ

スのサプライチェーンを示した図
- 重要な役務提供契約及びグループ内役務提供におけるコスト配賦ポリシー
- 主要な製品等の地理的市場
- 主要な機能、リスク及び資産
- 重要な事業再編、買収及び売却

③ 保有する無形資産（OECD移転価格ガイドラインで無形資産と定義されるもの）
- 無形資産の主要な開発拠点を含む全体の開発戦略、無形資産の所有及び使用
- グループが所有する無形資産の法的所有者のリスト
- 費用分担契約を含む無形資産に関連した取極め
- 試験研究開発及び無形資産に関連する移転価格ポリシー
- 無形資産に係る利益の移転（企業、国及び対価について）

④ グループ内金融活動
- グループ内金融活動（非関連者との取引を含む）
- 集中金融機能を果たす企業の特定（根拠法令及び管理を含む）
- 金融取引の取極めに係る移転価格ポリシー

⑤ 財務状況と納税状況
- 連結財務諸表（金融報告書等を含む）
- 締結されたユニラテラル事前確認（APA）及び所得配分に係るルーリング

(2) ローカルファイル

　ローカルファイルは、マスターファイルに比べて関連者間取引に係るより詳細な情報を提供するもので、マスターファイルを補完し、居住地国における独立企業の原則に従っていることを確認するための情報を含んだものです。国外関連者との取引に係る移転価格分析、及び居住地国の移転価格税制で重要とされる移転価格分析の情報に焦点を当てています。

国外関連取引を行った法人は、確定申告書の提出期限までにローカルファイルを作成し、原則として7年間保存しなければなりません。ただし、一の国外関連者との前期の取引金額が50億円未満であり、かつ、無形資産取引金額が3億円未満である場合には、その作成・保存義務が免除されます(大綱)。

ローカルファイルに記載する項目には、以下のものがあります。

① 事業の状況
- 管理体制、組織図、経営報告書の提出先
- 事業戦略(事業再編、無形資産の移転の影響を含む)
- 主要な競合他社

② 関連者間取引
- 主要な関連者間取引(製造に係る役務提供、棚卸資産の購入、役務の提供、融資、与信、無形資産の使用許諾)及びこれらの取引が行われた状況
- 税管轄地ごとに区分したグループ内での対価の授受(棚卸資産、役務、ロイヤルティ、利子等)
- 関連者間取引の種類ごとの関連企業の特定及びその企業との関係
- 関連者間取極めのコピー
- 文書化された区分による関連者の詳細な比較可能性及び機能分析(過年度との相違を含む)
- 最も適当な移転価格算定方法の特定と選定理由
- 検証対象として選定された企業の特定と選定理由
- 移転価格算定方法を適用する際の重要な前提
- 複数年度検証を行う理由の説明
- 選定された比較対象(内部コンパラブル及び外部コンパラブル)のリスト及び説明
- 比較対象との差異の調整の説明(検証対象者又は比較対象に対する調整)
- 選定した移転価格算定方法に基づき関連者間取引が独立企業間価格で行われたと結論付けた理由

・移転価格算定方法を適用する際に用いた財務情報のサマリー
・締結しているユニラテラル及びバイラテラルAPA、及び居住地国の当局が関与していない国外関連者との取引に係るルーリングのコピー

③ 財務情報
・各年の財務数値（監査済みのものがあれば監査済みのもの）
・移転価格算定方法の適用で用いられた財務データが財務諸表に結び付くことを示す情報及び配分方法
・分析に用いた比較対象のデータ及び情報源の概要

(3) 国別報告書

　国別報告書は、多国籍企業グループ事業の各国ごとの財務情報、従業員数、有形資産の金額等の、多国籍企業グループの活動の全体像に関する定量的な情報を示すものです。税務当局が移転価格リスクの有無を評価するために、総収入金額、所得、税額等についての情報を提供しますが、移転価格を検証する資料ではなく、この情報を用いて全世界定式配分による課税を行うべきではないとされています。

　国別報告書は、多国籍企業グループの最終親事業体又はその代理親事業体である内国法人、又はそれら以外の構成事業体である内国法人又は恒久的施設を有する外国法人（それらが複数ある場合には代表する1社）が提供義務者となり、最終親事業体の会計年度終了の日の翌日から1年を経過する日までに税務署長に提供しなければなりません。ただし、直前会計年度の連結総収入金額が750百万ユーロ未満（わが国税法においては1,000億円未満）の多国籍企業グループについては提供義務が免除されます。

　国別報告書に記載する項目には、以下の項目があります。

① 税管轄地ごとの収入金額等
　・収入金額（非関連者、関連者及び合計金額）
　・税引前利益
　・納税額（キャッシュベース）

- ・発生税額
- ・資本金
- ・利益剰余金
- ・従業員数
- ・現金及び現金同等物以外の有形資産の額

② 各国又は地域ごとに事業を行う企業の情報
- ・当該税管轄地の居住者である構成事業体
- ・居住地と税管轄地が異なる場合の税管轄地
- ・主たる事業活動
  - ― 試験研究開発
  - ― 知的財産の保存・管理
  - ― 購買及び調達
  - ― 製造又は生産
  - ― 管理又はサポートサービス
  - ― 非関連者への役務提供
  - ― グループ内金融
  - ― 法定金融サービス
  - ― 保険
  - ― 持株保有
  - ― 休眠会社
  - ― その他

3．報告書の提出と情報交換

国別報告書は多国籍企業の親会社の居住地国の税務当局に提出され、子会社の居住地国の税務当局も共有することができます。

(1) 文書提供の条件

国別報告書は多国籍企業の事業に係る重要な情報を含むことから、文書の

提供及び取扱いについては、以下の条件を設けています。
① 提供文書に係る守秘：提出された報告書には、租税条約等で担保される程度の高いレベルの守秘を確保する。
② 制度の整合性：多国籍企業の親会社が定型テンプレートを使用して国別報告書を作成し、親会社の居住地国の税務当局に提出するが、国際的合意に対する国内法や執行の整合性が確保されなければならない。
③ 適正な使用：入手文書はハイレベルなリスク評価の参考として使用し、国別報告書の情報をもとにした移転価格課税は行わない。

(2) **報告書提出の枠組み**
報告書の提供方法の枠組みは、以下の2つの方法があります。
① 条約方式
　対象企業グループの親会社が所在する国の当局が当該親会社に国別報告書の提出を義務付ける。報告書の提出を受けた親会社の所在地国の当局は、その企業グループが事業を行っており、かつ上記(1)の条件を満たした国の当局に対して、租税条約等の規定に基づく自動的情報交換により国別報告書を提供する。
② 補完的メカニズム
　(1)の条件を満たしているが、自動的情報交換の枠組みでは適切に国別報告書が提供されない場合に限り、当該国が自国の子会社に国別報告書を求める「子会社方式」等による補完が可能である。
　補完的メカニズムが認められる具体的なケースには、以下のような場合があります。
　(イ) 親会社所在地国が国別報告書の提出を義務付けていない場合
　(ロ) 国別報告書の共有に関する権限ある当局間の合意が結ばれていない場合
　(ハ) 当局間の合意にもかかわらず、実際には国別報告書が提供されない場合

52 平成28年度税制改正
──移転価格文書化

> **Point** 平成28年度税制改正により移転価格文書化規定が改正されました。改正後の移転価格文書化規定においては、国外関連取引の金額により、国外関連取引を同時文書化対象国外関連取引と同時文書化免除国外関連取引に区分し、前者については確定申告書の提出期限までに作成し、又は取得し、保存することが要求され(措法66の4⑥)、平成29年4月1日以降に開始する事業年度より適用されます。

＊52において措法66の4は平成29年4月1日現在の条文とします。

1．同時文書化対象国外関連取引と同時文書化免除国外関連取引

同時文書化対象国外関連取引と同時文書化免除国外関連取引についての文書化規定は以下のようにまとめることができます。

国外関連取引	作成を求められる文書	同時文書化義務	推定課税・同業者調査	提出がなかった場合の罰金
同時文書化対象国外関連取引 同時文書化免除国外関連者取引以外の国外関連取引（措法66の4⑧）	・独立企業間価格を算定するために必要と認められる書類（措法66の4⑥、措規22の10①） ・独立企業間価格を算定するために重要と認められる書類（措法66の4⑧、措規22の10⑤）	有	独立企業間価格を算定するために必要と認められる書類 提出を求めた日から45日を超えない範囲で税務職員が指定した日までに提出がない場合（措法66の4⑧） 独立企業間価格を算定するために重要と認められる書類 提出を求めた日から60日を超えない範囲で税務職員が指定した日までに提出がない場合（措法66の4⑧）	30万円以下（措法66の4⑯）

同時文書化免除国外関連取引 次のいずれも満たす国外関連者取引（措法66の4⑦） ・前事業年度における一国外関連者との取引が50億円未満 ・前事業年度における一国外関連者との無形資産取引*が3億円未満	独立企業間価格を算定するために重要と認められる書類（措法66の4⑨、措規22の10⑥）	無	提出を求めた日から60日を超えない範囲で税務職員が指定した日までに提出がない場合（措法66の4⑨）	30万円以下（措法66の4⑯）

　無形資産取引は、特許権、実用新案権、無形固定資産その他の無形資産の譲渡若しくは貸付け（資産に係る権利の設定その他他の者に資産を使用させる一切の行為を含む。）又はこれに類似する取引をいいます（措法66の4⑦(1)、措規22の10④）。

2．独立企業間価格を算定するために必要と認められる書類

　独立企業間価格を算定するために必要と認められる書類は、租税特別措置法施行規則第22条の10第1項において規定されています。その内容は、平成28年度税制改正において、従来の規定に変更が加えられ、以下のようになっています（アンダーラインが変更箇所）。

第1号　国外関連取引の内容を記載した書類
イ．国外関連取引に係る資産の明細及び役務の内容を記載した書類
ロ．当該内国法人及び国外関連者が果たす機能、及び国外関連取引において各々が負担するリスク(事業再編による機能、リスクの変更を含む)を記載した書類
ハ．国外関連取引において使用した無形固定資産、その他の無形資産の内容を記載した書類
ニ．国外関連取引に係る契約書、又は契約の内容を記載した書類
ホ．国外関連取引に係る対価の額の設定方法、及び設定に係る交渉の内容を記

載した書類、独立企業間価格算定方法その他の事業について外国の権限ある当局を確認（バイラテラルを除く）がある場合にはその内容を記載した書類
ヘ．当該内国法人及び国外関連者の、当該国外関連取引に係る損益の明細を記載した書類、当該損益の額の計算の過程
ト．国外関連取引に係る市場に関する分析、その他市場に関する事項を記載した書類（市場特性が国外関連取引の対価の額又は損益の額に与える影響に関する分析を含む。）
チ．当該内国法人及び国外関連者の事業の内容、事業の方針及び組織の系統を記載した書類
リ．当該国外関連取引と密接に関連する他の取引の有無及びその内容、密接に関連する事情を記載した書類

第2号 独立企業間価格を算定するための書類
イ．選定した独立企業間価格の算定方法、選定に係る重要な前提条件及びその選定の理由を記載した書類
　　下記ロ〜ホ以外で、独立企業間価格算定に当たり作成した書類
ロ．採用した比較対象取引等の選定に係る事項、及び比較対象取引等の明細（比較対象取引等の財務情報を含む。）を記載した書類
ハ．利益分割法を選定した場合における、各帰属金額を算出するための書類
ニ．複数の国外関連取引を一の取引として独立企業間価格の算定を行った場合における、その理由及び各取引の内容を記載した書類
ホ．比較対象取引等について差異調整等を行った場合、その理由及び調整等の方法を記載した書類

2．独立企業間価格を算定するために重要と認められる書類

　独立企業間価格を算定するために重要と認められる書類の範囲は、同時文書化対象国外関連取引及び同時文書化免除国外関連取引に区分し、以下のように定められています。

国外関連取引	作成を求められる書類	範囲
同時文書化対象国外関連取引	独立企業間価格を算定するために重要と認められる書類（措規22の10⑤）	・租税特別措置法施行規則第22条の10第1項に記載された内容の基礎となる事項を記載した書類 ・同項各号に掲げるに記載された内容に関連する事項を記載した書類 ・その他独立企業間価格を算定する場合に重要と認められる書類
同時文書化免除国外関連取引	独立企業間価格を算定するために重要と認められる書類（措規22の10⑥）	・租税特別措置法施行規則第22条の10第1項各号に掲げるに書類に相当する書類 ・同項各号に掲げる書類に相当」する書類に記載された内容の基礎となる事項を記載した書類 ・その他独立企業間価格を算定する場合に重要と認められる書類

53 平成28年度税制改正
——特定多国籍企業グループ国別報告事項及び事業概況報告事項の提供

Point 平成28年度税制改正おいて特定多国籍企業グループ国別報告事項の提供（措法66の4の4）及び事業概況報告事項の提供（措法66の4の5）が新設され、平成28年4月1日以後に開始する最終親会計年度より適用されます。

1．特定多国籍企業グループ

　企業グループ、多国籍企業グループ及び特定多国籍企業グループは、以下のような関係にあり、それぞれ次のように定義されています。

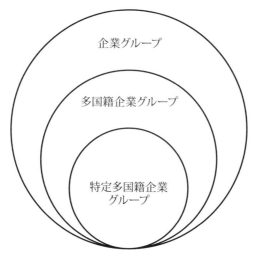

①企業グループ

　企業集団のうち、その企業集団の連結財務諸表（一般に公正妥当と認められる会計処理に基準に従ってその企業集団の財産及び損益の状況を連結して記載した計算書類）が作成されるもの（措法66の4の4④(1)）。

実際に連結財務諸表が作成されていなくても、その企業集団における支配会社等の株式又は出資を金融商品取引所等に上場するとしたならばその企業集団の連結財務諸表が連結財務諸表を作成することとなる場合にも企業集団に該当します（措令39の12の4②(2)）。

② 多国籍企業グループ

　企業グループのうち、その企業グループの構成会社等の居住地国が二以上あるもの（措法66の4の4④(2)）。

　全ての構成会社等の居住地国が同一でも、その居住地国以外の国又は地域に所在する企業グループのいずれかの構成会社等に係る恒久的施設又はこれに相当するものを通じて行われる事業から生ずる所得に対し、当該国又は地域において課される法人税又は法人税に相当する税がある場合には、企業グループに該当します（措令39の12の4③）。

③ 特定多国籍企業グループ

　多国籍企業グループのうち、直前の最終親会計年度における多国籍企業グループの総収入金額が千億円以上であるもの（措法66条の4の4④(3)）。

　総収入金額とは、連結財務諸表における売上金額、収入金額その他の収益の合計額をいいます（措規22の10の4⑦）。

④ 構成会社等

　連結財務諸表にその財産及び損益の状況が連結して記載される会社（措法66の4の4④(4)）。

　ただし、重要性が乏しいため、連結の範囲から除かれている会社等であっても、企業グループの他の会社等がその会社等に係る議決権の過半数を自己の計算において所有していることその他の事由により当該会社等の意思決定機関を支配している場合には、構成会社等に含まれます（措法66の4の4④(4)、措規22の10の4⑧）。したがって、持分法適用非連結子会社、持分法非適用非

連結子会社は構成会社等に含まれます。

2．国別報告事項

国別報告事項には、以下の項目が含まれます（措規22の10の4①）。

・総収入（非関連者、関連者、総額）
・税引き前利益
・法人税額（納付額）
・法人税額（発生額）
・資本金
・利益剰余金
・従業員数
・有形資産（現金及び現金等価物を除く）
・居住地国と本店又は主たる事業所の所在する国または地域が異なる場合には、本店又は主たる事業所の所在する国または地域
・本店又は主たる事業所の所在する国または地域と設立された国または地域が異なる場合には設立された国または地域
・構成事業体の主な事業活動
・参考となる事項

①提出方法・提出期限

各最終親会計年度終了の日の翌日から1年以内に、特定電子情報処理組織を使用する方法により、英語で本店または主たる事務所の所轄税務署長に提供します。（措法66の4の4①、措規22の10の4③、④）。

②罰則

正当な理由がなく国別報告事項をその提供の期限までに税務署長に提供しなかった者は、30万円以下の罰金に処せられます。（措法66の4の4⑦）。

3．事業概況報告事項

事業概況報告事項には以下の項目が含まれます（措規22の10の4①）。

1．特定多国籍企業グループの構成会社等の名称及び本店又は主たる事務所の所在地、構成会社等の関係を系統的に示した図
2．特定多国籍企業グループの構成会社等の事業等の概況として掲げる事項
イ　特定多国籍企業グループの構成会社等の売上、収入その他の収益の重要な源泉
ロ　特定多国籍企業グループ売上上位5つ商品、製品、役務のサプライチェーンの概要及び地理的市場の概要
ハ　特定多国籍企業グループ総売上の5％を超える商品、製品、役務のサプライチェーンの概要及び地理的市場の概要
ニ　特定多国籍企業グループの構成会社等の間で行われる役務の提供に関する重要な取決めの一覧及び取決めの概要
ホ　特定多国籍企業グループの構成会社等が付加価値の創出において果たす主たる機能、負担する重要なリスク、使用する重要な資産その他構成会社等が付加価値の創出において果たす主要な役割の概要
ヘ　特定多国籍企業グループの構成会社等に係る事業上の重要な合併、分割、事業の譲渡その他の行為の概要
3．特定多国籍企業グループの無形固定資産その他の無形資産の研究開発、所有及び使用に関する包括的な戦略の概要、無形資産の研究開発の用に供する主要な施設の所在地及び研究開発を管理する場所の所在地
4．特定多国籍企業グループの構成会社等の間で行われる取引において使用される重要な無形資産の一覧表及び当該無形資産を所有する当該構成会社等の一覧表
5．特定多国籍企業グループの構成会社等の間の研究開発に要する費用の額の負担に関する重要な取決めの一覧表、当該無形資産の使用の許諾に関する重要な取決めの一覧表その他当該構成会社等の間の無形資産に関する重要な取決めの一覧表
6．特定多国籍企業グループの構成会社等の間の研究開発及び無形資産に関連する取引に係る対価の設定の方針の概要
7．特定多国籍企業グループの構成会社等の間で行われた重要な無形資産の移転（無形資産の持分の移転を含む）に関係する当該構成会社等の名称及び本店又は主たる事務所の所在地、当該移転に係る無形資産の内容及び対価の額その他当該構成会社等の間で行われた当該移転の概要

8.	特定多国籍企業グループの構成会社等の資金調達の方法の概要（構成会社等以外の者からの資金の調達に関する重要な取決めの概要を含む。）
9.	特定多国籍企業グループの構成会社等のうち当該特定多国籍企業グループに係る中心的な金融機能を果たすものの名称及び本店又は主たる事務所の所在地（設立にあたって準拠した法令を制定した国又は地域の名称、当該構成会社等が管理支配されている場所の所在する国または地域の名称を含む。）
10.	特定多国籍企業グループの構成会社等の間で行われる資金の貸借に係る対価の額の設定の方法の概要
11.	特定多国籍企業グループの連結財務諸表（連結財務諸表がない場合には、特定多国籍企業グループの財産及び損益の状況を明らかにした書類）に記載された損益及び財産の状況
12.	特定多国籍企業グループの居住地国を異にする構成会社等の間で行われる取引の係る対価の額とすべき額の算定の方法その他当該構成会社等の間の所得配分に関する事項につき当該多国籍企業グループの一の構成会社等の居住地国の権限ある当局のみによる確認がある場合における当該確認の外相

①提出方法・提出期限

　各最終親会計年度終了の日の翌日から1年以内に、特定電子情報処理組織を使用する方法により、日本語又は英語で税務署長に提供します（措規22の10の5②）。

②罰則

　正当な理由がなく国別報告事項をその提供の期限までに税務署長に提供しなかった者は、30万円以下の罰金に処せられます（措法66の4の5③）。

【執筆者紹介】

太陽グラントソントン税理士法人

〒107-0061　東京都港区北青山1-2-3 青山ビル9階

TEL：03-5770-8822
FAX：03-5770-8820
URL：http://www.gtjapan.jp/

朝倉克彦（公認会計士）
飯泉有香（税理士）
石塚洋一（公認会計士・税理士）
上原一洋（税理士）
大澤有希（税理士）
門川美紗（税理士）
樽松貴（税理士）
篠原径子（税理士）
関根宏俊（税理士）
田中秀治（税理士）
丹菊博仁（税理士）
苗村知子（税理士）
平山一郎（米国公認会計士）　　Grant Thornton LLP
　　　　　　　　　　　　　　サンフランシスコ事務所
比留川茜（税理士）　　　　　　Salles, Sainz Grant Thornton,
　　　　　　　　　　　　　　メキシコシティー事務所
宮島久美子（税理士）
渡辺久美子（米国公認会計士）　Grant Thornton LLP シカゴ事務所

本書の内容に関するご質問は、なるべくファクシミリ等、文書で編集部宛にお願いいたします。(fax 03-3233-0502)
なお、個別のご相談は受け付けておりません。

本書刊行後に追加・修正事項がある場合は、随時、当社のホームページ（http://www.zeiken.co.jp「書籍」をクリック）にてお知らせいたします。
　→ 税務研究会　書籍訂正 と検索してください。

国際税務重要トピックス53

平成28年8月25日　初版第一刷印刷　　　　　　　　（著者承認検印省略）
平成28年8月30日　初版第一刷発行

Ⓒ 編著者　太陽グラントソントン税理士法人

発行所　税 務 研 究 会 出 版 局
週 刊「税務通信」「経営財政」発行所

代表者　山　根　　毅

郵便番号　101-0065
東京都千代田区西神田1-1-3（税研ビル）
振替 00160-3-76223
電話〔書 籍 編 集〕03(3294)4831〜2
　　〔書 店 専 用〕03(3294)4803
　　〔書 籍 注 文お客さまサービスセンター〕03(3294)4741

● 各事業所　電話番号一覧 ●

北海道 011(221)8348	関　信 048(647)5544	中　国 082(243)3720
東　北 022(222)3858	中　部 052(261)0381	九　州 092(721)0644
神奈川 045(263)2822	関　西 06(6943)2251	研修センター 03(5298)5491

当社HP　http://www.zeiken.co.jp

乱丁・落丁の場合は、お取替え致します。　　　　　　　　　印刷・製本　㈱光邦

ISBN978-4-7931-2195-1